Klaus Jürgen Becker

URLAUB FÜR IMMER

Klaus Jürgen Becker

URLAUB FÜR IMMER

NAUMANN & GÖBEL

Lizenzausgabe für Naumann & Göbel Verlagsgesellschaft mbH
Umschlagfotos: Stock Market, Düsseldorf; Bavaria Bildagentur,
Düsseldorf; MEV, Augsburg
Gesamtherstellung: Naumann & Göbel Verlagsgesellschaft mbH, Köln

»Fahren Sie weiter, James –
es ist alles in göttlicher Ordnung!«

Inhaltsverzeichnis

Sieben goldene Regeln

1. Machen Sie Urlaub vom Alltag!
2. Seien Sie glücklich, auch wenn es anderen nicht gefällt!
3. Finden Sie alles Glück dieser Ebene – in Ihnen!
4. Erhöhen Sie Ihre Schwingung über die Problemebene!
5. Lieben Sie über alle Vernunft hinaus!
6. Fahren Sie »Autoscooter« – verbinden Sie sich mit Gott!
7. Ob Sie es glauben oder nicht – das Leben ist ein Spiel!

SOS-Wegweiser für Frust- und Streßgeschädigte
99 Erste-Hilfe-Tips

Danksagung

Dieses Buch widme ich der österreichischen Mystikerin Erni Wurzenberger aus Saalfelden. In einer Welt voller Streß und Verzweiflung bietet Frau Wurzenberger den Suchenden Zuflucht wie eine einsame Berghütte bei einem heftigen Schneesturm. Mir persönlich eröffnete die Begegnung mit Frau Wurzenberger »ungeahnte Möglichkeiten«. Ich hoffe, daß ihre Sonne noch lange für diesen Planeten scheinen möge.

München, im Juni 1988   Klaus Jürgen Becker

Gleichnis 1:

Blödes Spiel – 2. Teil?

Wenn du fleißig bist wie eine Biene,
stark bist wie ein Bär,
arbeitest wie ein Pferd
und nach Hause kommst und müde bist wie ein
Hund,
solltest du einmal zum Tierarzt gehen,
vielleicht bist du ein Kamel.

Gleichnis 2:

Der Juwel und der Basar

Ein Schüler wurde von einem Meister gebeten, für ihn ein Juwel zu verkaufen. Daraufhin ging er in den Basar zu einem Gemüsehändler. Der warf einen kurzen Blick auf den Edelstein und sagte: »Hier sind ein paar Rettiche, nimm sie als Tausch dafür.« Der Schüler ging weiter zu einem Tuchhändler. Dieser warf ihm einen Lumpen hin und sagte: »Hier ist ein Lumpen, damit hast du ein gutes Geschäft gemacht.« Zum Schluß gelangte er zu einem Juwelier. Der betrachtete den Edelstein von allen Seiten, öffnete den Tresor, nahm 100 Golddukaten heraus, legte das Juwel auf das Geld und gab dem Schüler beides zusammen zurück mit den Worten: »Die hundert Golddukaten sind für das Anschauen, ich habe kein Geld, den wahren Wert dieses Juwels zu bezahlen.« Erst in diesem Augenblick verstand der Schüler, wie wertvoll der Stein wirklich war. Allein das Anschauen kostete 100 Golddukaten – und wer hatte diese 100 Golddukaten bezahlt? Nur ein Juwelier, der den wahren Wert erkannte. Die anderen hatten praktisch nichts dafür geboten, weil sie den wahren Wert nicht erkannt hatten.

Auch SIE sind ein solch Juwel. Dieses Buch soll
Ihnen helfen, Ihren wahren Wert zu erkennen –
dann werden es bald auch andere tun.

Darf ich mich vorstellen?

Ich bin Ihr Buch. Ich bin gewachsen aus Licht und Liebe. Gehen Sie liebevoll mit mir um. Schlingen Sie mich nicht wie einen Hot Dog hinunter, sonst haben Sie am Ende vergessen, was am Anfang stand. Genießen Sie mich. Seien Sie ein Feinschmecker. Lassen Sie sich jeden Satz auf der Zunge zergehen. Ich bin kein Buch »über etwas«. Ich bin ein »Energie-Speicher«. Holen Sie sich diese Energie. Nutzen Sie sie. Erfreuen Sie sich an mir. Benutzen Sie auch die Übungen und Arbeitsblätter, am besten gleich beim Lesen, denn wenn Sie die Übungen nicht beim Lesen machen, werden Sie es nie tun! Und wenn Sie »es« verstanden haben, erzählen Sie »es« anderen weiter, damit »Urlaub für immer« wie ein Schneeballsystem um die Welt geht. Seien Sie ein Genießer. Ich freue mich auf Sie.

Urlaub für immer
findet nicht in der Karibik,
sondern in Ihrem eigenen
Herzen statt

» Urlaub für immer« – ein Traum von Millionen

Wer hat sich nicht schon einmal gewünscht, angesichts des täglichen Stresses, der lärmenden und kreischenden Autos, der regelmäßigen Frustrationen »Urlaub für immer« zu machen. Tief in eines jeden Menschen Seele ist die Sehnsucht nach einem »Urlaub für immer« vorhanden. Wenn Sie Ihrer ureigenen Sehnsucht folgen, wenn Sie wach werden für die wahren Geheimnisse des Lebens, wird dieser Traum zur Wirklichkeit, und Ihre bisherige Welt, die, in der Sie heute leben, erscheint Ihnen dann nur noch wie ein »böser Traum«. Dieses Buch ist kein Reiseführer in ein fernes Paradies – eher ein Kompaß zum Paradies *in Ihnen*. Wie die Weisen aller Zeiten schon so schön sagten: »In dir ist das Licht.« »Urlaub für immer« ist ein Bewußtseinszustand. Wer sich im »Urlaub für immer« befindet, ist leistungsfähiger bei seiner Arbeit, beliebter bei seiner Umgebung und zufriedener mit sich selbst.

**Im Spiel des Lebens
gibt es nur eines zu lernen:
Wie man ehrlichen Herzens
glücklich ist.
(Sri Chinmoy)**

Wählen Sie den einfachen Weg

Es gibt einfache, und es gibt schwere Wege zum »Urlaub für immer«. Wenn der Mensch die Wahl hat zwischen einem leichten und
einem schwereren Weg, dann wählt er – unbewußt natürlich – in der
Regel den schwereren. Weil nicht sein kann, was nicht sein darf, miß-
traut er von vornherein dem einfachen Weg: »Wenn das alles so einfach wäre, hätte ich mich dreißig Jahre vergeblich abgemüht. Nein,
nein, so einfach kann das nicht sein!« Außerdem hätte der Mensch
Schuldgefühle, würde er es sich gut gehen lassen. Aber wenn Sie ehrlich sind, werden Sie feststellen: Alle großen Dinge der Welt sind einfach. Die Relativitätstheorie von Einstein, vielleicht die größte Entdeckung dieses Jahrhunderts, ist von verblüffender Einfachheit. Der
Mensch gelangt vom Primitiven über das Komplizierte zum Einfachen. Der Mensch hat Flugzeuge entworfen, die so kompliziert sind,
daß es nicht mehr komplizierter geht – und dann erfand er den Dra-
chensegler. Er baute Schiffe, die so kompliziert sind, daß es nicht
mehr komplizierter geht – und dann erfand er das Surfbrett. Er erfand
die Psychologie und Theorien, die so kompliziert sind, daß es nicht
mehr komplizierter geht – und dann wird die Zeit reif für »Urlaub für
immer«. Sie können wählen, welchen Weg Sie gehen wollen: den des
Leides und des Kampfes oder den einfachen Weg. Es ist schlicht eine
Frage der Intelligenz, wofür Sie sich entscheiden – und wenn Sie lieber zu den Leidenden gehören, dann sind Sie schön dumm und selbst
schuld daran. Sie können einen angenehmeren Weg wählen. Leid
muß nicht sein, um Freude zu erfahren. Ich möchte Sie einladen, ein
Lebenskünstler im wahrsten Sinne des Wortes zu werden. Machen Sie
das Leben zu einer Kunst! Jeder ist fähig, den Frust und Streß, den er
Tag für Tag empfindet, umzuwandeln in Lebensfreude, Gelassenheit

und Frohsinn. Jeder, der die sieben Lektionen dieses Buches konsequent anwendet, wird reif für einen »Urlaub für immer«, »urlaubsreif« sind Sie sicherlich schon lange, aber mit diesem Buch können Sie es schaffen! »Urlaub für immer« ist für alle da! Machen Sie mit!

Lektion 1

Machen Sie
Urlaub vom Alltag

Wie komme ich in Urlaubsstimmung?

Nehmen wir einmal an, Sie sitzen in Ihrem Wohnzimmer und lesen gerade dieses Buch. Draußen ist ein ungemütlicher Novembertag, und Sie fühlen alles andere als »Urlaub für immer«. Gibt es eine Möglichkeit, sich wie im »Urlaub für immer« zu fühlen – trotz Novemberregen und schlechtem Fernsehprogramm, Nachrichten über radioaktiv verseuchte Lebensmittel und Umweltverschmutzung? Ja, es gibt einen Weg!

Wer sich schon mit *positivem Denken* beschäftigt hat, weiß, daß unser Unterbewußtsein zwischen Realität und Phantasie nicht unterscheiden kann. Beispielsweise fühlen wir uns angespannt, wenn wir einen Fernsehkrimi ansehen, obwohl uns doch gar nichts passiert. Warum? Weil das Unterbewußtsein die Eindrücke genauso verarbeitet, als würden die Dinge wirklich geschehen. Darum ist es auch so wichtig, welche Eindrücke wir aus Fernsehen, Zeitung, Radio oder Gesprächen »konsumieren« – denn unser Unterbewußtsein formt daraus unser Weltbild. Eine Untersuchung hat ergeben, daß die Kriminalitätsrate in Brasilien sehr niedrig war, bis die Fernseh- und Videowelle das Land mit ausländischen Action-Filmen, brutalen Krimis und Horror-Streifen überschwemmt hat. Unser Unterbewußtsein kann zwischen Realität und Vorstellung nicht unterscheiden. Genau diese Schwäche können Sie aber auch als Stärke nutzen. Wie? Indem Sie sich das vorstellen, wovon Sie schon immer geträumt haben.

Stellen Sie sich vor, Sie wachen auf, die Sonne lacht in Ihr Zimmer, draußen liegt ein weißer Sandstrand mit wunderschönen Kokospalmen vor Ihnen, eine Inselschönheit krault Ihnen zärtlich den Rücken, oder ein exotischer Boy fächelt Ihnen mit einem Palmwedel sanft Wind zu. Das Wasser ist angenehm warm, und bei einem Tauchgang erleben Sie die wunderschönen Farben des Ozeans. Am Strand liegt ein Surfbrett oder Segelboot für Sie bereit, und Sie genießen das Spiel mit Wind und Wasser. Den ganzen Tag über sind Menschen für Sie da, die Sie lieben, streicheln, liebkosen, immer lustig und immer zu einem Spielchen aufgelegt. Am Abend genießen Sie mit Ihren Freunden den Sonnenuntergang am Grillfeuer bei romantischer Musik. Gefällt Ihnen das? Dann sollten Sie sich dieses Feeling öfter gönnen. Erlaubt ist, was gefällt!

Lernen Sie kreativ visualisieren

Was Sie eben erlebt und gefühlt haben, war nur ein kurzer Vorgeschmack auf die Freuden, die Sie erwarten, wenn Sie zu »visualisieren« lernen. Visualisieren ist die Fähigkeit, sich mit geschlossenen Augen etwas so lebhaft vorstellen zu können, daß es genauso präsent ist wie die Wirklichkeit. Wenn Sie eben vor Ihrem geistigen Auge den Strand so klar und detailliert gesehen haben, daß Sie ihn hätten malen können, dann haben Sie visualisiert. Je stärker Sie visualisieren, je plastischer Sie die Farben sehen, je mehr Sinneswahrnehmungen Sie »hinzuschalten«, um so beglückender ist das Erlebnis.

Wenn Sie mit geschlossenen Augen nichts oder »schwarz« sehen, seien Sie nicht traurig, denn das wird sich schon sehr bald ändern. Bald werden Sie visualisieren wie ein Weltmeister, und wenn Ihre Nachbarn bei mir anrufen und mich fragen, warum Sie Ihren Fernseher aus dem Fenster werfen, Ihre Pornohefte verschenken und Ihre Videobänder verkaufen, weiß ich, daß Sie es geschafft haben. So schön wie »Urlaub für immer« kann kein Fernsehprogramm sein!

Ein mögliches Hindernis beim kreativen Visualisieren liegt womöglich in Ihrer Erwartung, mit geschlossenen Augen genauso wahrzunehmen wie mit offenen Augen. Das Sehen mit geschlossenen Augen funktioniert nicht durch unsere physischen Augen, sondern mittels unserer Phantasie. Es ist mehr ein Erahnen. Jeder von uns besitzt diese Fähigkeit. Vielleicht haben Sie früher Karl May gelesen oder »Jim Knopf und Lukas, der Lokomotivführer«. Vielleicht erinnern Sie sich an diese Zeit. Für uns alle war einmal Lesen wie ein »Ins-Kino-Gehen« – wir schlugen die ersten Seiten auf, und vor uns öffnete sich ein riesengroßer Vorhang. Wir »wußten« genau, wie Winnetou aussah, und waren meist enttäuscht, wenn wir später im Kino etwas ganz anderes sahen. Auch heute noch besitzen wir alle diese Fähigkeit, denn Träumen ist nichts anderes als unbewußtes kreatives Visualisieren. Oft ist man unsicher, ob man visualisieren kann. Woran erkennen Sie, ob Sie visualisiert haben? Ganz einfach: Wenn Sie das, was Sie »gesehen« haben, malen können, nachdem Sie die Augen wieder geöffnet haben, dann haben Sie bildhaft gesehen. Sie sehen permanent bildhaft, auch wenn Sie die Augen offen haben, nur die wenigsten von uns sind sich dessen bewußt.

Ein Beispiel: Malen Sie bitte einen Baum – jetzt gleich.

Allein die Tatsache, daß Sie in der Lage waren, den Baum zu malen, beweist schon, daß ein Teil von Ihnen diesen Baum schon vorher visualisiert hat. Wie sollten Sie sonst in der Lage sein, »aus dem Nichts« einen Baum zu malen? Sie können es also!

Nun aber auf zur Tat. Wie lernen Sie bildhaft sehen? Im nachfolgenden möchte ich Ihnen einige kleine Übungen anbieten. Sobald Sie mit diesen Übungen einige Male trainiert haben, sind Sie reif für Ihren täglichen Kreativ-Urlaub.

1. Richten Sie die geschlossenen Augen auf eine Lampe oder die Sonne. Halten Sie dabei die Augen mit den Händen zu. Dann ziehen Sie die Hände schlagartig weg. Genießen Sie das Farbenspiel hinter Ihren geschlossenen Augenlidern.

2. Die folgende Übung kommt aus dem Krija-Yoga: Drücken Sie mit den Zeigefingern leicht auf die geschlossenen Augenlider, und schauen Sie dabei von innen auf Ihr »drittes Auge«, das ist die Stelle in der Mitte Ihrer Stirn, wo man bei den Zyklopen immer das eine Auge gemalt hat. Sobald sich hinter Ihren Augen eine leichte Lichtspirale bildet, nehmen Sie die Finger weg, tauchen ein in das Farbenspiel und genießen es. Diese Übung ist völlig ungefährlich und soll die Erweckung des »dritten Auges«, das u. a. für die intuitive Wahrnehmung zuständig ist, anregen.

3. Starren Sie bei heller Beleuchtung ca. fünf Minuten lang auf eine leuchtend rote Fläche (z. B. ein Marienkäferchen zum Aufkleben, erhältlich in einem Schreibwarenladen), auf einen Plakatkarton oder ein Farbmandala (z. B. ein sogenanntes Yantra, erhältlich im »Arica«-Institut, New York). Dann ziehen Sie diese Fläche weg und schauen direkt danach auf eine grelle weiße Fläche (Wand, Blatt Papier o. ä.). Sofort wird der Gegenstand, den Sie angestarrt haben, in einer anderen Farbe (die Optiker sprechen von Komplementärfarbe) an der Wand erscheinen. Wenn Sie also ein rotes Marienkäferchen angestarrt haben, werden Sie danach möglicher-

weise an der Wand ein grünes Käferchen sehen. Erfreuen Sie sich daran. Anschließend machen Sie die gleiche Übung noch einmal, wobei Sie jetzt die Augen nach dem Starren auf die rote Fläche schließen. Diesmal wird vor Ihrem inneren Auge etwas erscheinen, z. B. das grüne Käferchen (ich hoffe nicht Ihre Schwiegermutter).

4. Eine hervorragende Technik, um die Blockade des Verstandes (»Ich kann ja doch nicht bildhaft sehen«) auszuräumen, stammt aus meinen ehemaligen Verkaufstrainings: die hypothetische Frage.

Ein Beispiel: Fragen Sie sich: »Nehmen wir einmal an, ich könnte einen Apfel sehen, wäre er rot oder gelb? Wäre er glatt oder rauh? Wäre er runzlig oder prall? Groß oder klein?« Schließen Sie jetzt die Augen, und stellen Sie sich diese Fragen. Danach öffnen Sie die Augen und skizzieren diesen Apfel. Sie haben den Apfel skizziert? Wunderbar, das ist der Beweis, daß Sie bereits visualisiert *haben*.

Die hypothetische Frage arbeitet mit einem doppelten Trick: Einmal haben wir die Alternativfragetechnik benutzt. Unser Verstand ist so aufgebaut, daß er nicht über die Gegebenheiten hinaus denken kann. Dies ist eigentlich eine Schwäche, denn dieses Verhalten führt dazu, daß wir uns schwer tun, über die Gegebenheiten hinauszuwachsen. Hier nutzen wir diese Schwäche bewußt als Stärke, indem wir dem Verstand zwei Gegebenheiten anbieten, die beide wünschenswert sind. In der Regel wird sich unser Verstand mit einer der beiden Alternativen zufriedengeben.

Ein Beispiel: Nachdem der Pächter eines Cafés von dieser Technik erfahren hatte, wies er die Bedienungen an, die Gäste nicht mehr zu fragen: »Möchten Sie zum Frühstück ein Ei?«, sondern: »Hätten Sie zum Frühstück lieber ein Ei oder zwei Eier im Glas?« Und schon stieg der Eier-Umsatz um 50 Prozent.

Möglicherweise werden Sie es sehr bedauerlich finden, auf diese Art und Weise manipuliert zu werden. In diesem Fall haben Sie genau das richtige Buch gekauft, denn hier lernen Sie, wie man frei von der Manipulation durch andere wird.

Betrachten wir nun den zweiten »Trick«, den die »Nehmen-wir-einmal-an-Formel« benutzt. Wir haben so getan, als ob Sie etwas könnten, von dem Sie geglaubt haben, daß Sie nicht dazu in der Lage wären. Wie heißt es so schön: »Wer glaubt, er kann, der kann.« Mit Hilfe dieser Formel »überspringen« Sie die Hürde des Verstandes, der sich auf Grund der Erfahrungen aus der Vergangenheit Grenzen setzt. Benutzen Sie diese Formel auch im Alltag, wenn Sie an eine Grenze stoßen. Fragen Sie sich: »Nehmen wir einmal an, ich könnte das, wie würde ich es dann machen?«

Ein Beispiel: Ich selbst habe Windsurfen gelernt, und mein erster Surflehrer erklärte mir überhaupt nichts. Er schaute mir nur tief in die Augen und sagte dann: »Du kannst es, du bist ein Talent. Das sieht man.« Dann stieg er auf sein Surfbrett und segelte mir voran, und ich surfte hinterher, als hätte ich diesen Sport schon jahrelang ausgeübt. Danach besuchte ich einen Surfkurs, und der neue Surflehrer sagte uns, daß wir anfangs dauernd ins Wasser fallen würden. Ich wußte bis dahin natürlich nicht, daß man zuerst ins Wasser zu fallen hat, aber kaum war ich das zweite Mal auf dem Brett, zeigte sich, daß auch der zweite Surflehrer recht hatte: Ich fiel laufend ins Wasser.
Wenn Sie z. B. denken: »Ich kann nicht Tennisspielen, und deshalb versuche ich es gar nicht erst«, probieren Sie es mit der Formel: »Nehmen wir einmal an, ich wäre ein toller Tennisprofi, wie würde ich denn dann die Bewegung mit dem Schläger machen?« Die Gesangslehrerin Ascentia trainiert die größten »Brummbären« zu Opernsängern und die größten Stammler zu Büttenrednern, einfach indem sie ihnen tief in die Augen schaut, sagt: »Du kannst es!« und dann mit ihrer Arbeit beginnt.
Natürlich haben auch clevere Verkäufer diese Technik entdeckt. So fragt der gewiefte Verkäufer seinen Kunden: »Nehmen wir einmal an – ich meine, nehmen wir nur einmal an, es kostet ja nichts –, nehmen wir einmal an, Sie wären Eigentümer dieser wunderschönen Erdgeschoßwohnung, wie würden Sie die Grundrisse einteilen?«

Sie können die »Nehmen-wir-einmal-an-Technik« aber auch benutzen, um zielsicher die richtige Entscheidung zu treffen. Angenommen, Sie wissen nicht, ob Sie die angepriesene Wohnung wirklich kaufen wollen. Fragen Sie sich dann einfach: »Nehmen wir einmal an, ich wäre ein kluger Geschäftsmann und Immobilienprofi, worauf würde ich dann achten?« Hier ist es anfangs sinnvoll, sich jemand ganz Speziellen vorzustellen. Wenn Sie finanzielle Probleme haben, können Sie sich durchaus ein Finanzgenie vorstellen. Wenn Sie Angst haben, stellen Sie sich einen mutigen Menschen vor. Wenn Sie schüchtern sind, nehmen Sie sich einen Draufgänger zum Vorbild. Schaffen Sie sich ruhig Vorbilder, bis Sie selbst Ihr eigenes Vorbild geworden sind. Sie werden erkennen, daß die Fähigkeiten desjenigen, an den Sie denken, in Sie einfließen. Benutzen Sie diese Hilfe. Ich stelle immer wieder gedanklich Meister Jesus in meine Wohnung und lasse ihn gedanklich meinen nächsten Schritt tun. Es hilft! Fragen Sie sich immer wieder: »Was würde ein vollkommener Meister jetzt tun?« – und handeln Sie danach!

5. Sie können sich besonders gut Dinge vorstellen, die sie täglich sehen, z. B. Ihre Haustür. Ist sie braun oder weiß? Hat sie eine Glasscheibe oder nicht? Ist das Schloß an der rechten oder an der linken Seite? Gehen Sie in Gedanken einmal zu Ihrer Haustür, und schließen Sie sie auf. Schließen Sie die Augen, und tun Sie es jetzt.

6. Lernen Sie, in Ihrem Phantasie-Urlaub alle Sinne zu aktivieren. Stellen Sie sich einmal eine Wiese, einen Park oder eine Landschaft vor. Sehen Sie deutlich die Farben. Schalten Sie dann das Gefühl hinzu. Fühlen Sie, wie Ihre Füße den Boden berühren, die Luft Ihren Körper streichelt, die Sonne Ihre Haut erwärmt? Schalten Sie Ihr Hören hinzu. Hören Sie das Rauschen der Blätter, das Zwitschern der Vögel und das Plätschern des Baches? Riechen Sie z. B. an einer Blume, und schmecken Sie z. B. eine Aprikose. Schalten Sie auf »Rundblick«. Stellen Sie sich vor, Sie können gleichzeitig nach hinten, nach vorn, nach rechts und links sehen. Genießen Sie Ihre »Sinn-lichkeit«. Dieses Training eignet sich hervorragend, um die abgestumpften Sinne eines Großstadtmenschen

wieder zum Leben zu erwecken. Viele Menschen sehen eher wie
verwelkte Blätter aus, weil sie ihre Sinnesfreuden haben verküm-
mern lassen. Lassen Sie auch im Alltag Ihre Sinne wieder erwachen. Genießen Sie es, barfuß über eine Wiese zu laufen, wie Gott
Sie schuf zu baden oder sich dem Genuß einer kulinarischen Köst-
lichkeit hinzugeben.

7. Machen Sie »Tagesschau – einmal anders«: Spulen Sie noch einmal
Ihren »Tagesfilm« ab. Sehen Sie sich noch einmal an, wie Sie heute
morgen aufwachen, ins Bad gehen, frühstücken – nehmen Sie diesen Tag mit allen Sinnen wahr. Hier können Sie besonders deutlich
zwischen Erinnerung und Visualisieren unterscheiden. Wenn Sie
sich nur erinnern, fehlt Ihnen immer wieder ein Stückchen, wenn
Sie hingegen visualisieren, können Sie den ganzen Ablauf von
heute morgen bis jetzt verfolgen. Diese »Tagesschau« ist besonders hilfreich, um den Tag abzuschließen. Viele Menschen schlafen schlecht oder wachen verkatert auf, weil sie ihre Tagespro-
bleme noch mit in den Traum genommen haben. Eine halbe
Stunde »Tagesschau« kann Ihnen zwei Stunden Schlaf einsparen
und dazu noch ein glückliches Morgenerwachen schenken, denn
mit den Gedanken, mit denen Sie einschlafen, wachen Sie am
nächsten Tag auch wieder auf. Wenn Sie Ihre »Tagesschau« nutzen wollen, dann nörgeln Sie nicht an diesem Tag herum, denken
Sie nicht an irgendwelche Versäumnisse, sondern segnen Sie diesen Tag, wie er war. Damit erschaffen Sie das beste Mental-Pro-
gramm, das es gibt. *Schauen* Sie sich – wertneutral – an, was Sie
heute alles erlebt haben. *Lieben* Sie sich dafür, wie Sie mit diesem
Tag umgegangen sind, denn mit »hätt' ich doch nur« und »o mein
Gott!« wird es doch nicht besser. Lachen Sie über Ihre Mißge-
schicke, und seien Sie zufrieden mit sich, was immer Sie angestellt
haben. *Erkennen* Sie, welche Einsichten Ihnen dieser Tag geschenkt hat, und seien Sie dankbar dafür. *Segnen* Sie diesen Tag
und alle, die Ihnen an diesem Tag begegnet sind. *Danken* Sie für
diesen Tag aus ganzem Herzen, wie immer er war, und lassen Sie
diesen Tag dankbar los – er kommt nie mehr wieder. Freuen Sie
sich auf eine neue Chance – den neuen Tag.

Arbeit kann Spaß machen

Wir gehen normalerweise davon aus, daß Arbeit »hart« ist. Was nicht unangenehm ist, ist keine Arbeit, sondern Vergnügen. Vielleicht ist das der Grund, warum Papi immer mit verbissenem Gesicht Unkraut jätet. Wenn er dabei singen würde, würde ja keiner seine großartigen Leistungen bewundern. Es stimmt aber einfach nicht, daß Arbeit unangenehm ist. Sie bestimmen, was Sie für angenehm oder für unangenehm halten, und es liegt an Ihnen, sich das Leben so schön wie möglich zu machen. Wer sich das Leben »hart« macht, ist kein bewundernswerter Kämpfer, sondern einfach nur ein Dummkopf. Gerade dieses »Harte« ist es, das uns dazu verführt, uns resigniert in unser Schneckenhaus zurückzuziehen und gar nichts mehr zu tun. Um das zu verstehen, müssen wir erkennen, daß es in uns nicht nur einen faulen und einen fleißigen Teil gibt (die Mediziner sprechen vom Sympathikus und vom Parasympathikus), sondern daß wir in allem zwei Seiten haben. Ein Teil von uns will Entwicklung und Fortschritt, auch wenn es »hart« ist, und der andere Teil von uns will es »bequem« und »lustvoll« haben. Bisher hat die Menschheit nur eines fertiggebracht: Entweder sich zu quälen und abzuschuften oder lustvoll herumzulungern (manche bringen allerdings auch das Kunststück fertig, sich lustvoll zu quälen nach dem Motto: »Wenn du zum Weibe gehst, vergiß die Peitsche nicht!« Nun gut, einige bringen halt immer alles durcheinander, kein Wunder bei dieser chaotischen Welt!) Die meisten Menschen stolpern hierbei von einem Extrem ins andere. Einige Wochen lang sind sie der totale »Macher« und dann wieder der totale »Träumer«. Immer verurteilt ein Teil von uns den anderen, wo doch beide ihre Berechtigung haben. Immer wieder werde ich gefragt: »Soll ich lustvoll leben oder strebsam sein?« Meine Antwort ist immer die gleiche: »Beides!« Ohne Strebsamkeit liegen Sie wie viele Inder, die an den Fatalismus (Fatalismus ist der Glaube, alles sei vorherbestimmt, man könne sowieso nichts machen) glauben, in der Gegend herum, und ohne Lust werden Sie mit Ihren Erfolgen nicht viel anfangen können. Finden Sie Wege, Entwicklung mit Lust zu verbinden – dann können Sie nämlich auch durchhalten. Der Phantasie-Urlaub ist ein solcher Weg. Sie werden wahrscheinlich spüren, daß er Ihnen Freude und Lust bereitet, und das gefällt dem »Genießer« in Ihnen. Auf der anderen Seite wird bald der »Macher« auf den Plan treten und Ihnen zuflüstern: »Hör auf damit, im Augenblick brauchst du das nicht mehr, tu lieber etwas.« Und hier ist das Besondere bei dieser Arbeit: Sie können Ihrem »Macher« jetzt zurufen: »Auch du wirst befriedigt, denn Phantasie-Urlaub ist nur ein Codewort für das effektivste und produktivste Bewußtseinstraining, das es gibt.«

Durch Phantasie-Urlaub zur »brain balanced person«

Mit Hilfe des Phantasie-Urlaubs entwickeln Sie sich zu einer *brain balanced person* – was heißt das? Wir sind Herrscher über mehrere Gehirnteile, und alle Gehirnteile sind von der Anlage her grundverschieden. Das Stammhirn ist zuständig für die Vitalität, das Zwischenhirn für Gefühle und Flexibilität, die linke Großhirnhälfte für Logik und Entwicklung und die rechte Großhirnhälfte für Intuition und kreativen Selbstausdruck. Kein Wunder, daß wir heutzutage Aspirin brauchen, denn diese Gehirnteile arbeiten oft gegeneinander nach dem Motto: »Der Stärkere gewinnt.« Ist gerade der Trieb besonders aktiviert, wirft man alle Planung über den Haufen. Ist man ge-

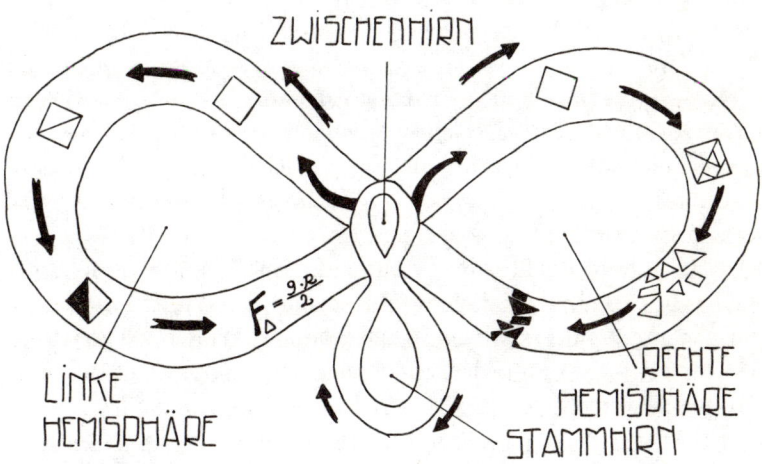

37

rade an einem Projekt engagiert, wird auf Gefühle keine Rücksicht genommen – und die anderen Gehirnteile warten ab und »rächen« sich.

Der Phantasie-Urlaub ist eine Methode, alle Gehirnteile »unter einen Hut« zu bringen. Gleichzeitig müssen alle Gehirnteile zusammenarbeiten, um diesen Phantasie-Urlaub zu ermöglichen. Wenn Sie auf Phantasie-Reise gehen und sich dabei Liebe und Genuß zukommen lassen, ist Ihr Stammhirn befriedigt. Wenn Sie sich dabei noch toll fühlen, weil die Sonne scheint, erfreut das auch Ihr Zwischenhirn. Ihre rechte Gehirnhälfte ist glücklich, weil sie endlich einmal kreativ sein darf, und Ihre linke Großhirnhälfte freut sich, das ganze Erlebnis logisch aneinanderreihen zu dürfen. Der Phantasie-Urlaub ist ein ideales Kommunikationstraining für alle Gehirnteile. Dadurch, daß Sie bei Ihren Phantasie-Urlauben gezwungen sind, gedanklich »am Ball zu bleiben«, also den »roten Faden« nicht zu verlieren, trainieren Sie auch noch die wichtige Gedankendisziplin. Phantasie-Urlaub ist also eine effektive und sinnvoll investierte geistige Arbeit, die mehr einbringt, als »nur« ein irres Feeling.

Warum ist bei vielen die Fähigkeit zur bildhaften Vorstellung so verkümmert? Mit Sicherheit liegt es an unserem Schulsystem, das uns darauf dressiert hat, immer nur logisch zu denken. Dies führt zu einer Überbetonung der analytischen linken Großhirnhälfte. Wir sind quasi eine Gesellschaft mit nur halbem Gehirn. Phantasie und Träume, insbesondere die »verbotenen« Phantasien, sind verpönt. »Du bist ein Träumer«, sagt man und meint damit jemanden, der mit seinem Leben nicht zurechtkommt. Tatsächlich träumen wir oft vor uns her und spüren, daß das nicht viel bringt, ganz einfach deshalb, weil es ein unbewußtes – passives – Vor-sich-hin-Träumen ist, bei dem wir nicht wissen, ob es uns in Euphorie oder Depression versetzt. Ganz im Gegensatz dazu ist das kreative Visualisieren eine Möglichkeit, Phantasie bewußt zu nutzen, indem man nicht nur irgendwelche »mentalen Schallplatten« auflegt, sondern seine Phantasie kreativ und konstruktiv einsetzt – und das fordert und fördert die Zusammenarbeit beider Großhirnhälften.

Erkennen Sie, daß jeder in einer anderen Welt lebt

Nun können Sie vielleicht einwenden, Phantasie-Urlaube seien keine Realität. Aber was ist Realität? Könnte es nicht sein, daß wir im Traum wach sind und tagsüber nur träumen? Die Weisen sagen, daß wir nicht nur in dieser Welt leben, sondern gleichzeitig in vielen anderen. Graf Dürckheim sprach in einem Vortrag vom »Menschen im Auftrag zweier Welten«, Dr. Peter Michel schreibt in seinem Buch »Der verzauberte Aquamarin« vom »Wanderer zwischen Zeit und Ewigkeit«, die Inder halten die materielle Welt für *maya*, eine Täuschung, nichts weiter als einen schlechten Traum, so als ob der liebe Gott zu viele Kohlrouladen gegessen und daraufhin Alpträume bekommen hat. Diese Meinung teilt auch Paramahansa Yogananda, der allerdings einräumt: »Wer in seinem Traum mit einem Traumkopf gegen eine Traumwand rennt, der kann sehr wohl Traumschmerzen bekommen.« Elisabeth Haich hält in ihrem Werk »Einweihung« unsere Existenz für nichts weiter als ein Gedankenmodell, vergleichbar mit unserem Sprachlabor in der Schule, als Prüfung für eine große Einweihung, und für die Mystikerin Erni Wurzenberger ist die Welt ganz einfach ein »Narrenhaus«. Unabhängig davon, wie Sie diese Welt erleben, auf jeden Fall leben wir alle in einer anderen Welt.

Ein Beispiel: Schließen Sie zusammen mit Ihrem Partner die Augen, und stellen Sie sich einmal einen Eimer vor. Was sehen Sie, wenn Sie das Wort »Eimer« hören? Wie sieht Ihr Eimer aus? Vielleicht werden Sie sagen: »Groß und weiß.« Und wie sieht der Eimer Ihres Partners aus? Vielleicht wird er sagen: »Rot und klein.« Sie werden feststellen, daß jeder von Ihnen einen anderen Eimer gesehen hat.

Übrigens: Jeder von Ihnen liest auch ein anderes Buch, wenn er seine Nase in dieses Werk steckt. Kein Mensch nimmt an der Welt so teil wie Sie! Niemand sieht durch Ihre Augen – außer Ihnen. Für jeden der fünf Milliarden »Erdlinge« sieht diese Welt anders aus. Der eine bekommt bei »Sauerkraut« sofort einen Lachanfall, und der andere droht, Sie zu verprügeln, wenn Sie das noch einmal sagen. Eine einheitliche Welt existiert nur in der Übereinkunft von Sprachbegriffen, und es ist sowieso ein Wunder, daß man nicht noch mehr durcheinanderkommt! Es ist nur zu begreiflich, daß es so viele Mißverständnisse gibt. Man kommt als neugeborenes Baby völlig unbedarft auf diese Welt und soll sich die ganzen Bedeutungen und Begriffe merken, die von den Eltern sowieso schon durcheinandergebracht worden sind! Eigentlich leben wir in fünf Milliarden Welten und haben es nur gut kaschiert. Und wer will mir jetzt, bitteschön, sagen, was Realität ist? Realität ist das, was *ich* erlebe, und wenn ich es schon bin, der seine Realität alleine schafft, dann kann ich mir gefälligst auch meine Träume selbst erschaffen.

Gleichnis 3:

Der König, der im Traum ein Bettler war

Ein König, der vor vielen Zuhörern und Höflingen auf dem Thron saß, schlief plötzlich ein, trotz all des Lärmens und Treibens um ihn herum. Niemand wagte es, ihn aufzuwecken, und so beschlossen alle, sich hinzusetzen, damit der König seinen Schlaf genießen könnte. Der König schlief zwei Stunden lang. Er träumte, er wäre ein elender Bettler, ein Leprakranker, der von vielen Fliegen umschwirrt wurde. Wie er so um ein Stückchen Brot bettelnd von Tür zu Tür zog, wurde er immer wieder abgewiesen und fortgetrieben. Der König litt schrecklich in diesen zwei Stunden. Als er jedoch aus dem Traum erwachte, fand er sich wieder als König, nicht als Bettler. Wir sind alle Könige, die träumen, Bettler zu sein – das ist das »Spiel des Lebens«.

Dieses Buch soll Ihnen helfen, zu Ihrer wahren Größe zu erwachen.

Erfüllen Sie sich Ihre Wünsche – zumindest geistig!

Warum leiden wir manchmal? Nicht die äußeren Dinge in der Umwelt sind es, die uns leiden lassen, sondern die Spannung zwischen der Realität und unseren heimlichen Wünschen. Wir hoffen, daß die Sonne scheint, aber es regnet – und schon sind wir deprimiert. Wir sagen, das Wetter ist »schlecht«. Stimmt das überhaupt? Der Landwirt, der auf den langersehnten Regen wartet, würde sagen: »Was für ein Segen!« Ja, wie soll denn der liebe Gott das Wetter machen, so daß es allen recht ist? Erkennen Sie: Das Wetter ist weder gut noch schlecht, es *ist* einfach, so wie alle Dinge auf diesem Planeten weder gut noch schlecht sind – sie *sind* einfach. Nur die Übereinstimmung der Realität mit Ihren Wünschen entscheidet, ob Sie die Dinge mit dem Etikett »gut« oder »schlecht« versehen.

Was ist die Ursache unserer Wünsche? Wünsche entstehen dann, wenn Sie mit dem, was ist, nicht zufrieden sind. Sie glauben, daß Sie etwas versäumt haben, daß Ihnen etwas fehlt oder daß Sie im Leben bisher zu kurz gekommen sind. Sie hoffen auf eine bessere Zukunft. Sie wünschen, daß alles besser wird. Leider richtet sich das Leben nicht nach Ihren Erwartungen, und so sind Sie tief frustriert. Sie sind unzufrieden mit dem, was ist – daher die Wünsche. Gerade die Wünsche sind es jedoch, die noch mehr Leid verursachen, denn jetzt hat das Leben noch weniger Chancen, Ihren Wünschen gerecht zu werden. Mehr Leiden führt zu mehr Wünschen, und mehr Wünsche führen zu mehr Leiden. Die Katze beißt sich in den Schwanz. So jagen die meisten Menschen ein Leben lang ihren Wünschen hinterher, und genau dadurch verpassen sie den einzigen Augenblick, in dem sie wirklich hätten glücklich sein können – das Jetzt. Wie heißt es doch so schön: »Glücklich *werden* geht nicht, man kann nur glücklich *sein*.«

Wenn Sie sich also entscheiden wollen, glücklich zu sein, können Sie es nur *jetzt* verwirklichen. Leider leben die meisten Menschen nach dem Motto: »Wenn ich erst einmal, dann . . .« Als Kind haben Sie vielleicht gewünscht: »Wenn ich erst einmal so lange Fernsehgukken darf, wie ich will, dann bin ich glücklich.« Eines Tages durften Sie es, und Sie wünschten: »Wenn ich erst einmal meine Berufsausbildung abgeschlossen habe, dann . . .« Und als Sie das erreicht hatten, wünschten Sie: »Wenn ich erst einmal verheiratet bin, dann . . .« Und dann wünschten Sie sich Kinder, bekamen sie, und dann wünschten Sie sich: »Wenn erst einmal die Kinder aus dem Haus sind, dann . . .« – Und vielleicht sitzen Sie heute in Ihrem Lehnstuhl und wünschen sich: »Wenn ich erst einmal pensioniert bin, dann . . .« Wie lange wollen Sie ein »*Dann*-er« sein? Worauf warten Sie eigentlich? Was braucht es, damit Sie endlich glücklich sind?

Kurt Tepperwein erzählt auf seiner Kassette »Die sieben Schlüssel zum Glück« von einem Mann, der sich erst nur wünschte, sich satt essen zu können, dann wünschte er sich eine Wohnung, dann ein eigenes Häuschen, und schließlich fehlte ihm nur noch die Macht zu seinem Glück. Auf dem Weg zur Macht verlor er seine Gesundheit, woraufhin es sein sehnlichster Wunsch war, wieder gesund zu sein. Erkennen Sie: Als »*Dann*-er« betrügen Sie sich selbst. Es gibt keinen Grund, warum Sie nicht jetzt – ja, genau jetzt – glücklich sein können. Getreu dem Grundsatz: »Sucher suchen, Finder finden«, sind Sie bisher immer am Glück vorbeigelaufen. Die Wirklichkeit war immer anders, als Sie es sich wünschten – und das zieht zwangsläufig Leid nach sich. Sie können nicht die ganze Welt Ihren Wünschen anpassen, selbst dann nicht, wenn Sie ein geborener Getty sind – und die Herren Milliardäre brauchen sich auch nichts einzubilden, denn so glücklich sind sie auch wieder nicht. Feiern Sie das Leben, wie es IST – es IST einfach, es IST so – und nicht anders. Die Wirklichkeit richtet sich nicht danach, ob Sie sie mögen oder nicht. Die Wirklichkeit heißt Wirklichkeit, weil sie *wirkt*. Lassen Sie also Ihre Wünsche los. Feiern Sie das, was *ist*!

Wie gehen wir jetzt mit Ihren Wünschen um? Ihr jetziges Leben würde wahrscheinlich nicht einmal ausreichen, um sich einen einzigen Ihrer großen Wünsche zu erfüllen, geschweige denn die ganze Wunschpalette. Wenn Sie den Wunsch hätten, ein großer Opernstar zu werden, würden Sie wahrscheinlich ein ganzes Leben dafür verwenden müssen, um am Ende einzusehen, daß die Erfüllung längst nicht so schön war, wie Sie es sich vorgestellt haben. Also: »Was tun?« sprach Zeus. Sollen wir unsere Wünsche nun verdrängen, ignorieren oder sie mit überharter Disziplin niederkämpfen? Hören Sie auf damit! So werden Sie nie »erleuchtet« – und wenn »Erleuchtung« so aussehen soll, dann möchte ich nicht »erleuchtet« sein, denn Heilige, die traurig sind, sind traurige Heilige. Ein indischer Guru sagte einmal: »Was ist Erleuchtung anderes, als verwöhnt zu werden.« Die geistige Entwicklung kann nicht darin bestehen, »Magerquark« zu futtern. Erfüllen Sie sich Ihre Wünsche – und zwar geistig. Das ist kein »Ander-Realität-Vorbeileben«. Nach einer amerikanischen Untersuchung verschwendet der Durchschnittsmensch sowieso etwa 97 Prozent (!) seiner Gedanken-Energie für unkontrollierte Tagträume. Nur 3 Prozent seiner Gedanken beschäftigen sich mit der Realität und sind ganz im »Hier und Jetzt«. Warum? Weil die verdrängten Wünsche immer wieder an die Oberfläche sprudeln. Deshalb: Reservieren Sie sich eine feste Tageszeit für Ihre Phantasie-Urlaube. Gehen Sie auf Phantasie-Urlaub. Stellen Sie sich vor, wie sich ein Wunsch nach dem anderen erfüllt, und gehen Sie dann in Urlaubsstimmung Ihrem Tagesgeschäft nach. Da Ihr Unterbewußtsein nicht zwischen Realität und Vorstellung unterscheiden kann, haben Sie jeden Grund, *jetzt* glücklich zu sein. Wenn Sie tief im Herzen glücklich sind, dann verschwinden alle Wünsche ganz von selbst, schließlich bedeutet Wünschen nichts anderes als »es anders haben wollen«, und wenn Sie glücklich sind, sind Sie so in den Moment »verliebt«, daß genau dieses »anders haben wollen« entfällt. Ein Beispiel: Sie sind frisch verliebt – vielleicht sogar in sich selbst – und tanzen durch den Regen. In dem Augenblick ist Ihnen egal, wie das Wetter ist, weil Sie glücklich sind.

Entdecken Sie das Geheimnis hinter den Wünschen. Warum enden Wünsche so oft mit einer Enttäuschung? Weil die Erfüllung des Wunsches nur selten das bieten kann, was wir in ihn hineinprojiziert haben. Wir wünschen uns diesen oder jenen Partner – und die Strafe ist dann, daß wir ihn kriegen. Es hat einen Grund, warum sich der eine einen Ferrari, der andere eine Machtposition wünscht. Es hat einen Grund, warum derjenige, dessen sehnlichster Wunsch ein Ferrari war, ihn bald gar nicht mehr so toll findet, wenn er ihn endlich besitzt. Hinter jedem Wunsch steckt ein Geheimnis, und diesem Geheimnis kommt man nicht mit dem Oberflächenverstand auf die Spur. Man muß es durchleben und durchfühlen mit allen Körperzellen. Das heilt! Es reicht nicht aus, daß der Oberflächenverstand die Lösung kennt. Alle Körperzellen müssen das Geheimnis erkannt haben. Ist es nicht ein lustvoller Weg, auf diese Art die Geheimnisse des Lebens zu entdecken? Voltaire sagte einmal: »Der einfachste Weg, mit einer Versuchung fertig zu werden, ist, ihr zu erliegen.« Ich möchte noch ein Wort hinzufügen: »Ihr *bewußt* zu erliegen – und ihr Geheimnis zu entdecken.« Sie dürfen sich Ihre Wünsche erfüllen – in der Phantasie und in der Praxis. Das Leben ist nämlich kein Problem, das gelöst, sondern ein Geheimnis, das gelebt werden muß. Erfreuen Sie sich vor allem an den Ent-Täuschungen, die Ihnen beim Wünsche-Erfüllen begegnen. Sammeln Sie Enttäuschungen, und seien Sie dankbar für sie, denn jede Ent-Täuschung, der Sie begegnen, befreit Sie von einer Täuschung, und das macht Sie lebenstüchtiger für Ihren Alltag!

Ein Beispiel: Ein Abteilungsleiter hat das zwanghafte Bedürnis, um jeden Preis Topmanager in der Industrie zu werden. Er will damit über Macht und Ansehen verfügen und ist bereit, dafür notfalls »über Leichen zu gehen«. Er schuftet sich ab, putscht sich mit Kaffee, Zigaretten, bunten, aber nicht ungefährlichen Pillchen auf, um sich für seine täglichen Überstunden fit zu halten. Durch Machtkämpfe mit seinem Chef belastet er das Betriebsklima. Die Ehefrau »versauert« zu Hause, und die Kinder erleben, vielleicht sogar zum Glück, nur selten ihren miesgelaunten und überarbeiteten Vater. Den Bekannten der Familie geht dieser Mann wegen seiner »Angebereien« schon lange auf den Wecker, und eigentlich will mit ihm keiner mehr etwas zu tun haben. Deshalb stürzt er sich noch mehr in die Arbeit, ruft aber mit seinem destruktiven Verhalten innerbetriebliche Spannungen hervor und bringt dem Unternehmen letztendlich keinen nennenswerten Nutzen.

Nun hat dieser Abteilungsleiter von seiner treusorgenden Ehefrau das Buch »Urlaub für immer« geschenkt bekommen und nimmt sich sogar Zeit, es zu lesen. Einige Wochen lang stellt er sich vor, wie er Vorstandsvorsitzender seines Unternehmens ist. Er erlebt das Ganze in Wort, Bild und Gefühl und dreht geistig den Film »Ich, der Vorstandsvorsitzende«. Dabei entlarvt er das Geheimnis. Er entdeckt, warum er Vorstand sein will. Das wahre Motiv ist: Er will Anerkennung. Nun, diese Anerkennung gibt er sich täglich aufs neue durch seine Phantasie-Urlaube. Darüber hinaus findet er immer neue Wege, wie er Anerkennung bekommen kann, lockert sich mehr und mehr. Die Arbeit geht ihm leichter von der Hand, er hilft seinen Kollegen mit guten Tips, Frau, Kinder und Bekannte freuen sich, der Chef wird aufmerksam auf seinen Bewußtseinswandel – und schließlich wird er befördert, obwohl er wesentlich weniger, gelassener und ruhiger arbeitet als noch einige Wochen zuvor.

Nehmen wir einmal an, Sie wären gerne reich. Kennen Sie das Buch »Die Statistik der Lotto-Millionäre«? Nur 5 Prozent der Lotto-Millionäre waren nach ihrem Lottogewinn glücklicher oder wenigstens genauso glücklich wie vorher. Für die allermeisten Lotto-Millionäre war der Lottogewinn ein schwerer Schicksalsschlag: Einige gingen bankrott, andere zerstritten sich mit ihrer Familie, und einige begingen sogar Selbstmord. Früher hatten sie etwas, auf das sie hoffen konnten. Plötzlich hatten sich all ihre materiellen Hoffnungen erfüllt, aber sie hatten nur Geld, sonst nichts. Ich habe selbst einen Bekannten, der bis zum hohen Alter von 79 Jahren ein Millionenvermögen aufgebaut hatte, ein schwerreicher Mann, braungebrannt, nahezu kerngesund, fast immer auf Reisen, und nebenbei hatte er noch eine glückliche Hand bei seinen Geschäften. Mit 79 Jahren setzte er seinem Leben ein Ende, weil er meinte, er hätte alles falsch gemacht. Das muß Ihnen nicht passieren! Seien Sie ein Lotto-Millionär – jetzt! Holen Sie sich jetzt die richtigen Erkenntnisse!

Ein Beispiel: Ein Fischer lag am Strand und briet sich einen selbstgefangenen Fisch. Da kam ein Fremder des Weges und sagte: »Was tust du da? Du faulenzt? Warum kaufst du dir nicht zehn Angeln? Du könntest einen Teil der Fische, die du dann fängst, verkaufen.« – »Und was tue ich mit dem Erlös?« fragte der Fischer. »Nun, du könntest dir davon ein Boot kaufen und Netze auslegen und noch mehr Fische fangen.« – »Und was hätte das für einen Sinn?« fragte der Fischer. »Dann könntest du bald eine ganze Flotte kaufen, diese für dich arbeiten lassen und hier am Strand sitzen und es dir gut gehen lassen.« – »Das tue ich doch heute schon«, lächelte der Fischer.

Die Idee, mit Geld ewiges Glück zu erlangen, ist eine Illusion. Ich habe in meinem Leben steinreiche Leute kennengelernt. Meine direkten Vorgesetzten verdienten in der Regel mehrere Millionen im Jahr – laut Steuererklärung versteht sich. Allerdings war keiner davon glücklicher als meine Großmutter, die zwar in bescheidenen Verhältnissen lebt, aber mit 80 Jahren noch auf dem Kamel die Feuerberge in Lanzarote hinaufreitet und sich über eine Glückwunschkarte mehr freut als einer dieser Herren über seinen neuen Ferrari. Geld ist nicht schlecht. Es macht Spaß, damit umzugehen, aber möglicherweise sind wir erst

dann reif für Reichtum, wenn wir Geld – ich meine finanziellen Überfluß, Luxus – nicht mehr »brauchen«. Vielleicht können wir dann, wenn wir unsere materiellen Wünsche losgelassen haben, Luxus erst richtig genießen – nämlich nicht als Stimulanzien für eine notdürftige Befriedigung, sondern als Lobgesang auf die Fülle des Universums.

»Urlaub für immer« muß mehr hergeben als einfach nur »viel Kohle«. Was »bringt« es wirklich? Finden Sie es heraus – in Ihrem Phantasie-Urlaub.

»Urlaub für immer« – ein irres Feeling

Stellen Sie jetzt Ihren Wecker auf 30 Minuten. Legen Sie eine schöne Entspannungsmusik auf, z. B. die »Blaue Lagune« oder »Sky Dreams« (s. Musik-Empfehlungen im Anhang). Dann legen Sie sich genüßlich auf die Couch (möglichst mit gerader Wirbelsäule, Arme und Beine gestreckt), wickeln sich in eine Wolldecke ein, schließen die Augen, und ab geht's in den »Urlaub für immer«.

Stellen Sie sich vor, Sie gehen auf Reisen, während Ihr Körper daliegt und schläft. Sie erheben sich gedanklich von der Liege, machen sich reisefertig, packen die Koffer und fahren mit Ihrem Auto zum Flughafen. Sie geben Ihr Gepäck auf, lassen sich einen Fensterplatz reservieren und steigen in Ihr Flugzeug zum »Urlaub für immer«. Genießen Sie den schönen Flug. Erleben Sie die Landung, und sehen Sie sich am Ort Ihrer Wahl aussteigen. Genießen Sie es, z. B. von Karibikschönheiten gestreichelt und verwöhnt zu werden. Lassen Sie sich alle Wünsche von den Augen ablesen. Erfüllen Sie sich alle Ihre Wünsche, auch die geheimen und verruchten, die Sie sonst niemandem erzählen würden. Genießen Sie es – fühlen Sie sich wie im »Urlaub für immer«! Spüren Sie, wie sich alle Zellen Ihres Körpers regenerieren und neue Lebenskraft in Sie einströmt – und das alles nur durch eine einfache und sogar noch lustvolle, geistige Übung! Ja, Schönheit kommt wirklich von innen! Man sieht einem Menschen einfach an, wie clever er das Leben gemeistert hat, wieviel Freude-Einheiten er sich im Leben gegönnt hat und wie glücklich er ist.

Wenn Sie einige Male auf Ihrer Karibikinsel gewesen sind, werden Sie feststellen, daß es irgendwann einmal langweilig wird, jeden Tag

Windsurfen zu gehen, und die ständigen Streicheleinheiten gehen Ihnen auch »auf den Keks«. Normalerweise wäre Ihr Leben jetzt zu Ende, und Sie hätten keine Chance, sich zu wandeln. Ganz anders bei unseren Phantasie-Urlauben. Sobald Sie das Geheimnis des ersten Wunsches erkannt haben, sobald Sie spüren, was der Wunsch eigentlich für Sie tun wollte, und sobald die Erfüllung des Wunsches Ihnen nichts mehr bringt, drehen Sie Ihren nächsten Film. Sehen Sie, wie Sie im Kino sitzen und sich den Film anschauen: »Klaus« – oder wie immer Sie heißen – »im Urlaub für immer – 2. Teil.« Springen Sie in den Film, und sehen Sie sich als vielumschwärmten Popstar in einem großen, weißen Rolls-Royce durch die Straßen von New York fahren. Erleben Sie, wie die Menschenmassen Ihnen zujubeln und wie Sie um Autogramme gebeten werden. Sehen Sie sich auf der Bühne tanzen, wie seit Fred Astaire keiner mehr getanzt hat. Genießen Sie romantische Nächte mit den attraktivsten Partnern, die Sie sich vorstellen können. Speisen Sie in den feinsten Lokalen der Stadt (Sie können sich ruhig einmal daneben benehmen), kurz, tun Sie alles, was Ihnen Spaß macht! Genießen Sie es, *Ihr* Leben zu leben!

Eines Tages wird Sie auch das langweilen. Dann drehen Sie den nächsten Film »Klaus im Urlaub für immer – 3. Teil«. Genießen Sie es, eine der reichsten und mächtigsten Persönlichkeiten unserer Zeit zu sein. Erleben Sie es, wie alle vor Ihnen den Hut ziehen. Selbst unbekannte Menschen auf der Straße erweisen Ihnen die Huldigung. Sie haben Macht und Einfluß auf die Großen unserer Zeit, natürlich auch über den blöden Chef, der Sie vielleicht letzte Woche gepiesackt hat (der macht einen Extra-Diener vor Ihnen, na klar!). Genießen Sie es, einer der Großen zu sein.

Und wenn Sie das eines Tages langweilen sollte, drehen Sie »Klaus im Urlaub für immer – 4. Teil«. Genießen Sie es, einer der größten Sportler unserer Zeit zu sein. Genießen Sie es, schneller zu laufen als Armin Hary, besser zu boxen als Muhammed Ali, schneller zu schwimmen als Mark Spitz und besser Tennis zu spielen als Boris Bekker. Siegen Sie im Geiste gegen die großen Sportler dieses Jahrhunderts. Tun Sie, was Ihnen Spaß macht. Leben Sie im »Urlaub für immer«.

Ihr Unterbewußtsein kann nicht zwischen Vorstellung und Wirklichkeit unterscheiden. Wenn Sie sich also vorstellen, im »Urlaub für immer« zu leben, speichert Ihr Unterbewußtsein ab: »Klaus war wieder einmal im Urlaub, dem muß es aber gut gehen« – und schon wird es Ihnen gut gehen. Sie fühlen sich also nach einem solchen Kurzurlaub erholt und erfrischt, als wären Sie wirklich dort gewesen. Warum also den ganzen Streß mit Warteschlange am Flughafen, Zollabfertigung, ermüdender Flugreise und dann das viele zum Fenster hinausgeworfene Geld? Schaffen Sie sich Ihren »Urlaub für immer« selbst – in Ihnen. Genießen Sie den Erholungseffekt Ihres Phantasie-Urlaubs. Er stärkt Ihre Lebenskraft und Gesundheit. Wann immer Sie sich irgend etwas wünschen, schließen Sie die Augen und holen Sie es sich, bevor Sie sich mit Sahnetorten oder frustriertem Ins-Glas-Schauen den Abend verderben. Machen Sie Ihren »Urlaub für immer« täglich, nicht nur, weil es Ihnen Spaß macht, sondern weil er heilsam ist. Eine Medizin, die lecker schmeckt – nur: Sie müssen täglich trainieren – denn das Wissen alleine genügt nicht, man muß es auch anwenden. Sie können sich natürlich auch für eine »Horror-Therapie« bei Dr. Schlumpfberger entscheiden. Ob Dr. Schlumpfberger Ihnen helfen kann, weiß ich nicht, aber eines ist sicher: »Urlaub für immer« heilt bei Depressionen, Müdigkeit, Niedergeschlagenheit, Anspannung, Lustlosigkeit, ja sogar den müdesten Ehemuffel bringt man mit den »richtigen« Phantasien wieder auf Trab. Alle Streicheleinheiten, die Ihnen das Leben im Alltag vorenthält, können Sie sich hier holen. Genießen Sie es, Sie bekommen davon weder Migräne noch Heuschnupfen. Tanken Sie auf!

Cool und lässig durch »phantasievolles Erfüllen«

Vielleicht werden Sie einwenden, daß der Phantasie-Urlaub Ihnen den Alltag vermiest, sobald Sie wieder die Augen aufmachen. Das stimmt aber nicht. Wenn Sie ehrlich sind, werden Sie zugeben, daß Ihre Erwartungen der einzige Grund sind, warum Sie im Leben immer wieder zu kurz kommen. Sie »wollen« jemanden kennenlernen oder etwas verkaufen, und der andere spürt Ihre Erwartungen und zieht sich *unter einem Vorwand* zurück.

Ein Beispiel: Nehmen wir einmal an, Sie sind Verkäufer und besuchen einen Großkunden. Sie erwarten, daß Ihr Kunde bei Ihnen einen Großabschluß tätigt, weil Sie sich von der Provision ein tolles Auto kaufen wollen. Ihr Großkunde spürt Ihre Erwartungshaltung, sieht die »Fünfmarkstücke« in Ihren Augen und zieht sich unter einem Vorwand aus dem Geschäft zurück.

Ein Beispiel: Nehmen wir einmal an, Sie sind Junggeselle und treffen in einem Café eine attraktive Dame. Sie sind voller Erwartung und begierig darauf, die Nacht mit der Dame zu verbringen. Die Dame findet Sie anfangs ganz nett, spürt dann aber Ihre Begierde. Sie denkt: »Wieder so ein Aufreißer« und zieht sich unter einem Vorwand aus dem Gespräch zurück.

Im Klartext heißt das: Begierde verhindert Erfüllung (s. dazu auch mein Buch »Nie mehr ärgern«). Hören Sie deshalb auf, von irgend jemandem etwas zu erwarten, zu erhoffen oder zu erbangen. Solange Sie von anderen Menschen etwas erwarten, werden Sie zwangsläufig enttäuscht. Erfüllt der andere Ihre Erwartungen, d. h., haben Sie endlich einen »Dummen« gefunden, werden Sie versuchen, bei diesem oder einem ähnlichen Menschen immer wieder Ihre Erwartungen erfüllt zu bekommen, weil es ja dort schon einmal »geklappt« hat. Sie werden somit »konditioniert« und damit unweigerlich abhängig. Das bedeutet, daß Sie eines Tages aufwachen und feststellen, daß Sie Ihre Seele für ein warmes Mittagessen, ein paar sehr gezielte Streicheleinheiten oder ein besonders reizvolles Powackeln verkauft haben. Sie sind dann – ehrlich gesagt – zu bedauern. Erfüllt der andere aber Ihre Erwartungen nicht, dann sind Sie enttäuscht. Sie suchen den Schuldigen, was meist dazu führt, daß Sie sich, den anderen oder die Umstände abwerten, und das ist das Schlimmste, was Sie sich antun können.
Ein Freund von mir beichtete mir vor kurzem folgendes Erlebnis: Er ging in der Stadt spazieren und sah eine heißblütige Frau. Seine Blicke folgten ihr gierig, aber er sah sich nicht in der Lage, sie anzusprechen. Deshalb fühlte er sich frustriert und ging erst einmal in das

nächste Café, um bei Sahnetorte und Cognac über seinen Kummer hinwegzukommen. Als ihm dies immer noch nicht gelang, lief er in die nächste Peep-Show, und er konnte seiner Frau nicht in die Augen sehen. Daraufhin beschloß er, sich bei einer Therapiegruppe anzumelden. Nach einer sechswöchigen Abendgruppe verließ er das Institut, sah eine ähnlich attraktive Frau, und sein privates Drama begann erneut. So oder ähnlich verläuft unser Frustmechanismus:

1. Wir sehen etwas, das wir als fehlend empfinden.
2. Wir fühlen uns in dem Versuch, es zu bekommen, behindert.
3. Wir sind frustriert.
4. Wir greifen zu Ersatzhandlungen.
5. Wir bekommen Schuldgefühle.
6. Wir greifen zur Therapie oder zu Anstrengungen, um uns zu »bessern«.
7. Wir erleben den nächsten Mißerfolg.

Mit Hilfe der Technik des »phantasievollen Erfüllens« kann diese »Frustkette« durchbrochen werden: Als der Freund mir gebeichtet hatte, riet ich ihm: »Wenn dir das nächste Mal eine attraktive Frau begegnet, holst du sie dir – geistig natürlich. Sage dir einfach: ›Danke, lieber Gott, für dieses Geschenk, ich werde gleich eine einfach wundervolle Phantasiereise machen.‹« Keine Therapie, keine Schuldgefühle – alles easy!

Wie entstehen Erwartungen?

Wir erwarten etwas von anderen, weil wir glauben, daß der andere uns etwas geben kann, wozu wir selbst nicht in der Lage sind. Genau diese Annahme beengt 90 Prozent der Menschheit wie ein Würgehalsband. Genau diese Annahme verführt mich dazu, den anderen zu einem Ding, zu einer Sache, zu einem Objekt meiner Begierde zu machen. Ich »verdingliche« den anderen. Die ganze Werbung ist auf diese Masche aufgebaut, und alle fallen darauf herein und lassen sich konditionieren wie Schafe. Wenn Sie »Camel Filter« kaufen, sind Sie so toll wie der Kerl mit den abgelatschten Schuhen, und bei Peter Stuyvesant erleben Sie den »Duft der großen weiten Welt«. Aber seien wir ehrlich: Nicht ein Herr Stuyvesant, nur *Sie* entscheiden, ob Sie jemals den »Duft der großen weiten Welt« erleben!

»Die Menschen sind unglücklich, weil sie nicht wissen, daß sie glücklich sind. Das ist alles!« sagt Dostojewski in seinem Roman »Die Dämonen«. Der einzige Irrtum der Unglücklichen besteht darin, daß sie glauben, daß sie aus sich heraus nicht glücklich sein können, daß ihnen irgend etwas fehlt, daß sie jemand anderen benötigen, der sie aus ihrem Elend befreit. Auf der Suche nach dem Märchenprinzen vergeht ein ganzes Leben, bis man am Ende des Lebens feststellt, daß man ihn genau dort, wo man gesucht hat, nie finden konnte. Genauso wie der Torhüter in Kafkas »Urteil« zum Sterbenden sagt: »Dieses Tor war für dich bestimmt, ich schließe es jetzt.« Für diejenigen, die »Wahrheit pur« vertragen können, ein Satz von Erni Wurzenberger: »Die einzige Wurzel deiner Sünde ist, daß deine Göttlichkeit du stets vergißt!« Wir glauben, wir brauchen den Geschäftserfolg, den Ferrari oder den Lover, um glücklich zu sein. Genau da ist der springende Punkt: Sie sind der einzige Mensch, der sich immer unglücklich gemacht hat, mit falschen Erwartungen, Hoffnungen und mit einem »dicken Ego«, das immer alles anders haben wollte. Hören Sie auf mit diesem grausamen Spiel der Selbstzerstörung. Seien Sie glücklich. Jetzt! Hören Sie auf mit Ihren dummen Erwartungen – sie haben Ihnen immer nur Unglück gebracht! Feiern Sie das Leben, wie es *ist*. Spielen Sie eine fröhliche Melodie, und fröhliche Tänzer werden Ihnen folgen. Ganz automatisch. Aber Sie müssen den Anfang machen – die Huldigung der anderen ist dann reine Zugabe. Die Seminarleiterin, bei der ich zu Beginn meiner esoterischen »Karriere« die Kunst des autogenen Trainings studierte, sagte immer: »Seien Sie ganz lässig. Versuchen Sie nichts zu erzwingen. Passiert etwas, ist es gut, passiert nichts, ist es auch gut.« Diese Lebenshaltung möchte ich auch Ihnen ans Herz legen. Mit dieser Haltung können Sie mutig durch die Welt schreiten, was immer passiert.

Kommen Sie Ihren geheimsten Wünschen auf die Spur
Erfüllen Sie sich auch Ihre geheimsten Wünsche per Phantasie-Urlaub. Gerade sie sind am meisten verdrängt und bringen die meiste

Energie, wenn sie erfüllt werden. Fragen Sie sich also: »Was sind meine geheimen Wünsche?« Lassen Sie diese auf Ihrem Phantasie-Urlaub wahr werden. Vergessen Sie all die Moral und Anstandsregeln. Sie wurden aus Angst vor dem Tier-Menschen in uns geschaffen. Wir haben das Tier in uns geknebelt und unterdrückt, und die Folge davon waren Krankheit und Perversion. Kein Wunder, daß diese Welt voll ist von Peep-Shows, Prostitution, Spielhöllen und Horrortrips. Das Tier sucht sich einen Kanal, und da es *the real thing* (zu deutsch: die wahre Erfüllung) nicht erleben darf, assoziiert es Dinge miteinander, die gar nichts miteinander zu tun haben (Dampfkesseleffekt). So ist unser Kopf voll mit *mind trips* (zu deutsch: gedanklichen Abwegen), statt die Wahrheit und Wirklichkeit zu erkennen und zu genießen. Kein Wunder, daß der Kopf von manchen Menschen von innen schon so aussieht wie eine Spielhölle. Wir haben ein Tier in uns, aber wir sind nicht dieses Tier. Wir sind Wesen mit einem kosmischen Bewußtsein, und auch das Tier in uns hat das Anrecht, dieses Bewußtsein zu erfahren. Das Tier in uns ist wie ein liebes Haustier, das uns zärtlich mit der Nase anstupst und gestreichelt werden will. Wenn wir ihm die Streicheleinheiten versagen, wird es eines Tages anfangen zu leiden, wird frustriert und böse werden, und wir wundern uns, wenn es eines Tages unsere Kinder anfällt und ihnen die Kehle durchbeißt. Also: Lieben wir das Tier in uns. Leben wir es. Nehmen wir es so an, wie es ist. Holen wir es ab, wo es steht, um es dahin zu führen, wo es eigentlich hinwill, aber aufgrund mangelnder Einsicht alleine nicht hinfindet. Überfordern wir das Tier in uns nicht. Unser Weg muß auch ihm Freude machen. Arbeiten wir mit dem Animalischen zusammen, dann arbeitet das Animalische auch mit uns zusammen, schenkt uns Vitalität und Erkenntnis und hilft uns so bei unserer »Ent-Wicklung«. Das Animalische braucht Liebe, Zuneigung und die Freiheit, alles ausleben zu dürfen, ohne dafür verurteilt zu werden. Wir tun das Ganze natürlich bewußt, so daß das Tier auch das »Ge-Heim-Nis« seiner Triebe und Wünsche erkennen kann. Haben wir den Mut »urig« zu sein. Wir brauchen kein Korsett mehr, denn wir sind in Wahrheit galaktische Wesen, verkleidete Götter, die diesen Körper bewohnen und sich in diese Wohnung ein »Haustier«

geholt haben. Leben wir unsere geheimsten Wünsche aus. Erkennen wir so ihr Geheimnis. Jack Lee Rosenberg schreibt in seinem Buch »Orgasmus«: »Bevor du nicht wahrnimmst, was du tust, hast du keine andere Wahl, als damit fortzufahren.« Das heißt nichts anderes als: Sobald Sie dem Geheimnis, das hinter Ihren geheimen Wünschen, Trieben und Neigungen steckt, auf die Spur gekommen sind, können Sie aufhören, immer wieder die gleichen Verhaltensmuster zu benutzen. Statt dessen können Sie es sich mehr und mehr erlauben zu »experimentieren« und mit Hilfe Ihrer Kreativität zu entdecken, was »es« wirklich bringt. Sie kommen so in die Lage, ungeahnte Möglichkeiten zu entdecken, die jenseits der bisherigen Erfahrungswelt liegen. Immer dann, wenn Sie das Geheimnis Ihrer geheimen Wünsche, Triebe und Neigungen entlarvt haben, fühlen Sie eine neue Freiheit in sich – und »göttliches Gelächter«. Viel Vergnügen bei dieser »Reise nach innen« und den nachfolgenden Übungen.

Experiment 1:

1. Was bedeutet es für Sie, im »Urlaub für immer« zu leben? Beschreiben Sie auf dem Arbeitsblatt 1 zehn Filmszenen »Urlaub für immer«, und genießen Sie sie. Lassen Sie Ihrer Phantasie ruhig freien Lauf – es ist gesund und heilsam, und wann immer Sie sich einmal mies fühlen, ergänzen Sie einfach Ihre Liste.
2. Entdecken Sie Ihre geheimen Wünsche. Jeder hat sie, deswegen brauchen Sie sich nicht zu schämen! Nur wenn Sie dazu stehen, können Sie wahr werden. Notieren Sie Ihre geheimen Wünsche auf dem Arbeitsblatt 2, und erfreuen Sie sich Ihrer Phantasien.
3. Gehen Sie täglich einmal (z. B. nach Feierabend) auf Phantasie-Urlaub. Machen Sie Ihren Geist munter, z. B. durch Bewegung, Spaziergang, Teetrinken oder Atemübungen, schalten Sie eine schöne Musikkassette an, legen Sie sich entspannt hin, und beginnen Sie jedesmal mit dem gleichen geistigen Ablauf. Dadurch trainieren Sie Ihr Unterbewußtsein, von Mal zu Mal leichter in Ihren Phantasie-Urlaub zu kommen.
   a) Entspannen Sie Ihren Körper, und beobachten Sie Ihren Atem, bis Sie innerlich ganz ruhig geworden sind.
   b) Atmen Sie tief ein, und während Sie ausatmen, stellen Sie sich vor, wie ein Abbild von Ihnen sich aus der Liege erhebt und sich reisefertig macht.
   c) Sie nehmen Ihr Auto oder ein Taxi, fahren zum Flughafen und erledigen dort alle Formalitäten.
   d) Visualisieren Sie ein orangefarbiges Flugzeug. Dieses Flugzeug bringt Sie in den »Urlaub für immer«. Steigen Sie ein, genießen Sie den Flug.
   e) Nach der Landung verlassen Sie die Maschine und lassen sich überraschen, wer oder was Sie erwartet. Erfüllen Sie sich auch Ihre geheimsten Wünsche.
4. Stellen Sie sich vor, Sie gewinnen zehn Millionen DM im Lotto – jetzt. Lassen Sie Ihrer Phantasie freien Lauf – was würden Sie jetzt tun, was nach sechs Monaten und was nach fünf Jahren, wenn Ihnen der ganze Luxus schon auf die Nerven gegangen ist?

5. Stellen Sie sich vor, alles Geld der Welt wäre auf einer Weltbank deponiert, und jeder hätte unbegrenzte Vollmacht über dieses Vermögen. Was würden Sie sich leisten? Was würden Sie abheben und für einen sinnvollen Zweck investieren? Wie würden Sie handeln?

6. Stellen Sie sich wieder vor, Sie würden zehn Millionen DM im Lotto gewinnen. Diesmal möchten Sie von diesem Geld der Welt helfen. Was würden Sie tun? Das Geld verschenken? Unternehmensbeteiligungen kaufen? Missionare ausbilden? Wie würden Sie investieren?

7. Nehmen wir an, Ihr Arzt teilt Ihnen mit, daß Sie genau noch einen Monat lang zu leben haben. Wie würden Sie die letzten vier Wochen Ihres Lebens ausnutzen? Was würden Sie sich gönnen? Was würden Sie anders machen? Notieren Sie es auf einer privaten Liste. Dann fragen Sie sich: Was davon könnte ich heute umsetzen?

8. Hören Sie (am besten mit dem Kopfhörer) Musik mit Meeresrauschen. Dann stellen Sie sich vor, wie im Takt der Wellen Ihre beiden Gehirnhälften miteinander kommunizieren. Stellen Sie sich einen Ozean von Licht in Ihrer linken Gehirnhälfte vor. Dann spüren Sie, wie dieser Ozean in die rechte Gehirnhälfte fließt und wieder zurück, immer deutlicher und immer schneller. Dann denken Sie immer schneller das Wort »Licht-Verbinden« und stellen sich dabei vor, wie Sie die rechte und die linke Gehirnhälfte durch Lichtschnüre miteinander verbinden, immer schneller, immer deutlicher, so, als wenn Sie Schnürsenkel in Ihren Schuh einziehen. Spüren Sie die »Licht-Verbindung« zwischen Ihren Gehirnhälften z. B. wie ein dicht gewebtes Band von Telefondrähten, Stromleitungen o. ä.

9. Beobachten Sie im Alltag immer wieder, ob Sie mit Ihrem Bewußtsein gerade in der rechten oder in der linken Gehirnhälfte sind, und lernen Sie, von einer Gehirnhälfte in die andere zu springen.

Arbeitsblatt 1 (Muster)
»Urlaub für immer« bedeutet für mich:

01) Ich schwimme im Geld und leiste mir jeden erdenklichen Luxus
....

02) Ich lebe in einem Land, wo es warm und sonnig ist
....

03) Ich werde von bildschönen Exotinnen massiert, gestreichelt, liebkost und verwöhnt
....

04) Ich wache auf, vor mir glasklares Meer, das mich einlädt zum Tauchen, Windsurfen und Wasserskifahren
....

05) Ich bin von Menschen umgeben, die mit mir Spaß haben, nicht über Probleme reden, sondern einfach nur fröhlich sein wollen
....

06) Alle mögen mich
....

07) Ich bin ein Abenteurer. Ich lerne Fallschirmspringen etc.
....

08) Ich bin der Meister meines Denkens, Fühlens und Handelns
....

09) Ich bin von morgens bis abends voller Energie und Freude
....

10) Ich tue alles, was mir Spaß macht, egal ob andere mekkern
....

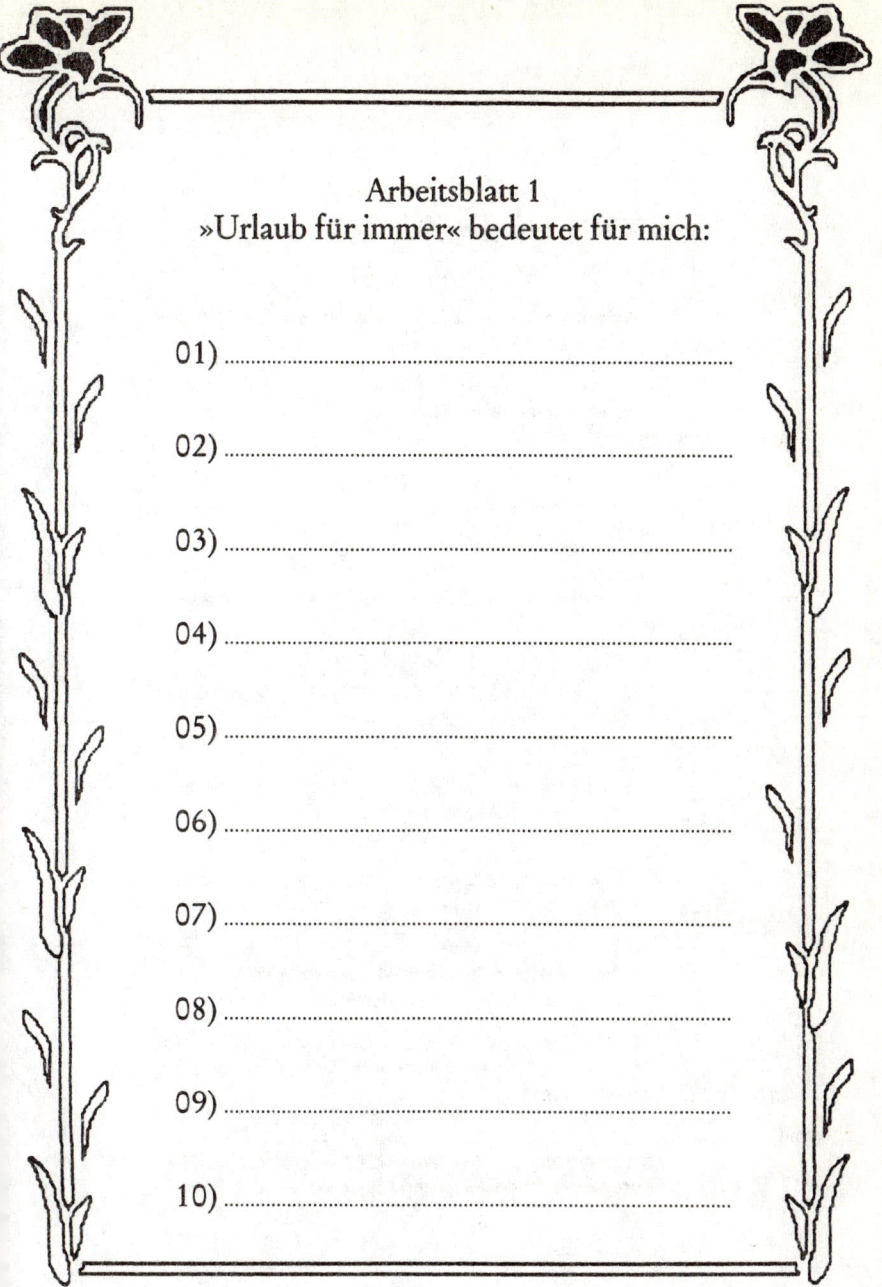

Arbeitsblatt 1
»Urlaub für immer« bedeutet für mich:

01) ....

02) ....

03) ....

04) ....

05) ....

06) ....

07) ....

08) ....

09) ....

10) ....

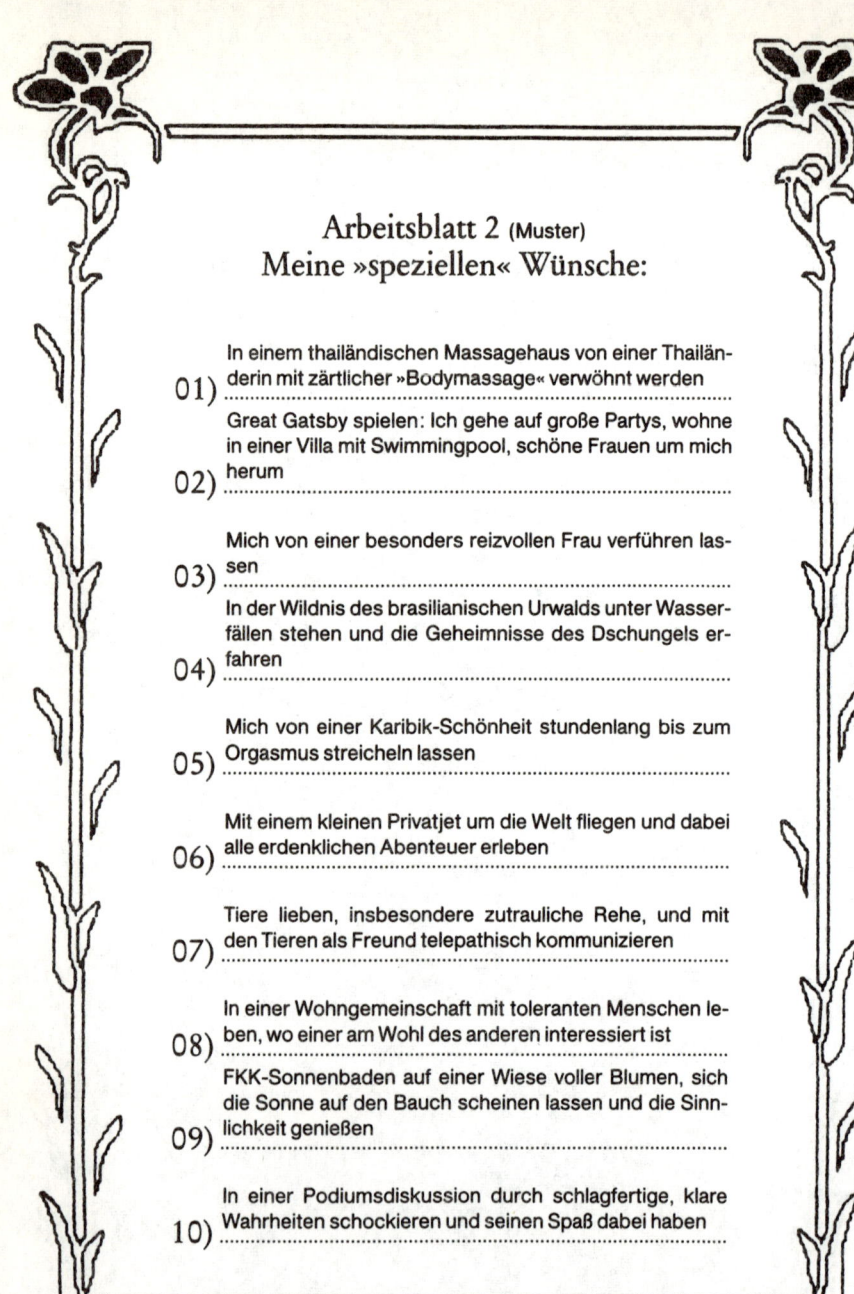

Arbeitsblatt 2 (Muster)
Meine »speziellen« Wünsche:

01) In einem thailändischen Massagehaus von einer Thailänderin mit zärtlicher »Bodymassage« verwöhnt werden

02) Great Gatsby spielen: Ich gehe auf große Partys, wohne in einer Villa mit Swimmingpool, schöne Frauen um mich herum

03) Mich von einer besonders reizvollen Frau verführen lassen

04) In der Wildnis des brasilianischen Urwalds unter Wasserfällen stehen und die Geheimnisse des Dschungels erfahren

05) Mich von einer Karibik-Schönheit stundenlang bis zum Orgasmus streicheln lassen

06) Mit einem kleinen Privatjet um die Welt fliegen und dabei alle erdenklichen Abenteuer erleben

07) Tiere lieben, insbesondere zutrauliche Rehe, und mit den Tieren als Freund telepathisch kommunizieren

08) In einer Wohngemeinschaft mit toleranten Menschen leben, wo einer am Wohl des anderen interessiert ist

09) FKK-Sonnenbaden auf einer Wiese voller Blumen, sich die Sonne auf den Bauch scheinen lassen und die Sinnlichkeit genießen

10) In einer Podiumsdiskussion durch schlagfertige, klare Wahrheiten schockieren und seinen Spaß dabei haben

Arbeitsblatt 2
Meine »speziellen« Wünsche:

01) ....

02) ....

03) ....

04) ....

05) ....

06) ....

07) ....

08) ....

09) ....

10) ....

Lektion 2

Seien Sie glücklich,
auch wenn es anderen nicht gefällt

Niemand auf der Welt kann Ihnen etwas geben oder nehmen

Wir alle wollen Liebe, Frieden und Freiheit. Wir sind bereit, Liebe zu geben und Liebe anzunehmen – aber irgendwo hat jeder noch Angst vor dem anderen. Angst ist es, die uns Atombomben bauen läßt, hohe Zäune zum Nachbarn errichtet und unsere Körper mit Panzerungen versieht. In Wahrheit schützen diese Panzerungen nicht. Die Welt ist voll von Menschen, die Angst voreinander haben. Jeder hat Angst vor dem anderen, und in Wahrheit ist diese Angst nur ein Schrei nach Liebe, nach Geborgenheit und nach Verständnis. Wir alle suchen händeringend nach Liebe, würden aber lieber auf dem Schlachtfeld sterben, als einen Fremden um ein paar Streicheleinheiten zu bitten oder ihm gar unsere geheimen Wünsche anzuvertrauen. Auch Massenansammlungen im Fußballstadion, im Theater oder in der Kneipe können nicht darüber hinwegtäuschen, daß die Menschen im tiefsten Kern sehr, sehr einsam sind. Warum sind sie so einsam? Weil sie Angst haben, sich zu öffnen, weil sie Angst haben, »loszulassen« und sich so zu geben, wie sie wirklich sind. Weil sie das Gefühl haben, so wie sie sind, seien Sie nicht erwünscht. Sie müßten etwas anderes darstellen, um angenommen zu werden. All das hängt zusammen mit der Angst vor Ablehnung.

Die Angst vor Ablehnung prägt uns sehr stark, und wir haben sie so sehr verdrängt, daß wir es nicht einmal mehr bemerken. Die Angst, abgelehnt zu werden, bestimmt die Menschen wie ein Würgehalsband. Wie kommen wir aber aus dieser Angst heraus? Indem wir erkennen, daß niemand auf der Welt Ihnen etwas nehmen oder etwas geben kann. Wenn Sie erkennen, daß Sie bereits vollkommen, erleuchtet, einfach »komplett« sind, erübrigen sich all Ihre »Rollen«. Sie können sich endlich zurücklehnen, natürlich sein und die Welt damit konfrontieren, wie Sie *wirklich* sind und was Sie *wirklich* wollen. In dem Augenblick, wo es Ihnen egal ist, ob die anderen Sie küssen oder mit faulen Tomaten bewerfen, werden Sie das nächste Wunder erleben: Die Leute werden Sie lobpreisen und verehren, was immer Sie tun – weil Sie authentisch sind. Wenn Sie beschließen, daß Sie »komplett« sind, d. h., daß Ihnen nichts von außen zu Ihrem Glück fehlt, was haben Sie dann noch im Kontakt mit anderen zu befürchten? Wenn Sie natürlich sind, fühlt sich jeder berührt, denn im Grund möchte jeder so selbstverständlich, natürlich und souverän sein wie Sie.

Stellen Sie Ihre Gedankenkraft dem Gemeinwohl zur Verfügung

Eigentlich wünschen wir alle auf diesem Planeten das gleiche. Wir alle wollen geliebt werden und glücklich sein. Nutzen Sie jetzt die Technik des kreativen Visualisierens, um die Vision einer »neuen Erde« aufzubauen. Wie Sie wissen, sind Gedanken Kräfte. Der Indienforscher Baird Spalding berichtet in seinem Buch »Leben und Lehren der Meister im Fernen Osten« über die unfaßbaren Gedankenkräfte indischer Yogis. Heutzutage gilt es als wissenschaftlich bewiesen, daß Menschen mit ihrer Gedankenkraft Materie bewegen können. Der indische Meister Satja Sai Baba heilt mit seiner Gedankenkraft Jahr für Jahr Kranke und Sterbende. Meister Jesus konnte schon vor 2000 Jahren mittels Gedankenkraft Tote zum Leben erwecken, über Wasser gehen und Steine in Brot verwandeln. Gedanken sind zwar unsichtbar, aber nicht unwirksam! Jeder Gedanke, den Sie aussenden, ist eine Energie, die mehr oder weniger, je nach »Ladung« Ihre Umwelt beeinflußt. Wäre es nicht ein schöner Beitrag für den Weltfrieden, wenn Sie in Ihre Phantasie-Urlaube das Gemeinwohl einbeziehen?

Werden Sie frei von »mind trips«

Wenn Sie erst einmal durchschaut haben, wie oberflächlich die Befriedigung ist, die uns ein Ferrari o. ä. schenkt, werden Sie frei von den Wunschbildern und Vorstellungen, die Ihnen Ihr Oberflächenverstand vorgaukelt. Genausowenig wie Sie von Bildern von Brot satt werden können, genausowenig können Sie von *mind trips* (zu deutsch: Gedankenketten, die mit der Realität nichts zu tun haben), Pornoheften, ungewöhnlichen Sexualpraktiken, Sahnetorten oder Luxusartikeln befriedigt werden. Ich möchte an dieser Stelle die

66

mächtigste Energie auf der vitalen Ebene, die Sexualität benutzen, um zu zeigen, wie wir uns durch unsere *mind trips* von unserem Lebenssaft abschneiden. Shakti Gawain schreibt in ihrem Bestseller »Leben im Licht« (erschienen im PETER ERD Verlag, München):

»Leider sind die meisten von uns wahre Könner darin geworden, sich von ihrer sexuellen Energie abzuschneiden. Viele Menschen sind noch immer dem Mißverständnis erlegen, daß spirituelle Energie und sexuelle Energie gegensätzlich sind, anstatt zu erkennen, daß es sich um ein und dieselbe Kraft handelt. Das Universum besteht aus reiner sexueller Energie, die darauf wartet, sich *durch uns* zu verströmen. Wir haben Regeln für unsere sexuelle Energie aufgestellt, *anstatt uns in jedem Augenblick zu vertrauen.* Wir haben Vorstellungen und Praktiken entwickelt, die entweder das natürliche Bedürfnis übertrieben steigern oder das Lustgefühl unterdrücken. In beiden Fällen behalten wir die Kontrolle und verhindern so, daß uns die kosmische Energie durchströmen kann. Wir vermeiden die Kraft, die darin liegt, daß man seine sexuelle Energie ganz einfach fühlt und genießt. Sobald wir akzeptieren, warum wir unsere Energie blockieren, erhalten wir die Freiheit, unsere sexuelle Energie zu *erforschen*, ohne die Erwartung an uns zu stellen, daß wir es richtig machen müssen.«

Deshalb: Machen Sie sich frei von *mind trips*. Solange Sie *Vor*-Stellungen haben, stellen Sie etwas *vor* Ihr wahres Glück. Die *mind trips* sind es nämlich nicht, die Ihnen wahre Befriedigung schenken, und wenn Sie diese Erkenntnis durch Ihre Phantasie-Urlaube erlangen, dann haben Sie sich Jahrzehnte leidvoller Erfahrung gespart. Werden Sie also frei von »fixen Ideen«, dann können Sie das Leben erfahren, wie es wirklich ist, und hier sollten Sie es mit John Boyd aus den USA halten, der einmal auf einem Vortrag sagte: »Ich habe keine Angst vor der Wahrheit, wo immer ich sie finden sollte.«

Nutzen Sie das Geheimnis des »Größten Gemeinsamen Nenners«

Stellen Sie sich vor, Sie gehen spazieren und plötzlich will Ihr rechter Fuß nach rechts abbiegen, Ihr linker Fuß aber nach links, Ihre

Augen wollen nach hinten und die Nase will nach vorn schauen, ein Teil von Ihnen will gehen und ein anderer Teil von Ihnen will stehenbleiben. Natürlich könnten Sie so nicht überleben. Unser körperlicher Organismus, der aus vielen Organen wie Leber, Magen, Galle, Herz und Niere besteht, funktioniert nur deshalb, weil er als *ein* Organismus, wie *ein* Wesen funktioniert. Sehr häufig sind Menschen geistig an sich zerrissen. Ein Teil von ihnen will arbeiten, ein Teil will sich vergnügen, ein Teil will Sport machen, ein Teil will Geselligkeit. Was tun?

Genau so, wie es in der Mathematik den »Größten Gemeinsamen Nenner« (GGN) gibt, so gibt es auch innerhalb Ihres Organismus einen »Größten Gemeinsamen Nenner«. Entdecken Sie eine Lebensweise, die alle Teile Ihrer selbst integriert. Machen Sie eine geistige Managementkonferenz, zu der Sie alle Teile Ihrer selbst einladen. Entdecken Sie eine neue Vision von sich, der alle Teile Ihrer selbst zustimmen können, und streben Sie danach, diese Vision auszudrükken. Als Cäsar seine entscheidende Schlacht verlor, sagte er vielleicht gar nicht: »Varus, gib mir die Legionen wieder.« Vielleicht hatte er sich versprochen und meinte: »Varus, gib mir die VISIONEN wieder.« Wer keine Vision hat, wer keine Perspektive hat, der lebt sinnlos vor sich hin wie Millionen Menschen in Indien. Meditieren allein genügt nicht! Finden Sie Ihre Vision von SICH SELBST, und hören Sie nie auf, sich auf sie zuzubewegen! Wir Menschen sind wie Fahrräder: Sobald wir stillstehen, fallen wir um! Wir brauchen Visionen! Ihre neue Vision muß alle Teile Ihrer selbst berücksichtigen, insbesondere Ihr Lustprinzip, denn nur, wenn alle Teile Ihrer selbst »an einem Strang ziehen«, kommen Sie vorwärts. Ihr innerer »Organismus« kann nur funktionieren, wenn Sie sich »einschwören« auf einen gemeinsamen Nenner und geschlossen handeln.

Das Prinzip des »Größten Gemeinsamen Nenners« gilt auch für Ihre geschäftlichen Unternehmungen. Alle Mitglieder einer Firma haben etwas gemeinsam: Sie wollen sich an ihrem Arbeitsplatz wohl fühlen, Anerkennung, Gehaltserhöhung usw. Auch im Kontakt mit einem Kunden, Chef oder Lieferanten gibt es irgend etwas, was Sie gemeinsam wollen. Finden Sie es heraus, und Sie haben den anderen auf Ihrer Seite. Der GGN eignet sich hervorragend zur Verbesserung der innerbetrieblichen Zusammenarbeit und für Managementkonferenzen. In meinen firmeninternen Seminaren lernen die Teilnehmer, bei der Problemlösung die Interessen aller Beteiligten zu berücksichtigen und quasi für die anderen mitzudenken. So können innerbetriebliche Querelen, Umsatzblocker und selbst hartnäckige »Miesmacher« mit Hilfe des GGN auf eine einheitliche Firmenlinie »eingeschworen« werden. In vielen Unternehmen ist es heute noch üblich, die Willensbildung (WB) über den Kopf der rangniederen Mitarbeiter hinweg vorzugeben. Dies führt dazu, das die Eigenmotivation und Eigenverantwortung der Unternehmensbasis blockiert ist und so die Willensdurchführung (WD) blockiert wird. Einer arbeitet gegen den anderen, und keiner identifiziert sich so richtig mit den Unternehmenszielen. In meinen Seminaren lernen die Teilnehmer eine einheitliche Willensbildung (WB) zu erzeugen. Ist dies einmal erreicht, erfolgt die Willensdurchführung (WD) von selbst, so daß der Manager praktisch keine Kontrolle mehr ausüben muß, sondern den Kopf frei hat für neue Projekte. Indem man lernt, für den Kollegen, Mitarbeiter, Vorgesetzten zu denken und sich in seine Lage zu versetzen, bekommt man Verständnis. Aus dem Gegeneinander wird ein Miteinander, aus Frust wird Lust – und plötzlich geht alles Hand in Hand. Wenn in einem Unternehmen dreißig Abteilungsleiter unterschiedlichste Interessen haben und jeder seine Machtspielchen spielt, kann dieses Unternehmen keine optimalen Ergebnisse erzielen. Andererseits: Wenn alle Angestellten einer Abteilung jeden Morgen gemeinsam über die Tages- und Firmenziele meditieren, wird ein Energiefeld erzeugt (im Osten spricht man vom »Buddha-Feld«), das unschlagbar ist. Die Esoteriker behaupten: Wenn zwei Leute zusammenhalten, versiebenfacht sich ihr gemeinsames Energiefeld, also lautet unsere neue Gleichung: $1 + 1 = 7$! In einem meiner Seminare lernten die Teilnehmer einer innerbetrieblichen Führungsrunde, sich durch gemeinsame Meditation auf die anderen Teilnehmer und gemeinsame Konferenzziele vorzubereiten. Einige Wochen später bekam ich eine erfreuliche Erfolgsmeldung: Die Gruppe hatte vor ihrer nächsten Konferenz über den »Größten Gemeinsamen Nenner« meditiert. Daraufhin konnte die für drei Tage angesetzte Konferenz bereits nach dem ersten Tag abgesetzt werden, weil alle Konferenzziele erreicht worden waren. An Stelle unnützer Selbstdarstellung und Wichtigtuerei zusammengewürfelter Individualisten war die Gruppe von da an von Teamgeist und Verständnis geprägt. Wunder können bewirkt werden, wenn alle hundert Leute eines Unternehmens an einem Strang ziehen, zusammenhalten. Deshalb ist es so wichtig, Visionen zu haben, die *alle* Beteiligten mit einschließen.

Das gleiche gilt z. B. auch für die Bundeswehr. Es ist ein offenes Geheimnis, daß viele Rekruten nach ihrem harten Arbeitstag unbefriedigt in der Kaserne sitzen. Meditation und Phantasie-Urlaube würden das natürliche Lustbedürfnis jedes Rekruten in sinnvolle Bahnen lenken, den Truppenzusammenhalt fördern und außerdem Entgleisungen jeder Art stark reduzieren.

Meditation sollte auch Gefängnisinsassen in Wochenendkursen angeboten werden. Auf diesem Weg könnte Meditation ein wertvoller Beitrag zur Selbstbesinnung werden. Die Freiheitsstrafe könnte diszipliniert genutzt werden, um dem Inhaftierten eine neue Vision für die Zeit nach der Entlassung zu ermöglichen und so die reibungslose Wiedereingliederung in die Gesellschaft zu fördern. Durch die gezielte Anwendung des »Größten Gemeinsamen Nenners« können Reibungspunkte innerhalb der Strafvollzugsanstalt reduziert werden.

Die Fähigkeit, über die Meditation gemeinsame Visionen zu erschaffen, sollte schon an Schulen unterrichtet werden. Die Lehrer müßten weniger disziplinarisch eingreifen, die Schulkinder hätten mehr Freude am Unterricht, die Leistungen der Schulklassen würden im Vergleich zu anderen Schulklassen steigen, und die Eltern hätten verständnisvollere und disziplinertere Kinder.

Bei Partnerschaftsseminaren wende ich das Prinzip des »Größten Gemeinsamen Nenners« an, indem ich beide Partner bitte, mir schriftlich mitzuteilen, wie sie sich die ideale Partnerschaft unter Berücksichtigung der Interessen des anderen vorstellen. Verblüffend oft wollen beide Partner genau das gleiche! Wäre das nicht ein tolles Thema für den heutigen Abend – statt »Dallas«? Wenn Sie auf »Nummer Sicher« gehen wollen, können Sie ja Ihre Vision von einer idealen

Partnerschaft schriftlich ausarbeiten und sie am nächsten Morgen nach dem Frühstück mit dem Partner austauschen. In einem solchen Fall hätte jeder Partner im Laufe des Tages genug Zeit, darüber nachzudenken.

Besonders genüßlich und auch effektiv ist es, wenn Sie gemeinsam mit Ihrem Partner meditieren, bevor Sie sich über Ihre »gemeinsame Vision« austauschen. Durch gemeinsame Meditation wird im Raum ein harmonisches Schwingungsfeld erzeugt, das Unstimmigkeiten vorab auf »feinstofflicher« Basis ausgleicht und so den Boden für ein konstruktives und hilfreiches Gespräch vorbereitet. Wie wäre es, wenn Sie mit Ihrem Partner des öfteren gemeinsam meditieren, insbesondere vor dem »Sex«? Wenn Sie offen für derlei Erfahrungen sind, erfahren Sie schon in diesen Meditationen eine ungeahnte Wonne. Inzwischen gibt es – außer dem weltbekannten »Bolero« von Ravel – Musik, die vielleicht anfangs etwas seltsam klingt, aber eine außerordentlich reinigende und belebende Wirkung auf die Sexualkraft hat: Das »Kamasutra« von Shah enthält überlieferte Originalmusik zum indischen Buch der Liebe. Ich kenne keine Musik, die derart anregend wirkt. »Skydancing« von Margo Nasladnikov reinigt ebenfalls die Energiezentren durch Musik. Die Musik zum »Tibetanischen Totenbuch« ist ganz im Gegensatz zu ihrem Namen nicht traurig, sondern inspirierend und eröffnet ungeahnte innere Räume, die Sie gemeinsam mit Ihrem Partner erleben können. Nutzen Sie diese Musik zur Untermalung Ihrer Meditation. Schaffen Sie auch ansonsten eine »besondere« Atmosphäre, z. B. durch besondere Kleidung, Räucherstäbchen, Kerzen etc. Für die fernöstlichen Liebeskünstler galt es schon immer als Barbarei, Sex ohne vorhergehende Verehrung und Meditation zu beginnen.

Was immer Sie tun, finden Sie das *gemeinsame* Interesse heraus. Handeln Sie nie gegen die anderen, sondern verbünden Sie sich mit allen Beteiligten. Sagen Sie ehrlich, was Sie wollen, und lassen Sie die anderen auch mit ihrer Wahrheit ans Tageslicht rücken. Versetzen Sie sich geistig in die Lage der anderen, denken Sie für sie mit, berücksichtigen Sie auch deren Interessen, dann sind Sie ein wahrer Meister in der Diplomatie des Lebens.

Tun Sie, was Spaß macht, und zwar so, daß es Spaß macht

Möglicherweise werden Sie jetzt einwenden: »Der Phantasie-Urlaub ist ja schön und gut, er macht auch viel Spaß, aber wie kann ich mir den Alltag versüßen?« Fragen Sie nicht mich, fragen Sie sich selbst. Ich wette, es gibt in Ihrem Leben viele Stimmungsaufheller, die Sie überhaupt nicht nutzen. Finden Sie sie heraus. Finden Sie die Kleidung, die Möbel, die Bilder, die Worte, die Bücher, die Menschen heraus, die in Ihnen »Urlaub für immer« auslösen – und nutzen Sie diese. Was baut Sie auf? Wenn Sie Lust auf Sahnetorte haben, dann genießen Sie sie. Der einzige Grund, warum die Menschen von Sahnetorte dick werden, ist, daß sie sie herunterschlingen, anstatt sie zu genießen, und dann in ihrer Unzufriedenheit mit sich selbst drei statt eines Stücks essen. Ein Mystiker sagte einmal: »Gott ist ein ewiger Genießer.« Genießen Sie Ihr Leben! Nehmen Sie keine »Rück-Sicht« im Sinne von »zurückschauen«. Schauen Sie nur noch nach vorn, wenn Sie nach vorn wollen. Leben Sie Ihr Leben. Seien Sie glücklich, auch wenn es anderen nicht gefällt. Nehmen Sie an, es gäbe keinerlei moralische und gesellschaftliche Einschränkungen. Fragen Sie sich: »Wenn ich absolut könnte, wie ich wollte, was würde ich dann am liebsten tun?« Setzen Sie es auf eine Liste, und tun Sie es – und vor allem: Tun Sie es bewußt – und genießen Sie es, auch wenn es unmoralisch, verwerflich oder sogar »falsch« ist. Es steht nirgendwo geschrieben, daß das Leben ein Jammertal ist, und mit Sicherheit kommen Sie nicht in den Himmel, nur weil Sie viel leiden – und wenn die Leidenden alle in den Himmel kämen, dann möchte ich lieber in der Hölle sein.

Ein Mann kommt in den Himmel und sieht lauter traurige Gesichter. Daraufhin reist er in die Hölle, und verblüfft stellt er fest, daß dort alle singen und lachen. Da fragt der Mann: »Ich denke, das ist die Hölle, was ist denn hier los?« – »Ja«, antworten die Hölleninsassen, »hier war die Hölle, bis euer Freund Jesus herkam! Siehst du ihn dort tanzen? Und der Mann mit der Flöte ist Sri Krishna. Ach ja, und der Dicke, der uns bekocht, ist Gautama Buddha. Also, bevor die hier waren, da war die Hölle wirklich ein Jammertal.« Die Hölle ist kein Ort, sondern ein Bewußtseinszustand, und im Jenseits geht es genauso weiter, wie es hier aufgehört hat – wie sollte es sonst weitergehen? Die

Leidenden werden weiter leiden, und die Glücklichen werden weiter glücklich sein. Wenn Sie es gelernt haben, in der Hölle zu tanzen, dann sind Sie im Himmel.

Die Novizin sagt zur Nonne: »Ich bin von einem Mann sexuell berührt worden, wie schrecklich.« Die Nonne antwortet: »Dafür mußt du neunundneunzig Vaterunser beten, zuerst aber ißt du eine Zitrone.« – »Warum denn das?« fragt die Novizin. »Damit das süße Lächeln auf deinem Gesicht verschwindet, ich kann es einfach nicht länger ertragen.«

Ich hoffe, Sie haben sich nicht über diesen – zugegebenermaßen ziemlich albernen – Witz geärgert, aber es muß deutlich gesagt werden: Die Zeiten der »Magerquark-Esser« sind vorbei. Weg mit dem Grauschleier. Weg mit der Scheinheiligkeit. Weg mit dem »Du darfst nicht«. Weg mit dem »Dann kommst du die Hölle«. Die zehn Gebote entstanden zur Zeit Moses, als der Mensch noch ein halbes Tier war. Schon Jesus ließ von den zehn Geboten neun fallen und ersetzte sie durch ein Gebot: »Liebe Gott, den Herrn und deinen Nächsten wie dich selbst.« Liebe dich! Liebe andere! Liebe Gott! Das ist das einzige Gebot. Schon Jesus hat vor 2000 Jahren unter Prostituierten, Zöllnern und Tagedieben gelebt. Wollen Sie päpstlicher sein als der Papst? Wenn Sie sich schon dazu entschieden haben, auf diesem Planeten »Spiele« zu spielen, dann haben Sie wenigstens Freude dabei. Sich zu bestrafen ist genauso schlimm, wie andere zu bestrafen. Wenn Sie schon leben, dann können Sie genausogut auch glücklich leben, und wenn etwas schon wert ist, überhaupt getan zu werden, dann ist es auch wert, genüßlich getan zu werden und mit Freude.

Als ich mich einmal auf ein Seminar vorbereitete und meiner damaligen Assistentin beichtete: »Ich habe keinen Bock auf das Seminar«, sagte sie in ihrer Weisheit: »Du versuchst den Menschen etwas zu geben, und das ist dein Problem. Das ist der Grund, warum sie ›es‹ nicht bekommen können. Sei doch einmal im nächsten Seminar ganz egoistisch: Mach das ganze Seminar so, daß es in erster Linie *dir* Spaß macht.« Das Seminar wurde ein Riesenerfolg, und die Teilnehmer waren begeistert wie nie zuvor. Was lernen wir daraus? – Macht Ihnen das Leben Spaß, dann liegen Sie richtig – automatisch! Tun Sie also endlich einmal, was *Ihnen* Spaß macht. Machen Sie Ihre Arbeit so, daß sie *Ihnen* Spaß macht – dann sind Sie ein Segen für andere.

Ein Beispiel: Möglicherweise wollen Sie beim Sex der perfekte Liebhaber sein und strengen sich furchtbar an. Dabei wäre Ihr Partner glücklicher, wenn Sie Ihren Sex einmal nur für sich machen würden – mit allem Drum und Dran – dann hätte er nämlich auch Spaß dabei. Spielen Sie also auch Ihren Sex so, daß er *Ihnen* Spaß macht, statt lustlos an Ihrem Partner herumzufummeln. Sie werden sich wundern, welche aufregenden Liebespartner Sie haben.

Machen Sie Ihre Arbeit so, daß Sie Ihnen Spaß macht, oder wechseln Sie den Beruf, denn Beruf hat schließlich mit Berufung zu tun. Den Beruf, den Sie mit Freude ausüben, machen Sie gut.

Haben Sie auch den Mut, ganz neu anzufangen. Ein Bekannter von mir, der in gehobener Position in einem Industriekonzern ist, klagte mir beim Tennis sein Leid: »Wenn ich könnte, wie ich wollte, dann würde ich in die Karibik fahren, dort ein kleines Bötchen kaufen und glücklich sein.« Auf meine Frage: »Warum tun Sie es denn nicht?« antwortete er: »Ja, wissen Sie, die Rente – und jetzt hat mir die Firma auch gratuliert, weil ich mich für das Firmenwohl aufopfere. Ich hätte mich für das Wohl der Firma beinahe ruiniert.« Dieser Mann ist kein Held, sondern nur zu feige, *sein* Leben zu leben. Leben *Sie Ihr* Leben, auch wenn danach der »Kater« kommt, die Amerikaner sagen: »*So what!*« Das Leben ist nur ein Spiel. Oder, um es mit den Worten von Helen Keller zu sagen: »Das Leben ist ein Abenteuer – oder nichts.« Erni Wurzenberger drückt es salopper aus. Sie bezeichnet ihren Lebensstil als »Lebensakrobatik ohne Netz und doppelten Boden«. Gestalten Sie Ihre Freizeit so, daß Sie *Ihnen* Spaß macht. Dann sind Sie ein begehrter Spielkamerad in allen Lebenslagen. Fragen Sie sich: Wie kann ich meine Arbeit, meine Freizeit, den Sex, meine Autowäsche, den Hausputz so gestalten, daß es mir Spaß macht? Fragen Sie sich: »Wenn ich könnte, wie ich wollte, was würde ich dann am liebsten tun?« Und tun Sie es! Vergessen Sie dabei auch nicht die »Minis«, die kleinen Freuden, die Ihren Alltag versüßen. Viel Vergnügen!

Was tun, wenn andere mich am Glücklichsein hindern wollen?

Hüten Sie sich vor falscher Rücksichtnahme! Wenn Sie sich immer danach richten, was andere von Ihnen erwarten, kommen Sie nie zu etwas. Außerdem machen Sie niemanden glücklich damit! Seien Sie glücklich, und tun Sie, was Ihnen Spaß macht. Dann bringen Sie mehr Sonne in die Welt als tausend Märtyrer mit ihren angeblich so guten Werken. Leben Sie, und leben Sie glücklich, auch wenn es anderen nicht gefällt. Wenn Sie »rücksichtslos« glücklich leben, machen Sie anderen Mut, selbst für ihr Glück zu sorgen, statt Sie zu »konditionieren«. Sie scharen lebenslustige Menschen um sich, die sich danach sehnen, aus sich selbst heraus glücklich zu sein. Es wird aber auch Menschen geben, die Sie angreifen werden. Das sind die Menschen, die so tief in ihrem selbstverursachten Elend stecken, daß Sie als glücklicher Mensch eine einzige Provokation für sie darstellen. Diese Menschen werden Ihnen vorwerfen, daß Sie egoistisch, oberflächlich oder weiß Gott was sind. Fallen Sie auf diese Menschen nicht herein. Es gibt nur einen Grund, warum diese Menschen Sie attackieren: Ihre Glückseligkeit erinnert sie schmerzlich an ihr eigenes Leid, und es ist für sie bequemer, die Glücklichen auszumerzen, als sich selbst einzugestehen, daß sie dreißig Jahre lang umsonst gelitten haben. Es gibt eben Menschen, die lieber recht mit ihrem Leiden haben wollen und darauf beharren, daß ihre Eltern ihr Leben ruiniert haben, daß die Mitmenschen grausam sind, daß das Leben hart ist – anstatt einfach nur glücklich zu sein. Für diese Menschen würde ein ganzes Weltbild zusammenbrechen, wenn sie zugeben müßten, daß ihr Leid einzig und allein auf ihrem selbstgeschaffenen Glaubenssystem beruht. Haben Sie Verständnis für solche Menschen, aber lassen Sie sich nicht verunsichern. Wenn *Sie* glücklich sind, liegen Sie genau richtig. Erni Wurzenberger sagt ihren Schülern: »Du bist Gott nah, wenn du glücklich bist.« Pfeifen Sie auf die »wohlgemeinten« Beschwörungen der »Graumiesen«, aber seien Sie dabei nicht arrogant. Wenden Sie sich ab von Menschen, die Sie verbessern oder manipulieren wollen! Versuchen Sie auch nicht, sie ihrerseits bekehren zu wollen – es klappt nicht. Bleiben Sie einfach unbeeindruckbar, was immer geschieht. Erst wenn der »Graumiese« aufhört, Sie zu verurteilen, und bescheiden um Ihren Rat bittet, erst dann ist Ihre »große Stunde« gekommen. Dann können Sie Ihre Dienste anbieten – aber nicht als Oberlehrer, sondern als verständnisvoller, liebender Freund.

Suchen Sie sich positive Freunde

Einen Menschen, der zu Ihnen gehört, erkennen Sie daran, daß er Sie so akzeptiert, wie Sie nun einmal sind. Nur Menschen, die unter

Minderwertigkeitsgefühlen leiden, haben das Gefühl, sie müßten Sie umkrempeln oder ändern. Wenn jemand an Ihnen herumnörgelt, Sie kritisiert oder laufend andere Menschen »auseinandernimmt«, ist das ein Zeichen, daß dieser Mensch Probleme mit sich selbst hat. Hüten Sie sich vor Menschen, die selbst unglücklich sind und jeden, der ein bißchen glücklicher ist als sie, mit aller Gewalt »herunterziehen« wollen. Denken Sie einfach: »Mit mir nicht«, und wenden Sie sich ab. Solche Leute können Sie weder bekehren, noch sind sie eine dauerhafte Hilfe für Sie. Dauerhaft helfen können Ihnen nur Menschen, die aus tiefstem Herzen glücklich sind. Solche sollten Sie suchen – und vor allem sollten Sie selbst so ein Mensch werden. Ein wirklich glücklicher Mensch ist so sehr in seiner eigenen Glückseligkeit aufgegangen, daß er keinerlei Interesse daran hat, andere zu kritisieren, zu verbessern oder zu manipulieren. Er will nicht andere glücklicher machen. Er hat nur einen Wunsch: seine Glückseligkeit auszuleben und mit anderen zu teilen. Sobald Sie spüren, daß Sie jemand verbessern, manipulieren oder ändern will, sollte in Ihnen eine Alarmlampe aufleuchten. Dieser Mensch ist kein »Heiliger«. Ein Mystiker wurde einmal gefragt, woran man einen Heiligen erkenne. Er sagte: »Einen Heiligen erkennt man daran, daß er vierundzwanzig Stunden am Tag in Ekstase ist – daran erkennt man einen Heiligen.«

Versuchen Sie also nicht, die anderen zu verbessern, sondern sehen Sie erst einmal zu, daß Sie glücklich sind, nach dem Motto: »Hilf dir selbst, sonst hilft dir keiner.«

Leben Sie reich, denken Sie reich

Ich habe einen Freund, der im stolzen Besitz von 125 Wohnungen ist, darunter ein kleines Schlößchen im Schwarzwald. Leider ist er seit dem Kauf noch nie dort gewesen. Warum? Er hat seinen Hauptwohnsitz mit so wertvollen Gemälden, Teppichen und Luxusgütern ausgestattet, daß er Angst hat, jemand könnte bei ihm »ausräumen«, wenn er nachts einmal nicht nach Hause kommt. Lebt dieser Mann im »Urlaub für immer«? Ist dieser Mann reich?

Eine Bekannte von mir befindet sich im Alter von ca. 90 Jahren und nennt fünf Millionen Mark ihr eigen. Sie wohnt in einem kleinen

Apartment in einem Arbeiterviertel von München, und ihr höchstes Vergnügen ist es, jeden Sonntagmorgen in die Stadtmitte zu fahren und sich im Kino »Traumreisen der Welt« anzusehen. Um Geld zu sparen, nimmt sie natürlich den Bus. Von ihrem Geld könnte sie sich die schönsten Weltreisen leisten, inclusive Kofferträger und Pflegepersonal. Sie besitzt übrigens auch einige Häuschen in Italien, die seit Jahren leerstehen, und fühlt sich so einsam und verlassen. Möchten Sie mit ihr tauschen?

Ein Bekannter von mir war einmal steinreich. Er hatte immer Angst, arm zu werden. Da jede Angst nach dem Prinzip der sich selbsterfüllenden Prophezeiung genau das anzieht, was man befürchtet, hatte er es auch bald »geschafft«: Er ging bankrott und wurde bettelarm. Sein Kommentar lautete: »Jetzt habe ich keine Angst mehr!« – Um welchen Preis!

Vor wenigen Tagen traf ich einen knapp dreißigjährigen Mann. Multimillionär und Topmanager, eine blendende Erscheinung, intelligent und beliebt. Er vertraute mir an: »Vor sieben Jahren lebte ich noch von dreihundert Mark im Monat, und glauben Sie mir, damals war ich glücklicher.« Ist dieser Mann reich?

Donovan singt: »*Freedom's just another word for nothing have to loose*«, was zu deutsch soviel bedeutet wie: »Freiheit ist ein anderes Wort dafür, nichts zu verlieren zu haben.« Ist Glücklichsein ein »Privileg« der Armen? Warum sind so viele Reiche unglücklich? Warum tanzen die Eingeborenen in den Slums von Rio de Janeiro? Die meisten Reichen sind ständig in Gefahr, etwas zu verlieren. Der Tag, an dem sie vergessen, die neuesten Börsennachrichten zu hören, kann sie ein Vermögen kosten. Viele Reiche sind zum Sklaven ihres Geldes geworden und eigentlich bettelarm. Kennen Sie das Märchen vom »Hans im Glück«, der seinen Goldklumpen verschenkte – eigentlich müßte es »Hans, der Trottel« heißen, aber die Brüder Grimm wußten schon, warum sie es »Hans im Glück« genannt haben. Der »Penner« auf der Straße, der eine volle Flasche Wermut besitzt, fühlt sich reicher als der Multimillionär, der feststellt, daß ihm zwei Millionen fehlen, um die Firma XY aufzukaufen.

Was tun? Soll man sich am besten erschießen oder all seinen Besitz verschenken? Weder noch. Loslassen heißt die Devise. Nicht die Armut macht glücklich, sondern das Gefühl, von nichts abhängig zu sein. Es geht also nicht darum, alles herzugeben, es geht darum, an nichts mehr zu hängen. Sie können alles besitzen, wenn Sie nicht »klammern«, denn »Klammern« führt unweigerlich zu Leid. Eine kluge Einstellung wäre es, Ihren Reichtum einfach als eine Leihgabe Gottes anzusehen, die jederzeit fristlos kündbar ist. Es ist eine feine Sache, reich zu sein, wenn man gleichzeitig loslassen kann. Wenn man so souverän ist, daß man jederzeit auch bettelarm sein könnte, dann macht Luxus Spaß.

Es gibt Menschen, die sind ein Leben lang reich, obwohl sie nie viel besessen haben, und andere fühlen sich immer arm. Mein Großonkel verfügte zwar über ein Vermögen von schätzungsweise 17 Millionen Mark, aber nach Ausbruch der Ölkrise stellte er in seinem Privathaus die Heizung ab, setzte sich im Wintermantel in sein Wohnzimmer und wartete auf den Ruin. Dieser Mann war nicht reich, er hatte nur viel Geld.

Reich zu leben bedeutet zu erkennen, daß Sie reich sind, daß Ihr Selbst die Verkörperung von Reichtum ist und daß Sie deshalb im Reichtum leben, egal wieviel Sie besitzen. Reich zu leben bedeutet, überall Reichtum zu erkennen und sich des Reichtums und der Fülle des Universums zu erfreuen, der üppigen Pflanzen, der Sonne, der Vögel. Überall sind wir von Luxus umgeben. Sehen Sie die Blumen vor Ihrem Fenster, sind sie nicht ein Zeichen für den einzigartigen Reichtum, den Sie überall vorfinden – ihre Kostbarkeit und Schönheit wären nicht notwendig. Wohin Ihr Auge blickt, hat es die Möglichkeit, Reichtum zu sehen und sich daran zu erfreuen. Intelligent zu leben bedeutet, reich zu leben. Intelligent zu denken bedeutet, reich zu denken. In jeder Situation haben Sie die Wahl zwischen Mangel und Reichtum. In jeder Situation können Sie Mangel oder Reichtum sehen, egal, was Sie sich anschauen, ob es sich um das weinende Kind, den Lottogewinn, den »Rausschmiß« vom Chef oder die »böse Schwiegermutter« handelt. Es liegt nur an Ihren Augen, ob Sie Reichtum oder Mangel sehen wollen. Ich lade Sie ein, Reichtum zu sehen. Entscheiden Sie sich für den Reichtum, wo immer Sie ihn finden. Dann leben Sie intelligent.

Wenn Sie reich sein wollen, dann können Sie sich nicht gleichzeitig geistig vollstopfen mit Armut und Mangel. Die nachfolgende Bejahung zum Thema Reichtum stammt aus dem 500-DM-Werk »Der Sinn des Erfolges« von Alfred R. Stielau-Pallas (übrigens eine lohnenswerte Investition):

Ich kann!
Ich kann jetzt!
Ich empfange!
Ich empfange jetzt!
Ich bin im Reichtum!

Ich sehe, wie reich diese Welt ist, und freue mich darüber!
Ich konzentriere mich auf Reichtum und sehe nur Reichtum!
Ich freue mich, Geld auszugeben, denn es zeigt, daß ich Geld habe!

Ich halte meinen Geist für alles geöffnet, was mich reich macht!
Ich bin es wert, reich zu sein, weil ich reich denken kann!
Ich tue Armen den größten Gefallen, indem ich keiner von ihnen bin!
Ich bin nicht größer als andere, aber einzigartig in meiner Art!

Ich kenne die Quelle allen Reichtums und wende mich ihr zu!
Ich bin von keinem Kanal mehr abhängig,
denn die Quelle strömt, nur die Kanäle wechseln!
Ich habe mich für Reichtum entschieden!
Ich ziehe das zu mir, was meinem Reichtumsbewußtsein entspricht!
Ich lenke meine Aufmerksamkeit auf Reichtum!

Ich bin mir des unermeßlichen Reichtums dieser Welt bewußt!
Ich lebe im unermeßlichen Reichtum dieser Welt!
Ich bin reich!

Entlarven Sie das Geheimnis Ihrer Wünsche

Zu einem armen Ehepaar kam einmal eine gute Fee und sprach: »Ihr habt drei Wünsche frei. Was wünscht ihr euch?« Weil die Frau so arm war und so lange keine Bockwürste mehr gegessen hatte, rief sie sofort: »Ich wünsche mir einen riesigen Topf voller Bockwürste« – und, schwuppdiwupp, schon standen die Bockwürste auf dem Tisch. Der Mann war darüber sehr verärgert: Einen Wunsch zu vertun – nur wegen einem Topf voller Bockwürste ... Und er schrie sie an: »Ich wünsche dir, daß dir die Bockwürste im Hals steckenbleiben!« Und schon blieben der Frau die Bockwürste im Hals stecken. Jetzt mußte der arme Ehemann den verbleibenden dritten Wunsch dafür opfern, die Bockwürste wieder aus dem Hals zu wünschen.

Diese Geschichte klingt zwar lustig, aber genauso gehen wir mit unseren Wünschen um. Zuerst wünschen wir uns einen ganz bestimmten Lebenspartner, und hinterher wissen wir nicht, wie wir ihn wieder loswerden sollen. Wir wünschen uns einen riesigen Bungalow und sind dann »sauer« über den großen Pflegeaufwand, den er erfordert.

Es gibt Leute, die leben nach der Devise: »Was La-costet die Welt, Geld spielt keine Rolex.« Ich lade Sie ein, intelligent zu leben, indem Sie sich einmal fragen: »Was bringen mir meine Wünsche eigentlich?« Intelligent zu leben bedeutet, dem Geheimnis seiner Wünsche auf die Spur zu kommen, seine Wünsche zu entlarven und zu erkennen, was man wirklich will. Wir sind meist so beschäftigt damit, hinter irgendwelchen Wünschen herzujagen, daß wir ganz vergessen, uns zu fragen, was sie eigentlich für uns tun können. Wünsche sind oft nichts anderes als Ersatzhandlungen, Ersatzbefriedigungen, die uns von Werbemanagern, Fernsehen, Chefs, Partnern, Heilspredigern und Trendmachern eingeredet wurden. Weil wir tief im Herzen unbefriedigt sind, fallen wir auf diese »Wahr-Sager« herein, die meinen, sie wüßten, was »gut für uns« ist. Dies wäre auch alles schön und gut, wenn die Erfüllung dieser Wünsche uns wirklich befriedigen würde. Immer wieder erleben wir, daß die Erfüllung nur halb so schön ist, wie der Wunsch uns vorgegaukelt hat. Wir werden laufend enttäuscht.

Nehmen wir an, Sie wollen sich einen Ferrari kaufen. Fragen Sie

sich vorher: »Wer redet mir gerade ein, daß ich die Kiste kaufen soll.«
Erkennen Sie das Motiv – und erkennen Sie auch das Motiv hinter
dem Motiv.

Vielleicht werden Sie durch die rassige Form und das »irre Tempo«
dieses Luxusschlittens »angetörnt«, oder Sie sind von sachlichen Ar-
gumenten und den technischen Details überzeugt. All das sind Be-
weggründe und Gefühle, die Ihrem Oberflächenverstand entsprin-
gen. Gehen Sie tiefer – schälen Sie die Zwiebel. Was verbinden
(assoziieren) Sie mit dem Ferrari, was erwarten Sie sich davon? Was
wollen Sie mit dem Ferrari »kompensieren« (ausgleichen). Vielleicht
Ihre unterdrückte Sexualität oder Ihre Minderwertigkeitskomplexe?
Schauen Sie der Wahrheit ins Gesicht! Wenn Sie sich der Hintergründe Ihrer Wünsche und Motive nicht bewußt sind, werden Sie
bald den großen Katzenjammer erleben. Der Ferrari ist da, aber Ihr
unterdrücktes Sexualleben ist deshalb nicht besser geworden, die
Minderwertigkeitskomplexe haben sich nicht gelegt, und die technischen Finessen werden bald langweilig. Deshalb fragen Sie sich: »Was
will der Ferrari für mich tun?« Sie stoßen vielleicht auf weitere Argu-
mente – Prestigesymbol z. B. Lassen Sie hier nicht locker. Fragen Sie
weiter: »Was will Prestige für mich tun?« Machen Sie es ganz konkret
– vielleicht erkennen Sie dann: Der Bankdirektor macht einen Diener
vor mir, die Mädchen schauen mir hinterher, und die Konkurrenz be-
neidet mich. Dann fragen Sie weiter: »Was will das für mich tun?«
Schälen Sie die Zwiebel bis zum Schluß, und gehen Sie dabei nach
innen. Bleiben Sie nicht an den Äußerlichkeiten hängen. Auf diese
Weise finden Sie vielleicht folgende Assoziationskette: Gefühl der
Anerkennung – hoher Selbstwert – selbstsicheres Auftreten – geliebt
werden.

Erkennen Sie, daß z. B. ein Ferrari für Sie nur tun kann, was ein
Ferrari eben tun kann: Er kann 260 km/h schnell fahren, er bietet
einen soliden Fahrgenuß. Eines aber kann er nicht für Sie tun: Ihnen
Liebe geben! Sie fühlen sich wie ein Krüppel, den man auf einen hohen Berg hinaufgetragen hat. Sobald der Ferrari weg ist, sind Sie genauso ohnmächtig wie zuvor. Oft hat der Ferrari auch gar nicht die
gewünschte Wirkung: Der Bankdirektor macht keinen Diener vor Ih-

nen, die Mädchen drehen sich doch nicht nach Ihnen um, und die Konkurrenz lacht über Ihre Eitelkeit. Dann ärgern Sie sich (falls Sie mein Buch »Nie mehr ärgern« noch nicht gelesen haben sollten). Auch wenn tatsächlich alles wunschgemäß läuft, spüren Sie innerlich ganz deutlich, daß die Menschen Ihren Ferrari verehren und nicht Sie als Person. Das wurmt ungeheuer. Wohlgemerkt, ich habe nichts gegen Ferraris, auch ich liebe dieses Auto, aber ich bin dafür, daß Sie sich die Hintergründe Ihrer Wünsche bewußt machen, bevor Sie sie sich erfüllen oder nicht erfüllen.

Werfen Sie nun bitte einen Blick auf Ihre Urlaubsphantasien, die Sie auf den Arbeitsblättern notiert haben. Was wollen Sie wirklich? Wenn der Ferrari zu den natürlichen Bedürfnissen des Menschen gehören würde, dann hätten auch die Neger im Urwald Sehnsucht danach. Die Werbung versucht Ihnen einzureden, daß Sie »in« sind, geliebt werden etc., wenn Sie einen Ferrari fahren – ein teurer Irrtum!

Erkennen Sie, was Sie wirklich wollen! Wenn Sie das »Dahinter« erkennen, dann können Sie sich möglicherweise vieles ersparen: Promotion, goldene Rolex-Uhren, Champagner, Nerzmäntel, Ferienhäuser, Wohnwagen. Sie können diese Dinge aus Spaß an der Freude weiter benutzen, aber Sie benötigen sie nicht mehr. Ihre Wünsche sind Betrüger. Sie gaukeln Ihnen etwas vor, und am Ende kommt die Enttäuschung. Es ist wie bei den italienischen Frauen, zuerst sehen sie knackig aus und man rauft sich die Haare aus, wie man an sie rankommen könnte. Kaum ist man mit ihnen verheiratet, fangen sie an Spaghetti zu essen, viele schreiende Bambini zu kriegen und werden darüber hinaus noch ganz schnell dick und fett.

Stellen Sie sich vor, Sie heiraten eine gutaussehende Frau. Zuerst zieht sie ihre hochhackigen Schuhe aus, woraufhin sich ihre erst ansehnliche Figur vom länglichen in die Breite verschiebt. Dann zieht sie ihr Kleid aus, und Sie sehen ihre runzelige und pickelige Haut. Dann nimmt sie die Schaumgummipölsterchen von den Hüften, wobei ihre Pobacken zusammenfallen. Dann nimmt sie ihren Stütz-BH ab, woraufhin die Brüste herabbaumeln. Nun schminkt sie sich ab, und statt des Hollywoodgesichts erkennen Sie eine mehr oder weniger würdevoll gealterte Krähe. Schließlich zieht sie ihre Perücke ab, und statt der wunderschönen Haare sehen Sie eine Glatze. Ganz zum Schluß nimmt sie ihr Gebiß aus dem Mund und nuschelt wie eine zahnlose Greisin: »Liebling, willscht du misch nischt endlisch vernaschen . . .« Kein Wunder, daß Ihnen der Appetit vergeht.

Sicherlich würden Sie eine Frau, die sich so eine Heirat »ermogelt« als Betrügerin beschimpfen. Wir vergessen dabei aber, daß alle Produkte, die wir kaufen, weil sie uns tolle Gefühle bringen sollen, wie der Ferrari, der Nerzmantel oder auch die Sahnetorten, letztendlich Betrüger sind. Sie versprechen etwas, was sie nicht halten können. Wenn Sie Ihren Ferrari, Ihren Nerz oder was auch immer ein halbes Jahr lang besitzen, werden Sie es merken. Und wenn Sie dann noch von solchen »Stimulatoren« abhängig sind, muß der nächste Ferrari oder das nächste Fellchen her. In anderen Worten: Sie sind gesteuert von irgendwelchen »fixen« Ideen. Wer die richtigen Knöpfe drückt und »raffiniert« genug ist, herauszufinden, wie Sie funktionieren, kann auf Ihre Kosten ganz gut leben. Die Branche der Heiratsschwindler, Spione, Magier, aber auch Verkäufer lebt davon. Fa. Geier und Co. freut sich auf die dummen Schäfchen. Die ganze Werbung ist darauf aufgebaut, den Leuten Dinge zu verkaufen, die sie nicht brauchen, angefangen von Schuhen mit Schleifchen an der Ferse, die aussehen, als würde die Besitzerin gleich abfliegen, bis zu Kühlschränken für Eskimos und Doppelbetten für den Papst.

Wünsche entstammen dem Oberflächenverstand. Sie sind nichts anderes als »Gedankengebäude«, die zusammenstürzen wie ein Kartenhaus, sobald Sie sie entlarvt haben. Gehen Sie Ihren Wünschen auf den Grund, bevor Sie danach streben. Sie können sich dann immer noch Ihre Sahnetorte oder Ihr Rendezvous erfüllen, aber Sie hängen dann nicht mehr »am Haken« dabei. Deshalb benutzen Sie die Technik des Zwiebelschälens, um Ihren Wünschen auf den Grund zu gehen. Schälen Sie diese Zwiebel nicht nur intellektuell, sondern fühlen Sie, wie es wäre, sich diesen Wunsch zu erfüllen, und notieren Sie, was wirklich dahintersteckt. Kommen Sie dem Geheimnis Ihrer Wünsche auf die Spur. Entlarven Sie es. Erleben Sie mit allen Sinnen!

ZWIEBEL SCHÄLEN

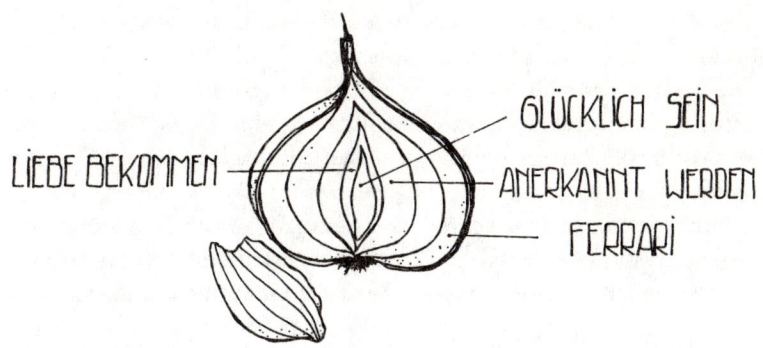

GLÜCKLICH SEIN

LIEBE BEKOMMEN

ANERKANNT WERDEN

FERRARI

Was Sie wirklich wollen, ist, glücklich zu sein

Sie werden entdecken, daß Sie sich all Ihren Streß nur aus einem einzigen Grund antun, nämlich um eine kleine elektrische Stimulierung in der Thalamusregion Ihres Gehirnes auszulösen, die Ihnen Lebensfreude und Glücksgefühle vermittelt. Was Sie wirklich wollen, sind tolle Gefühle, keinen Ferrari! Es gibt keine einzige Handlung, die Sie aus einem anderen Grund unternehmen als aus dem, tolle Gefühle zu bekommen. Auch Märtyrer sind keine Idealisten. Alles, was sie erreichen wollen, ist ein »Logenplatz« beim lieben Gott, tolle Gefühle auf Raten, darum geht es ihnen wirklich. Meister Jesus müßte es schütteln, wenn er mitansehen müßte, wie sehr die »Selbstkasteier« seine Kreuzigung fehlinterpretiert haben. Jesus war ein Genießer. Vielleicht erschien er nur 2000 Jahre zu früh, denn selbst heute hat ihn kaum jemand richtig begriffen.

Alles, was Sie tun, geschieht nur aus einem Grund: Sie wollen glücklich sein! Leider benutzen wir heutzutage meistens Strategien, die genau das Gegenteil bewirken – und das nenne ich nicht Märyrertum, Opfer der Umwelt, sondern ganz einfach Unwissenheit oder salopp ausgedrückt – eigene Dummheit.

Vielleicht werden Sie einwenden, daß die Menschen machthungrig sind. Fragen Sie sich doch einfach weiter: »Was soll Macht für die Leute tun?« Warum wollen die Leute Macht? Sie werden viele Scheinargumente hören, aber wenn Sie genau hinschauen, werden Sie entdecken: Die Machthungrigen wollen in Wirklichkeit Anerkennung. Das bedeutet für Sie »Streicheleinheiten«, und das bedeutet für sie Liebe. Letztendlich wollen sie nur glücklich sein. Die Menschen wollen Macht über andere haben, weil sie keine Macht über sich selbst haben. Wäre es da nicht angebracht zu wechseln – von der Machtintelligenz zur Liebesintelligenz? Wäre es nicht an der Zeit, damit aufzuhören, auf Ersatzbefriedigungen hereinzufallen? Vielleicht werden Sie einwenden, daß man in dieser Welt das Glück nicht finden könne. In dem Fall fragen Sie sich einmal: Wer sucht sich die Welt aus, in der Sie leben? Sie sind die Welt, oder wie die Mystiker sagen: Die Welt ist nur das Spiegelbild von Ihnen selbst. Ein altes Sprichwort lautet: Sage mir, mit wem du umgehst, und ich sage dir, wer du bist. Sie erschaffen sich Ihre Welt. Ihre Welt ist nicht das, was Sie draußen sehen, sondern das, was Sie daraus machen.

Wenn Sie zum Beispiel Glück suchen, wäre es angebracht, sich überall in der Welt auf das Glück zu konzentrieren. Jeder Glückliche sollte Ihnen dafür gut genug sein: Freuen Sie sich über das neue Auto der Nachbarn, die Geburt eines Sohnes in Ihrer Verwandtschaft, den Lottogewinn von Frau Piesemuckel, den Geschäftserfolg Ihrer Konkurrenz. Suchen Sie das Glück und nicht das Leid. Nehmen Sie Kontakt auf mit den Leuten, denen es mindestens genausogut geht wie Ihnen. Laufen Sie mit den Leuten, die das Leben liebenswert machen. Teilen Sie Freude aus. Jagen Sie die »Graumiesen« aus dem Haus, und sagen Sie ihnen: »Wenn du glücklich bist, kannst du gerne wiederkommen.« Setzen Sie Negativlinge auf eine »schwarze Liste«, und wenn diese Leute Sie eines Tages fragen, warum Sie sie so lange nicht mehr angerufen haben, zücken Sie Ihre »schwarze Liste« und antworten ihnen: »Schau, wo du stehst.« Seien Sie konsequent und zwar so lange, bis Sie so weit sind wie »Mama Dina«, die mir einmal sagte: »Einen Heiligen kann man nicht mehr stören.« Bis dahin nehmen Sie keine »Rücksicht«: Seien Sie einfach glücklich, auch wenn es anderen nicht gefällt.

Experiment 2:

1. Die ideale Welt unter Berücksichtigung des »Größten Gemeinsamen Nenners« – wie könnte sie aussehen? Lassen Sie Ihrer Phantasie freien Lauf. Notieren Sie Ihre Vision auf Arbeitsblatt 3. Dann gehen Sie auf Phantasie-Urlaub und erleben sich geistig in dieser neuen Welt. Sehen Sie diese Vision aber nur als eine von unzählig vielen Möglichkeiten. Klammern Sie sich also nicht daran fest, sondern benutzen Sie sie nur, um den Blick für neue Möglichkeiten zu schärfen.

2. Eine ideale Partnerschaft unter Berücksichtigung der Interessen Ihres Partners – wie könnte sie aussehen? Lassen Sie auch hier Ihrer Phantasie freien Lauf. Notieren Sie Ihre Vision auf Arbeitsblatt 4. Wenn Sie möchten, tauschen Sie sich mit Ihrem Partner über diese Vision aus. Danach gehen Sie allein oder mit Partner auf Phantasie-Urlaub und erleben sich geistig in einer idealen Partnerschaft. Sehen Sie diese Vision aber nur als eine von unzählig vielen Möglichkeiten. Klammern Sie sich also nicht daran fest, sondern benutzen Sie sie nur, um den Blick für neue Möglichkeiten zu schärfen.

3. Wie könnten Sie im Idealfall sein? Notieren Sie diese Vision auf Arbeitsblatt 5. Gehen Sie danach auf Phantasie-Urlaub, und erleben Sie sich im Idealzustand. Sehen Sie diese Vision aber nur als eine von unzählig vielen Möglichkeiten. Klammern Sie sich also nicht daran fest, sondern benutzen Sie sie nur, um den Blick für neue Möglichkeiten zu schärfen.

4. Überlegen Sie sich: Was von den Dingen, die ich mir in meinem Alltag gönnen kann, löst in mir Urlaubsgefühle aus? Notieren Sie diese Dinge auf Arbeitsblatt 6, und gönnen Sie sich auch einiges davon.

5. Sehr hilfreich, um sich den Alltag zu versüßen, sind auch die »Minifreuden«. Überlegen Sie sich, welche »Minifreuden« Sie sich machen können. Erfinden Sie neue »Minifreuden«, und machen Sie Alltägliches zu einer »Minibelohnung«. Notieren Sie Ihre »Minifreuden« auf Arbeitsblatt 7.

6. Nehmen Sie sich Ihre wichtigsten Wünsche, für deren Erfüllung oder Verdrängung Sie bisher viel Zeit und Energie geopfert haben, vor. Kommen Sie dem auf die Spur, was diese Wünsche für Sie tun wollen, und finden Sie Möglichkeiten, diese Absicht anders auszudrücken. Benutzen Sie hierfür Arbeitsblatt 8.

7. Die nachfolgende Technik basiert auf den Grundgedanken der *Global Cooperation For A Better World*, einer Vereinigung, die es sich zum Ziel gemacht hat, die Welt schöner und friedvoller zu gestalten. Machen Sie einmal allein oder gemeinsam mit Ihrer Familie, Ihren Freunden oder Ihrer Firma ein *brainstorming* darüber, wie 1. Sie als Idealperson, 2. die ideale Familie, 3. die ideale Firma, 4. die ideale Welt aussehen sollte. Sammeln Sie alle Eigenschaften, die dazugehören. Indem Sie gute Eigenschaften sammeln, erzeugen Sie ein starkes »positives Gedankenfeld«, das Raum schafft für »ungeahnte Möglichkeiten«.

Die Technik des *brainstorming* stammt ursprünglich aus dem Management und soll negatives Denken, Grübelei und sinnlose Diskussionen vermeiden. *Brainstorming* funktioniert folgendermaßen: Zu einem bestimmten Thema sammeln alle Anwesenden eine gewisse Zeit lang (z. B. fünf Minuten lang) alle positiven Gedankenanstöße, die ihnen nur einfallen. Ein Anwesender notiert die gesammelten Punkte. Erst nach dem *brainstorming* wird über die Punkte diskutiert, werden entsprechende Maßnahmen eingeleitet. Eine Verkaufsgesellschaft, die bisher drei vergebliche Konferenzen über neue Verkaufsstrategien abgehalten hatte, führte nach einem Verkaufstraining bei mir das *brainstorming* ein und erzielte daraufhin in der Folgekonferenz 59 (!) neue Möglichkeiten, von denen vier konkret in die Tat umgesetzt wurden und zu einer Umsatzsteigerung von 700 Prozent führten. Für das *brainstorming* gelten folgende Regeln:

a) Quantität, nicht Qualität entscheidet. Es kommt also darauf an, erst einmal so viele Punkte wie möglich zu finden. Jeder »Blödsinn«, der einem in den Kopf kommt, zählt.

b) Keine Diskussionen über die gelieferten Anstöße.

8. Mit der folgenden Übung lernen Sie, sich auf Ihre Gesprächs-

partner einzustimmen: Erfinden Sie mit Ihren Freunden gemeinsam ein Märchen, und stellen Sie sich dabei vor, daß dieses Märchen auf einer anderen Ebene bereits existiert.

9. Gehen Sie auf Phantasie-Reise in die Zukunft. Steigen Sie also in Ihr orangefarbenes Flugzeug, und fliegen Sie in die Situation, wo Sie günstigstenfalls in ein, fünf, zehn oder zwanzig Jahren sein werden. Kontrollieren Sie den Verlauf der aufsteigenden Bilder nicht allzusehr, seien Sie eher bereit, sich überraschen zu lassen. Danach schreiben Sie in Ihr Tagebuch, wo Sie leben, was Sie tun, wieviel Geld Sie verdienen, welche Beziehungen Sie haben, und lesen Sie immer wieder nach. Treten Sie Ihre Phantasie-Reise mit einem konkreten Reiseziel an, z. B.

a) Einkommenssituation in einem Jahr
b) Sexuelle Beziehungen in fünf Jahren
c) Berufliche Tätigkeit in zehn Jahren
d) Privatleben in zwanzig Jahren usw.

10. Erarbeiten Sie sich eine Zukunftsvision. Ihre Zukunftsvision ist quasi der Kompaß, nach dem sich Ihr Unterbewußtsein ausrichtet. Wenn Sie Ihre ganze Energie auf Ihre unmittelbaren Bedürfnisse konzentrieren – Essen, Miete, Schreibtischarbeiten – verlieren Sie den Weitblick und sind mehr im »Überleben« statt im »Urlaub für immer«. Machen Sie sich bewußt: Das ganze Universum ist bereit, Ihnen bei der Verwirklichung Ihrer Träume zu helfen. Es ist wie beim »Otto-Versand«. Sie bekommen, was Sie »bestellen«. Sie glauben vielleicht, die Welt ist »da«, und Sie entwickeln realistische Vorstellungen über sie. Glauben Sie einmal »probehalber« für drei Wochen, daß Sie es sind, der Ihre Welt erschafft – dann erkennen Sie die Wahrheit. Gehen Sie wieder auf Kreativ-Urlaub. Stellen Sie sich vor, daß Sie die Arbeit tun, die Sie am liebsten tun würden. Diese Arbeit wird die einzige sein, für die Sie so eine Energie aufbringen können, daß Sie erfolgreich darin sein können. Stellen Sie sich weiter vor, daß Sie Ihr Sexualleben leben, wie Sie es am liebsten täten. Erleben Sie die optimale Freizeitgestaltung. Notieren Sie die Ergebnisse. Fragen Sie sich anschließend: Mit welcher

Handlung kann ich diesen Idealen einen Millimeter näher kommen?

Wenn Sie drei Wochen lang unbeirrbar an einer konkreten Vision arbeiten und sich innerhalb Ihrer Vision auch von Ihrer Intuition führen lassen, erzeugen Sie um sich herum ein Energiefeld, das die Erreichung dieses Zieles wahrscheinlich werden läßt (s. dazu das Buch »Mentaltraining« von Kurt Tepperwein).

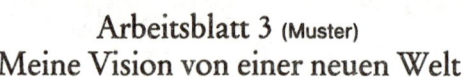

Arbeitsblatt 3 (Muster)
Meine Vision von einer neuen Welt

Jeder akzeptiert den anderen so, wie er ist. Jeder genießt seine Freiheit, soweit es ihm Spaß macht, respektiert aber die Freiheit der anderen. Die Menschen strahlen Liebe aus und sind glücklich. Sie tanzen und freuen sich des Lebens. Mitten in der Stadt gibt es eine riesige Schenk-Halle mit Popmusik und Partystimmung, in der jeder seine Wohnungseinrichtung, die ihm nicht mehr gefällt, alte Platten usw. als Geschenk abliefern kann. Das Problem der Überproduktion und Abfallverwertung ist damit gelöst. Die Menschen sind großzügig. Man arbeitet nur noch aus Freude. Die Natur blüht in prächtigsten Farben. Es ist sonnig. Das Wasser ist klar. Jeder ist bereit, dem anderen »Streicheleinheiten« zu geben. Es gibt keine Unterschiede mehr zwischen den Menschen. Jeder wird akzeptiert und integriert. Die Menschheit denkt als ein Ganzes, jeder fühlt für den anderen, übernimmt die Verantwortung für die ganze Gruppe und wird von ihr getragen. Die Menschen leben vorwiegend in kleinen »Edelkommunen« von ca. 10 Personen, in denen die Alten und die Babys gleichermaßen integriert sind. Es gibt nur eine Weltregierung. Diese Regierung übernimmt ausschließlich Verwaltungsaufgaben und wird aus Beamten gebildet. Sie ist eine Institution wie die Bundespost. Die Menschen werden nicht mehr gerichtet, sondern aufgerichtet. Die Menschen sind natürlich. Es gibt eine Weltsprache. Alle Menschen erleben sich als Brüder und Schwestern. Jeder ist bereit, dem anderen zu helfen nach dem Motto: »*Ti voglio bene*« – dir will ich Gutes. Die ganze Welt ist ein Lobgesang auf Gottes Herrlichkeit. Die Menschen strahlen unendlich viel Frieden und Kraft aus und kehren endlich dahin zurück, wo sie vor dem alten Atlantis begonnen haben. Ich sehe die Erde als Urlaubsplaneten, als Paradies für die ganze Menschheit. Alles lebt im »Urlaub für immer« – jetzt!

Arbeitsblatt 3
Meine Vision von einer neuen Welt

Arbeitsblatt 4
Meine neue Vision von einer idealen
Partnerschaft

Arbeitsblatt 5
Meine Vision von mir selbst

....
....
....
....
....
....
....
....
....
....
....
....
....
....
....
....
....
....
....
....
....
....
....
....
....
....

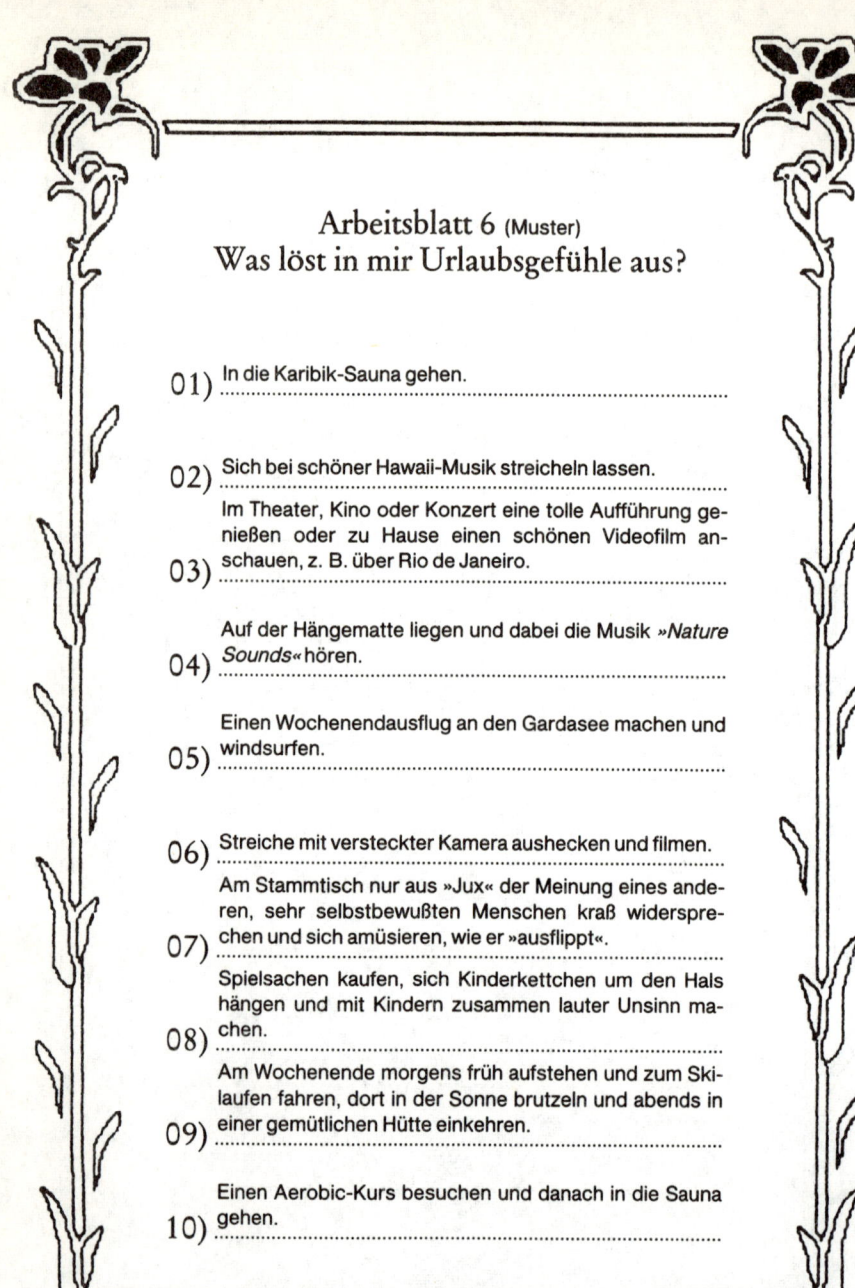

Arbeitsblatt 6 (Muster)
Was löst in mir Urlaubsgefühle aus?

01) In die Karibik-Sauna gehen.
....

02) Sich bei schöner Hawaii-Musik streicheln lassen.
....

Im Theater, Kino oder Konzert eine tolle Aufführung genießen oder zu Hause einen schönen Videofilm an-
03) schauen, z. B. über Rio de Janeiro.
....

Auf der Hängematte liegen und dabei die Musik »*Nature*
Sounds« hören.
04) ....

Einen Wochenendausflug an den Gardasee machen und
windsurfen.
05) ....

06) Streiche mit versteckter Kamera aushecken und filmen.
....

Am Stammtisch nur aus »Jux« der Meinung eines anderen, sehr selbstbewußten Menschen kraß widerspre-
07) chen und sich amüsieren, wie er »ausflippt«.
....

Spielsachen kaufen, sich Kinderkettchen um den Hals
hängen und mit Kindern zusammen lauter Unsinn ma-
08) chen.
....

Am Wochenende morgens früh aufstehen und zum Ski-
laufen fahren, dort in der Sonne brutzeln und abends in
09) einer gemütlichen Hütte einkehren.
....

Einen Aerobic-Kurs besuchen und danach in die Sauna
gehen.
10) ....

Arbeitsblatt 6
Was löst in mir Urlaubsgefühle aus?

01) ....

02) ....

03) ....

04) ....

05) ....

06) ....

07) ....

08) ....

09) ....

10) ....

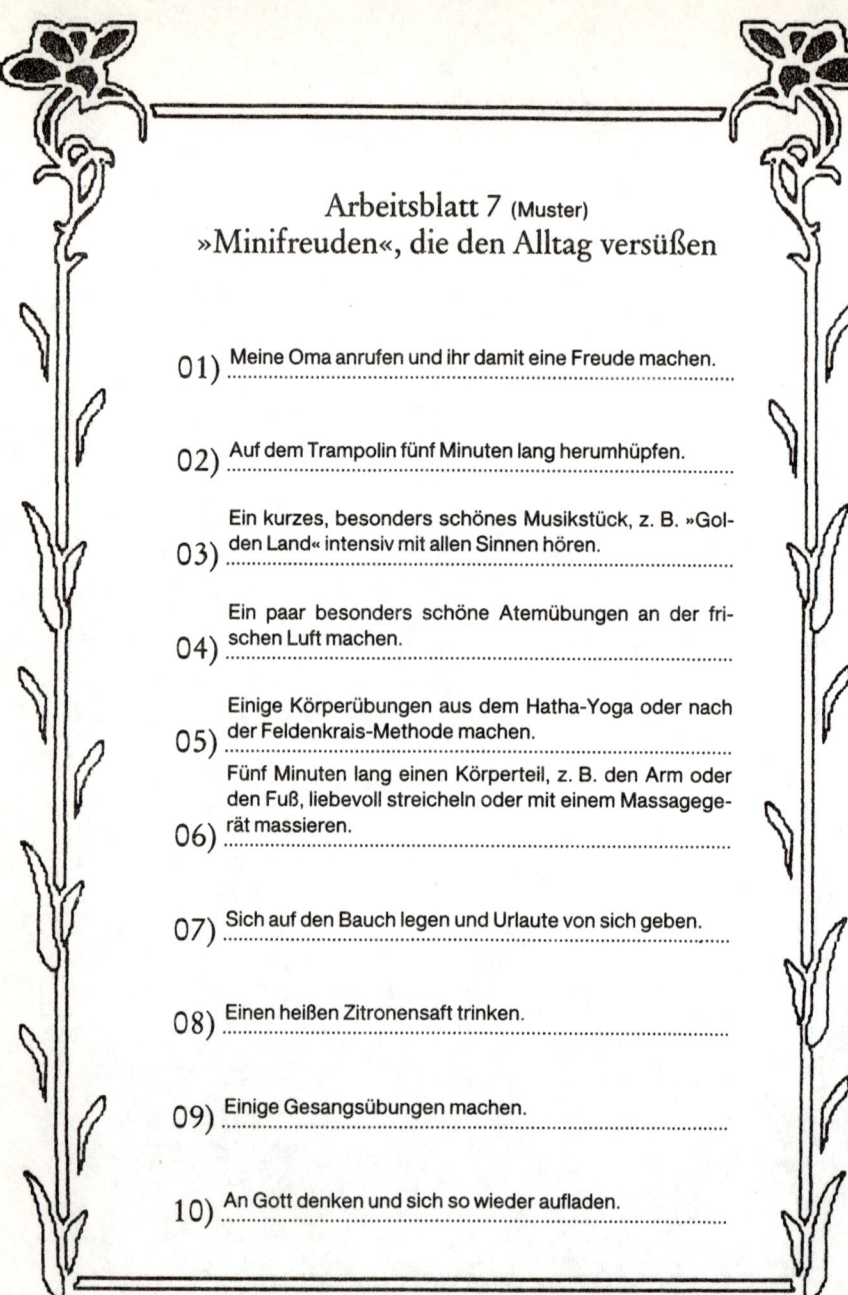

Arbeitsblatt 7 (Muster)
»Minifreuden«, die den Alltag versüßen

01) Meine Oma anrufen und ihr damit eine Freude machen.

02) Auf dem Trampolin fünf Minuten lang herumhüpfen.

03) Ein kurzes, besonders schönes Musikstück, z. B. »Golden Land« intensiv mit allen Sinnen hören.

04) Ein paar besonders schöne Atemübungen an der frischen Luft machen.

05) Einige Körperübungen aus dem Hatha-Yoga oder nach der Feldenkrais-Methode machen.

06) Fünf Minuten lang einen Körperteil, z. B. den Arm oder den Fuß, liebevoll streicheln oder mit einem Massagegerät massieren.

07) Sich auf den Bauch legen und Urlaute von sich geben.

08) Einen heißen Zitronensaft trinken.

09) Einige Gesangsübungen machen.

10) An Gott denken und sich so wieder aufladen.

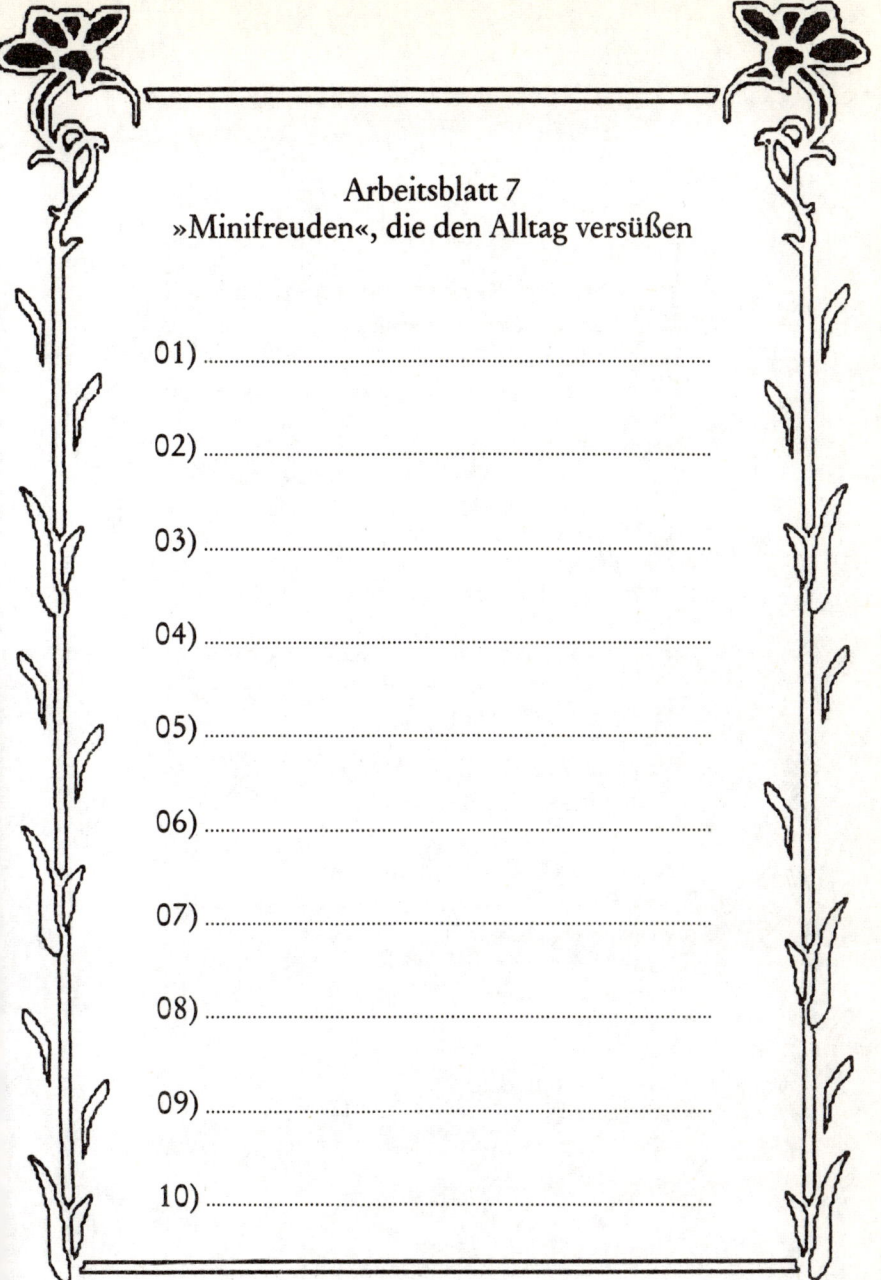

Arbeitsblatt 7
»Minifreuden«, die den Alltag versüßen

01) ....

02) ....

03) ....

04) ....

05) ....

06) ....

07) ....

08) ....

09) ....

10) ....

Arbeitsblatt 8 (Muster)
Wünsche entlarven

1. Wunsch: In der Karibik liegen und von Hawaii-Mädchen gestreichelt werden.

   Das soll mir bringen:

   Sich mal so richtig verwöhnen lassen und Zärtlichkeit genießen.

   Das soll mir bringen:

   Daß es meinem Körper gutgeht, und ich mich sorglos fühle.

   Das soll mir bringen:

   Eine innere Ekstase.

   Das soll mir bringen:

   Den Duft von Freiheit und Abenteuer.

   Das soll mir bringen:

   Ich spüre ein tiefes Gefühl von »märchenhafter Freiheit« in mir.

   Das soll mir bringen:

   Ich bin glücklich.

   Neue Möglichkeit: Ich nehme mir Zeit und verwöhne meinen Körper:

2. Wunsch: Ich bin ein bekannter Guru.

   Das soll für mich tun:

   Die Leute respektieren mich.

   Das soll für mich tun:

   Ich werde umschwärmt.

   Das soll für mich tun:

   Ich werde geliebt.

   Das soll für mich tun:

   Ich bin glücklich.

   Neue Möglichkeit: Ich sage mir jeden Morgen, wie toll ich bin.

Arbeitsblatt 8
Wünsche entlarven

Wunsch:

....

Das soll mir bringen:

....

Das soll mir bringen:

....

Das soll mir bringen:

....

Das soll mir bringen:

....

Das soll mir bringen:

....

Das soll mir bringen:

....

Neue Möglichkeit:

....

Wunsch:

....

Das soll für mich tun:

....

Das soll für mich tun:

....

Das soll für mich tun:

....

Das soll für mich tun:

....

Neue Möglichkeit:

....

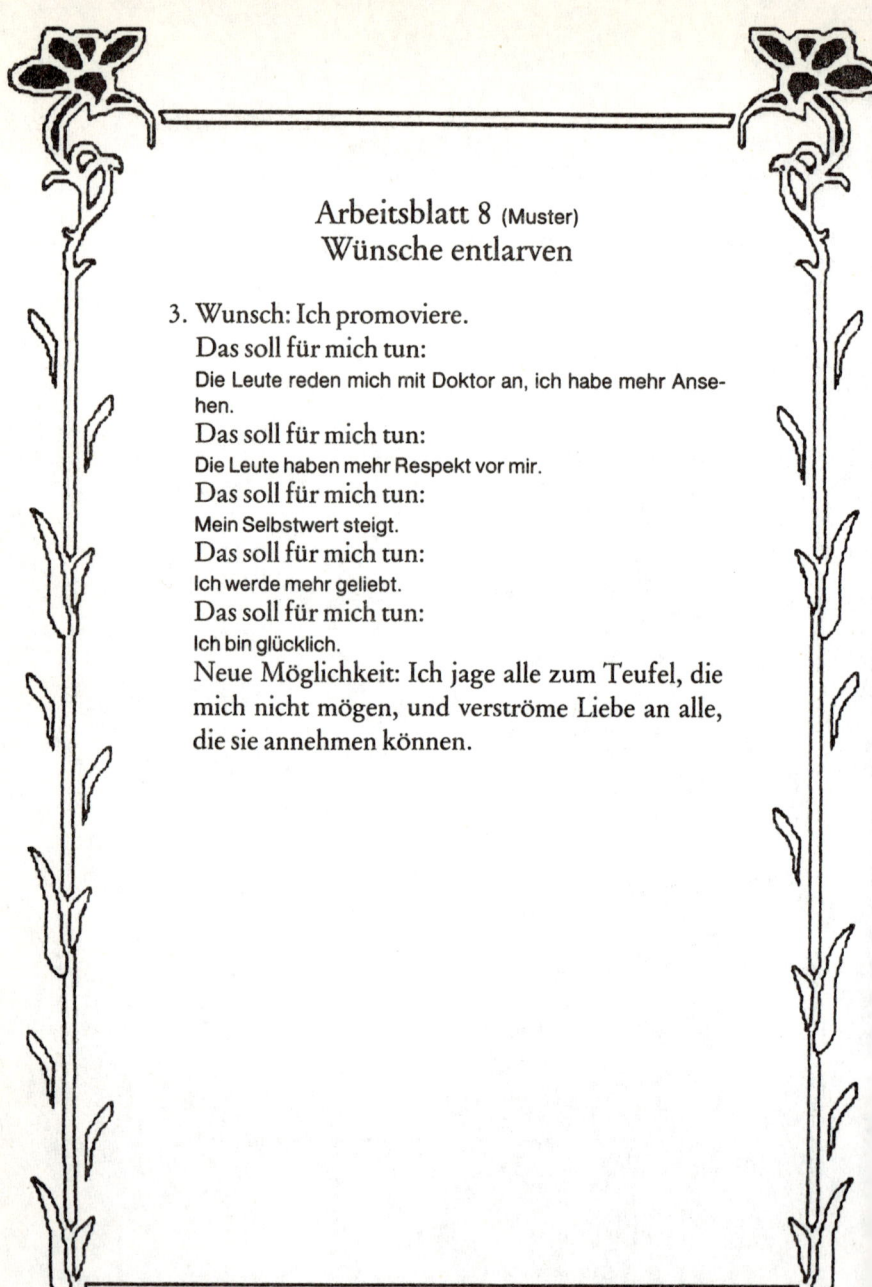

Arbeitsblatt 8 (Muster)
Wünsche entlarven

3. Wunsch: Ich promoviere.

Das soll für mich tun:

Die Leute reden mich mit Doktor an, ich habe mehr Ansehen.

Das soll für mich tun:

Die Leute haben mehr Respekt vor mir.

Das soll für mich tun:

Mein Selbstwert steigt.

Das soll für mich tun:

Ich werde mehr geliebt.

Das soll für mich tun:

Ich bin glücklich.

Neue Möglichkeit: Ich jage alle zum Teufel, die mich nicht mögen, und verströme Liebe an alle, die sie annehmen können.

Arbeitsblatt 8
Wünsche entlarven

Wunsch:

....

Das soll für mich tun:

....

Das soll für mich tun:

....

Das soll für mich tun:

....

Das soll für mich tun:

....

Das soll für mich tun:

....

Neue Möglichkeit:

....

Lektion 3

Finden Sie alles Glück dieser Erde – in Ihnen

Erkennen Sie, wie Ihre innere »Gefühlsfabrik« funktioniert

Wir haben erkannt, daß alle Handlungen, alle Bestrebungen, alle Verhaltensweisen, Muster, Rollen nur einem einzigen Zweck dienen, nämlich glücklich zu sein. Wenn wir den Schlüssel zum Glück finden wollen, müssen wir das Instrument verstehen, mit dem das Gefühl wahrgenommen wird: den menschlichen Organismus. Fragen wir uns also: Wie entstehen Gefühle?

Stellen Sie sich Ihren Körper als U-Boot vor. Dieses U-Boot hat sechs Ein- und Ausgänge, die es mit der Außenwelt verbinden. Diese Eingänge sind Ihre Sinnesorgane inklusive Ihres sogenannten »sechsten Sinns«. Sie können sich diese Sinne vorstellen als zwei Fenster rechts und links (Augen), zwei Schallwellenmeßgeräte rechts und links (Ohren), ein chemisches Testlabor (Zunge), ein Prüfgerät für Ausdünstungen (Nase), Tast-Sensoren (Haut) und einen Radarschirm (sogenannte außersinnliche Wahrnehmung). Diese sechs Eingänge sollen die Erkundung des »Geländes« außerhalb von Ihrem U-Boot-»Körper« ermöglichen. Von »draußen« strömen sogenannte »Außenreize« auf Sie ein in Form von Lichtbrechungen (Bilder), Schallwellen (Geräusche), chemische Reaktionen (Geschmacksempfindungen), Ausdünstungen (Gerüche), Stimulierungen der Tastsensoren (Berührungsreize) und »Atmosphäre« (z. B. die Stimmung einer Party). Sie sehen ein Feuer – Sie werden gestreichelt – Sie hören Musik – Sie riechen eine Suppe – Sie schmecken einen Wein – Sie spüren die »Atmosphäre« des anderen (und verwechseln sie womöglich mit Ihrer eigenen) – all das sind Außenreize. Über Ihre Nervenbahnen werden diese »Außenreize« in Form von kleinen elektrischen Strömen zu Ihrem Comupter »Gehirn« geleitet, wo sie zu einem einheitlichen Bild zusammengefaßt werden. Sie sehen z. B. eine Landschaft. Der Außenreiz trifft auf den Augapfel auf und wird dort über ein Relais, den sogenannten äußeren Kniekörper, zu einem hinteren Hirnabschnitt weitergeleitet, wo er in einer »Meldestelle« eintrifft, die die Landschaft wie eine Leinwand aufnimmt. Von dort aus wird der »Außenreiz« jetzt an das Assoziationszentrum im Gehirn geschickt, wo es

Assoziationsbahnen durchläuft und dabei den Außenreiz assoziiert, d. h. ihn einer früheren, gespeicherten Erfahrung zuordnet. Der ganze Vorgang läuft ähnlich wie bei einem Schreibcomputer ab, den Sie bitten, in seinem Speicher das Wort »Romanze« wiederzufinden. Die Assoziation führt zu einer biochemischen Reaktion, die vom Bewußtsein wahrgenommen und als Gefühl interpretiert wird. Wir können uns also merken: Jeder Außenreiz löst gefühls- und verstandesmäßige Resonanz aus. Die Interpretation des Außenreizes führt zu Gefühlen und diese wiederum zu Reaktionen. Der Hirnforscher José Delgado wies als erster nach, daß Gefühle nichts anderes sind, als ganz bestimmte Reize in der sogenannten Thalamus-Region unseres Gehirns. Versuche mit Menschenaffen ergaben, daß bei gezielter Rei-

zung dieser Region der Affe in höchste Ekstase ausbrach oder in tiefste Depression verfiel. Mit anderen Worten, das, was Sie mir Ihrem Ferrari, Frauen, Sex teuer zu erkaufen suchen, ist nichts anderes, als ein kleiner Stimulus an einer speziellen Gehirnregion. Gefühle entstehen also nicht außen, sondern in Ihnen. Sie selbst sind der Urheber aller Gefühle.

Welche Aufgabe haben Gefühle?

Die Steuerung des Organismus über Gefühle stammt aus der Urzeit der Menschheit. Gefühle werden, wie wir gesehen haben, in der Thalamus-Region des Zwischenhirns produziert und sollen das Überleben des physischen Körpers sichern. Sie erinnern uns daran, zu essen, zu schlafen, bei manchen Menschen auch zu lieben. Gefühle veranlassen den Körper, schmerzhafte Erfahrungen zukünftig zu meiden und lustvolle Erfahrungen zu suchen. Der intelligente Mensch faßt eine heiße Herdplatte höchstens einmal an. »Gebranntes Kind scheut das Feuer«, heißt es. Trotzdem gibt es Menschen, die sich durch ihr Verhalten immerzu Leid einhandeln. Wir erleben tagtäglich Menschen, die leiden, ja, die sogar das Leid zu suchen scheinen. Wie kommt das? Der Grund liegt darin, daß diese Menschen einmal eine leidvolle Erfahrung in Verbindung mit einer sehr viel lustvolleren Erfahrung erlebt haben. Das Unterbewußtsein hat deshalb die Gesamterfahrung als »wünschenswert« eingestuft.

Ein Beispiel: Ein kleines Kind hat das unstillbare Bedürfnis, geliebt zu werden, bekommt aber zu wenig Liebe von seinen Eltern. Eines Tages wird es krank. Daraufhin wird es von seiner Großmutter liebevoll gepflegt und umsorgt. Jetzt kann es passieren, daß aufgrund dieser positiven Erfahrung der Zuwendung ein ganz bestimmtes Muster entwickelt wird: Kranksein, Liebe und Großmutter werden zu einer Assoziationseinheit. Das leidvolle Erlebnis »Kranksein« wird überlagert von dem ungleich lustvolleren Erlebnis »verwöhnt werden«, d. h. das Gesamterlebnis wird vom Unterbewußtsein als wünschenswert eingestuft. Das kann dazu führen, daß sich dieser Mensch eines Tages in eine Frau verliebt, die der Großmutter ähnlich sieht (vielleicht aber auch nur ähnliche Schuhe trägt), und vor allem, daß jedesmal, wenn er

Liebesmangel empfindet, das alte Muster »Kranksein« restimuliert wird. Der Betroffene wird krank, weil er sich dadurch unbewußt Liebe erhofft. Er weiß aber nicht, daß er aus diesem Grund krank wird und wundert sich nur, daß er z. B. immer, wenn er mit seiner Frau Streit hat, krank wird. Kaum ist der Streit beseitigt, wird er wieder gesund. Die Krankheit ist also nicht mehr und nicht weniger als die hilfeschreiende Botschaft: »Ich brauche Liebe!«

Wie werden alte Verhaltensmuster restimuliert?

Der Teil von uns, der für alle automatischen Körperfunktionen zuständig ist, ist das autonome Nervensystem. Dieses wiederum wird von unserem Unterbewußtsein gesteuert. In letzter Konsequenz ist es das Unterbewußtsein, das das Herz schlagen läßt, den Organismus veranlaßt zu atmen, die Kooperation von Magen, Leber und Galle organisiert, uns zum Essen oder Schlafen bewegt, denn bei sogenannten psychosomatischen Störungen sind die Körperfunktionen beeinträchtigt. Ohne unser Unterbewußtsein könnte unser physischer Körper nicht existieren, und wir können ihm dankbar sein für die gute und fleißige Arbeit, die es leistet. Unser Unterbewußtsein ist unser treuer Freund und ideal geeignet, um die nach mechanischen Gesetzen ablaufenden Reaktionen und Prozesse im Körper zu steuern. Kommt ein »Außenreiz« auf uns zu, erhält unser Unterbewußtsein über unser Gehirn die genaue Beschreibung der Sachlage und die diesbezügliche Zuordnung, die sich aus den eingespeicherten Daten der Vergangenheit ergibt. Man könnte sagen: Das Unterbewußtsein ist eine laufende Interpretationsmaschine – es interpretiert aktuelle Situationen aufgrund der Vergangenheit, d. h. aufgrund von in der Vergangenheit eingegebenen Werten, und handelt entsprechend. Es nimmt die Gefühle, die damals aktuell waren, wieder auf, warnt vor schmerzhaften Erfahrungen und zwingt so den Körper, sich aus der »bedrohlichen« Situation zu entfernen. Das Unterbewußtsein orientiert sich immer an der Vergangenheit und versucht anhand der in der Vergangenheit gemachten Erfahrungen zu überleben. Dies war äußerst sinnvoll zur Zeit der keulenschwingenden Neanderthaler, wo es nur Kampf oder Flucht, Kabale oder Liebe gab – heutzutage kann es da Komplikationen geben.

Ich möchte den Mechanismus mit dem »Sauerkraut-Effekt« erklären: Nehmen wir an, Sie haben einmal von Ihrem Vater eine Ohrfeige bekommen. Damals saßen Sie in der Küche, Sie aßen eine Semmel, es war Winter. Sie trugen eine blaue Hose, und auf dem Herd brodelte Sauerkraut. In dem Augenblick kam Ihr Vater in die Küche und gab Ihnen unerwartet eine Ohrfeige. Das Unterbewußtsein »merkt« sich jetzt: Küche gleich Semmel-Essen gleich Winter gleich blaue Hose gleich Sauerkraut gleich Ohrfeige. Wenn Sie jetzt als Erwachsener in die Küche gehen, dürfte nicht allzu viel passieren, denn der Außenreiz »Küche« dürfte nicht genügen, um dieses Muster zu restimulieren. Nehmen wir aber einmal an, Sie essen eine SEMMEL, tragen zufällig eine BLAUE Hose, und Ihre Frau ruft: »Komm in die KÜCHE, gleich gibt es SAUERKRAUT – dann wundern Sie sich nicht, wenn Sie in dieser Situation Angstzustände bekommen. Alles, was passiert, ist nur, daß ein altes Muster restimuliert wurde und alle mit der damaligen Situation verbundenen Gefühle wieder ans Tageslicht kamen. Ihre Frau weiß nicht, was Sie Ihnen mit dem Wort »Sauerkraut« angetan hat. Genausowenig wissen Sie, was Sie anderen Menschen mit Ihren Worten antun können. Jetzt ist Ihnen klar, daß Sie – und andere – völlig normal sind, wenn Sie auf die verschiedensten Dinge, Worte, Situationen hin »ausrasten« können – der »Sauerkraut-Effekt« war es. Unser Unterbewußtsein kennt keine kausalen Zusammenhänge, weiß also nicht, ob Sauerkraut etwas mit Ohrfeige-Bekommen zu tun hat. Das Unterbewußtsein steht nur dieser alten Information gegenüber, interpretiert SOS und veranlaßt den Körper zu einer Angstreaktion.

Ich hörte einmal die Geschichte von einem ehemaligen Offizier des Zweiten Weltkriegs, der in einem Café bediente. Immer wieder machten sich die Leute einen Spaß mit ihm. Wenn er gerade voll im »Laufschritt« war, schrien sie »Stillgestanden«, und sofort klappte er mit den Hacken zusammen, wobei regelmäßig das Tablett mit allen Gläsern zu Boden fiel. Die Leute lachten sich kaputt. Dieser Mann war konditioniert.

Das Unterbewußtsein ist aber deshalb nicht schlecht, es ist hervorragend geeignet für alle Dinge, die regelmäßigen Gesetzmäßigkeiten unterliegen wie z. B. das pünktliche Morgenerwachen usw. Ihm fehlt jedoch die Fähigkeit zu unterscheiden. Das Unterbewußtsein wirft alles »in einen Topf«, was zu drei besonderen Merkmalen führt:

1. Es kann nicht unterscheiden zwischen Vorstellung und Wirklichkeit. Jedes Erlebnis, jeder Fernsehfilm, ja sogar jeder Gedanke wird als real gespeichert – 24 Stunden am Tag.
2. Es kann nicht unterscheiden zwischen heute und damals. Es weiß nicht, daß Sie heute nicht mehr das kleine Kind sind, daß Sie z. B. heute nicht mehr krank sein müssen, um Liebe zu bekommen, daß Sauerkraut heute »ungefährlich« ist. Für das Unterbewußtsein findet alles gleichzeitig statt, und es handelt deshalb so, als wenn die damalige Situation jetzt stattfinden würde.
3. Es kann nicht unterscheiden zwischen Ursache und Wirkung und kennt also keine kausalen Zusammenhänge. Es weiß also nicht, wie es etwas bewirken kann. Es kann nur vergleichen.

Das Unterbewußtsein steuert den Menschen durch Gefühle, die auf eingespeicherten Vergangenheitsdaten basieren, und veranlaßt ihn so, immer wieder die gleichen lustvollen Erfahrungen zu suchen und die gleichen leidvollen Erfahrungen zu meiden.

Für das Überleben als Tier-Mensch war dies sinnvoll, denn so wurde sichergestellt, daß wir uns von reißenden Tigern und anderen drohenden Gefahren fernhielten. Heute ist die Welt zu diffizil geworden, um mit Hilfe von Reizreaktion zu überleben. Der keulenschwingende Neanderthaler war damit bestens bedient, und würden wir noch in der Urzeit leben, hätten wir damit kein Problem. Die immer diffizileren Lebensumstände der heutigen Zeit bereiten uns allerdings fortlaufend Schwierigkeiten: Krankheiten werden fehlinterpretiert und als lustvolles Erlebnis gedeutet, wenn man dabei als Kind »verhätschelt« wird. Reichtum wird als nicht erstrebenswert interpretiert, wenn man dafür einmal von einem neidischen Schulkameraden verprügelt wurde. Das Unterbewußtsein »assoziiert« also immer wieder – natürlich nicht böswillig – Dinge, die gar nichts miteinander zu tun haben. Bei vielen Menschen führen diese »Konditionierungen« dazu, daß sie »aus dem Rahmen fallen« – ich will nicht sagen, daß diese Leute verkorkst oder verrückt sind, sie sind eben nur anders als der

112

Durchschnitt. Diese Menschen bevölkern dann die Praxen von Psychologen und Theologen. Bei anderen Menschen sind die Konditionierungen relativ unauffällig. Sie kommen damit ganz gut zurecht. Zwar werden sie von Trendmachern, Politikern, Heilspredigern und Werbeprofis quasi »auf Knopfdruck« wie Schafe gesteuert, kommen aber ganz gut über die Runden. Auch diese Menschen sind nicht das, was sie sein könnten, denn jede Konditionierung macht uns unflexibel.

Erfahrungen des Autors mit Therapien

Haben wir eine Chance, unseren Konditionierungen zu entkommen, oder sind wir ihnen hilflos ausgeliefert? Sind wir abhängig von Mustern, Vergangenheitstraumata, Konditionierungen und genetischen Prägungen, oder haben wir eine Wahl? Ich selbst habe in der Vergangenheit ein wahres Vermögen an Zeit und Geld investiert, um meine Ent-Wicklung zu fördern, bis ich meine eigenen Methoden entdeckt habe. Die nachfolgenden Ausführungen sollen dem Sucher helfen, die für ihn richtige Möglichkeit zu finden. Hierbei kann vorab gesagt werden, daß keine Therapie an sich schlecht ist, vielmehr kommt es darauf an, wie, wofür und wann Sie sie nutzen. Bitte gehen Sie davon aus, daß alles, was ich nachfolgend zusammengetragen habe, meine eigenen Erfahrungen sind und keinen Anspruch auf Richtigkeit oder Allgemeingültigkeit haben.

Die Psychologie geht davon aus, daß die Muster der Vergangenheit aufgelöst werden können, indem man sie auf ihren Ursprung in der Kindheit zurückführt und dabei analysiert. Man erkennt, welches Programm man wann »aufgelesen« hat und warum. Sehr zum Leidwesen vieler Psychologen werden in den meisten Fällen die Probleme eher mehr statt weniger. Der Patient reist mit einem »Problemkoffer« an und mit dreien ab. Man verirrt sich in einem Irrgarten, und außer vielen lateinischen Fachausdrücken für seine »Krankheiten« hat sich oft nichts Wesentliches verändert. Der Grund liegt darin, daß durch die Psychoanalyse das Problem lediglich restimuliert, aber nicht gelöst wurde. Mein Vater bemerkte einmal bissig, ein Psychoanalytiker sei jemand, der einem hilft, Probleme zu lösen, die man ohne ihn nie gehabt hätte. Das Verführerische der Psychoanalyse ist, daß man permanent auf »logische« Erklärungen für seine heutigen Verhaltensweisen stößt und neugierig, wie der Verstand einmal ist, dort weitersucht und die Sackgasse nicht erkennt. Ein Psychotherapeut sagte einmal zu mir: »Ja in Ihrem Fall empfehle ich eine Psychoanalyse – sie dauert zwei Jahre. Am besten lassen Sie sich von Ihrer Arbeit suspendieren. Ob es einen nennenswerten Erfolg bringen wird, kann ich allerdings auch nicht garantieren . . .« Die Psychoanalyse gilt inzwischen auch bei den meisten Psychologen als überholte und heillos veraltete »Verstandesakrobatik«. Jedoch darf nicht verkannt werden, daß viele Psychoanalytiker eine wertvolle »erste Hilfe« leisten, wenn sie dem Patienten gestatten, sich seinen Kummer von der Seele zu reden. Sehr bald sollten jedoch klare Strukturen angeboten werden, die den Patienten aus der Vergangenheit in die Gegenwart führen, ihm ermöglichen, sein heutiges Leben zu meistern, und so vermeiden, daß der Patient für die jetzige Gegenwart in naher Zukunft wieder eine neue Vergangenheitsanalyse benötigt.

Die Reinkarnationstherapie macht sogenannte »frühere Leben« bzw. »parallele Leben« für heutige Leiden verantwortlich. »Rückführungen in frühere Leben« können hilfreich sein, um das jetzige Leben in einem größeren Zusammenhang zu verstehen. Auf der anderen Seite besteht die Gefahr der Irritation und Fehlinterpretation. Wenn Sie sich für eine »Rückführung« entscheiden, sollten Sie einen Therapeuten auswählen, der Einfühlsamkeit, Gelassenheit und Liebe ausstrahlt!

Die Hypnose arbeitet mit positiven Suggestionen, die dem »Patienten« durch den Hypnotiseur gegeben werden. Dem Schüchternen wird suggeriert, er sei ein »toller Hecht« usw. Hier ergibt sich das Problem, daß die Informationen nicht aus dem Inneren erwachsen, sondern »aufgesetzt« werden. Die Energie des Hypnotiseurs vermischt sich mit dem eigenen Muster. Sehr häufig wird sie abgestoßen, wie bei einer Herztransplantation, weil der Kern des Übels, das Festhalten an einer Illusion des Mangels, nicht aufgelöst wird. Die Energie des Hypnotiseurs paßt nicht zur eigenen, und es entwickeln sich Verhaltensstrukturen wie bei jemandem, der weiße Turnschuhe zu einem dunkelblauen Nadelstreifenanzug trägt und dabei einen bayerischen Trachtenhut auf dem Kopf hat. Heutzutage wird Hypnose von vielen Fachleuten abgelehnt, weil sie empfänglich macht für Fremdbeeinflussung und das geistige Immunsystem des Patienten schwächen kann. Eine weitere Gefahr ist, daß der Patient in den Glauben versetzt wird, er bräuchte jemand anderen, um zu »überleben«, und so mehr oder weniger abhängig wird.

Autosuggestion und Affirmation bewahren die Unabhängigkeit, müssen aber von innen her bejaht werden, um eine Wirkung zu zeigen. Hier erweist sich insbesondere das wahllose Herunterbeten von »Allerweltsaffirmationen« wie »ich bin reich, vollkommen und gesund« als zu begrenzt, weil der Oberflächenverstand aus seinen Erfahrungen heraus weiß, daß diese Behauptungen nur »übergestülpt« und einfach nicht wahr sind. Auf der anderen Seite können maßgeschneiderte Affirmationen eine ausgezeichnete Hilfe sein. Hierzu ist es aber erforderlich, das Übel in der Wurzel zu erkennen und die Affirmation, aufbauend auf dieser Erkenntnis, gezielt zu formulieren. Früher war es unüblich, eine Verneinung in die Affirmation einzubauen, weil man wußte, daß das Unterbewußtsein kein »Nein« versteht. Heute gehen immer mehr geistige Lehrer dazu über, in die positiven Formulierungen Verneinungen einzubauen, z. B. folgendermaßen: »Ich bin heute erreichbar für einen Austausch mit empfangender Schönheit, ohne mich wieder mit dem Fokus von Pein zu vereinigen.« Der Hintergedanke von Verneinungen ist, daß die Verneinung ein Achtsamkeitsmoment auslöst und so die unerwünschte Verhaltensweise zum Auslöser für das neue Programm wird (in der Neurolinguistik wird diese Technik *pattern* genannt). Allgemein Affirmationen sind nur hilfreich, wenn man eine starke Resonanz auf sie spürt. »Allerweltsbejahungen« sind primitiv und nicht viel mehr wert als eine Aspirintablette. Nur Affirmationen mit »Aha-Erlebnis« schlagen wirklich ein. Man muß sich also die Mühe machen, hinter die Dinge zu schauen. Ein Profi hierfür ist Alfred Stielau-Pallas, dessen maßgeschneiderte Affirmations-Kassetten allerdings auch 500 DM kosten. Affirmationen sind nicht schädlich, leisten jedoch auch nur eine unterstützende Wirkung. Eine positive Ausnahme bieten die »Licht-

Kassetten« von Erni Wurzenberger, die auf einer »feinstofflichen« Ebene eine große Hilfe für jede suchende Seele darstellen.

Immer populärer wird es, sich beim Hören oder Lesen von Affirmationstexten das Unterbewußtsein als einen großen See vorzustellen, jede einzelne Affirmation auf einer großen Rutschbahn in diesen See zu leiten und in Wort, Bild und Gefühl so intensiv wie nur möglich zu erleben, wie sich durch diese Affirmation die Farbe und Konsistenz des Sees verändert. Diese Technik soll die Wirkungsweise von Affirmationen um ein Vielfaches steigern. Harald Wessbecher arbeitet ebenfalls mit dem See und der Rutschbahn. In seiner Kassette »Grenzenloses Selbst« ermuntert er den Hörer, alle alten Muster unwichtig werden zu lassen und als einzige neue Affirmation auf die Rutsche zu schicken: »Mein wahres Selbst ist unbegrenzt.« Obwohl es sich hier um eine sehr allgemeine Formulierung handelt, habe ich selbst die Wirkung als überraschend positiv erlebt. Möglicherweise liegt der Grund darin, daß unser Unterbewußtsein speziell diese Formulierung sofort als wahr und wirklich einstuft und verarbeitet. Alles in allem habe ich maßgeschneiderte (!) Affirmationen als hilfreiche flankierende Maßnahme erlebt, die jedoch alleine für einen »Durchbruch« nicht ausreichen.

Immer mehr in Mode kommen die »Subliminals«. Sie sind Suggestionen, die so in einen Musikteppich eingepackt werden, daß der Oberflächenverstand sie nicht mehr bewußt wahrnimmt, und sie ungefiltert auf die alten Programme treffen und sie »aushöhlen« können. Die Fachleute halten Subliminals durchaus für effektiv, allerdings sehen sie auch Nachteile: Einmal sind die Subliminals ebenfalls etwas »Aufgesetztes« und verführen dazu, einen »Souffleur« zu glorifizieren statt den »inneren Riesen«, der jedem Menschen innewohnt. Wir sind heutzutage süchtig nach äußerer Anerkennung, nach Leuten, die uns sagen, wie toll wir sind, letztendlich auch nach Leuten, denen wir die Verantwortung für unseren Erfolg zuschieben können – und genau das ist ja das Hauptproblem, das wir haben. Besser wäre es, *in sich* die Kraft zu suchen, statt dauernd auf gutes Zureden von anderen zu hoffen. Außerdem erhöht die Sensibilisierung auf Subliminals die Gefahr der nachteiligen Beeinflussung: Stellen Sie sich einmal vor, was passieren würde, wenn ein Industriezweig oder vielleicht sogar eine politische Partei im Fernsehen während einer Quizsendung unerkannt Subliminals zugunsten ihrer Produkte, ihrer Partei oder ggf. sogar »für den Krieg« einstreuen würde. Das hatten wir doch schon einmal . . . Darüber hinaus wird das Unterbewußtsein leicht der Stimme des »Souffleurs«, der ja immer so gute Dinge von sich gibt, »hörig«. Eine weitere Gefahrenquelle ist der Text, der, wenn er von Laien verfaßt wird, zu nicht erwünschten Ergebnissen führen kann.

Das EST-Training oder FORUM (Centers Network München) wird im Insider-Jargon auch »Non-Piss-Gruppe« genannt. In diesen Marathongruppen ist es über längere Zeit nicht gestattet, den Raum zu verlassen, nicht einmal zum Wasserlassen. Mir ist bis heute nicht klar, was »Erleuchtung« mit Druck auf der Blase zu tun hat, aber eines steht fest: Das Seminar ist im wahrsten Sinne des Wortes knüppelhart. Das Ganze erinnert ein wenig an die Tradition der alten ZEN-Meister. Trotz aller Härte habe ich positive Erfahrungen gemacht: Das Training hat mich spontan befähigt, in neue Dimensionen vorzustoßen. Es kann ideal für jemanden sein, der in einem wichtigen Projekt engagiert ist und dabei in irgendeinem Punkt klemmt. Spontane Lichtblicke, erstklassige Organisation, bestechende Klarheit und Durchbrüche am laufenden Band sprechen dafür, diesen Kurs als *Ergänzung* ins Repertoire aufzunehmen. Allerdings sollte der Sucher von Anfang an darauf achten, daß er dieses Training nicht zur Überbetonung der aktiven, männlichen Seite, zur Selbst-Vergewaltigung oder zur emotionalen Verhärtung mißbraucht. Fortschritt ist nur in Harmonie mit dem Leben möglich, und wenn die Seele und ihre empfängliche Seite vor lauter »Powern« zu kurz kommt, nützen alle Projekte nichts. Wer sich noch unsicher ist, ob er diesen Kurs besuchen soll, kann sich in dem Buch »Das EST-TRAINING« über den Trainingsablauf umfassend informieren.

Die sogenannte Dehypnotherapie geht richtigerweise davon aus, daß wir alle schon hypnotisiert sind – man versucht alte Programme z. B. durch Phantasie-Reisen aufzulösen. Diese Arbeit bezieht sich ausschließlich auf das Unterbewußtsein und reicht nicht aus, um in der Gegenwart »göttlich« zu leben. Trotz allem eine wertvolle Ergänzung, wobei ich in dem Zusammenhang die Phantasie-Reisen von Dr. Günter Bayer, Pestalozzistr. 40b, 8000 München 2, ganz besonders empfehlen kann.

NLP (Neurolinguistisches Programmieren) ist eine ausgefeilte Technik, die eine bessere Kommunikation mit dem eigenen und fremden Unterbewußtsein ermöglicht. Diese Technik ist sicherlich sinnvoll als Ergänzung, befaßt sich allerdings ausschließlich mit dem Unterbewußtsein.

Unter den Jüngern des Inders Bhagwan Shree Rajneesh sind die besten und zugleich preiswertesten Körpertherapeuten versammelt, die ich je kennengelernt habe. Wer seinen Körper, insbesondere seine Sexualität von Blockaden und aufgestauten Emotionen befreien will, ist bei den *Sanjassins* bestens aufgehoben. Nach den inneren Ekstasen und seelischen Befreiungen, die man bei den *Sanjassins* (so nennt Bhagwan seine Jünger) erleben kann, fühlt sich eine Rückkehr in den »harten Alltag« wie ein Holzhammerschlag an. Die Versuchung ist dann groß, sich von der »bösen materiellen Welt« abzuwenden, sich in eine Wohngemeinschaft zurückzuziehen und dort von Massagen und Gelegenheitsjobs zu leben. Wer dieser Versuchung widerstehen kann und das Experiment wagt, auf »beiden Beinen« zu stehen und beruflichen Ehrgeiz mit Intelligenz und Gelassenheit zu verbinden, für den sind die Einzelsitzungen und Meditationen bei den *Sanjassins* ein Segen. Ich selbst habe unendlich viel Zärtlichkeit, Liebe und Ekstasen bei den *Sanjassins* erfahren – und dafür bin ich dankbar.

Die Seminare des Münchner Heilpraktikers und Positivdenkers Erhard Freitag kombinieren positives Denken, Bhagwan-Techniken und Psychotherapie mit einem Schuß »Arica« auf recht bemerkenswerte Weise: Es wird gelacht, geschmust, geschrien und manchmal sogar gekotzt. Ein außergewöhnlich kraftvolles Seminar. Im Vordergrund steht mehr das Erleben von im wahrsten Sinne des Wortes »unvergeßlichen« Situationen als die Vermittlung von Theorien und konkreten Hilfen für den Alltag. Ich selbst bin *high* von einem Freitag-Seminar zurückgekehrt, muß allerdings gestehen, daß dieser Zustand nur wenige Stunden angehalten hat.

Die New Yorker Geistesschule »Arica« gehört zu den Vorläufern des New Age in Sachen »Kosmisches Bewußtsein«. Von »Meditation auf dem Mond« bis hin zur »Karma-Processing-Maschine« wird alles geboten. Als störend empfinde ich die sehr differenzierte und detaillierte Strukturierung jeder Übung, die aber bewußt gewollt ist. Ein hervorragendes Körperprogramm bietet die Kassette »Psychocalistenics«, die allerdings nur zusammen mit dem dazu käuflichen Poster dem Laien verständlich ist. Das Buch »Praxis spiritueller Selbstverwirklichung« von John Isaacs, erschienen im Bauer Verlag, bietet dem Laien einen umfassenden Einblick in die Arbeit dieser Geistesschule. Empfehlenswert für spirituelle Sucher, die Freude an stark strukturierten Übungen haben. Wer allerdings konkrete Hilfe sucht, um seinen Alltag zu meistern, dem wird das Gebotene »zu hoch« sein.

Ein Segen für jeden, der nach Lösungen für seine Alltagsprobleme sucht, sind die in Vortragsform gehaltenen Seminare von Professor Kurt Tepperwein. Kurt Tepperwein bietet konkrete und lebensnahe Hilfe, Probleme zu lösen, Wünsche zu erfüllen und Ziele zu erreichen. Hier wird die klare Praxishilfe geboten, die man braucht, um im Alltag »seinen Mann zu stehen«. Der Besuch eines Tepperwein-Seminars kann einem Sucher Jahre der Verzweiflung und des unnötigen Leides ersparen. Allerdings sollte man auch die Erkenntnisse eines Professor Tepperwein nicht als »der Weisheit letzten Schluß« ansehen, sondern vielmehr als Sprungbrett, um davon ausgehend tiefer einzutauchen und die *eigene* Wahrheit zu erforschen.

Ein Geschenk für die Seele sind die Seminare der Mystikerin Erni Wurzenberger (Letting 29, 5760 Saalfelden). Hier wird weniger Wissen und Verstandes-Weisheit als mehr Einsicht, Herzenswärme und Gotteserkenntnis vermittelt. Wer ein offenes Herz und tiefen inneren Frieden sucht, ist dort bestens aufgehoben.

»Bewußtheit durch Bewegung« lautet das Motto von Moshe Feldenkrais. Verblüffend einfache Übungen benutzen auf spielerische Art und Weise die Körperintelligenz, um dem Körper Heilung, Kraft und Energie zu schenken. Spielerischer als Yoga, lustiger als Stretching – eine lustvolle und äußerst effektive Körpermeditation.

Inzwischen ist Hatha-Yoga schon in Manager-Etagen populär.

Ich persönlich habe die Erfahrung gemacht, daß Hatha-Yoga hilft, auch dann zu entspannen und abzuschalten, wenn alle stillen Meditationsmethoden versagen – und zwar besser als Nikotin, Alkohol, Essen und Fernsehen zusammen. Sehr gut für Einsteiger!

Ausgezeichnete Erfahrungen habe ich mit Bach-Blüten, die durch die Seele heilen, gemacht. Die Bach-Blütentherapie geht davon aus, daß jeder Energiezustand eines Menschen auch in der Natur zu finden ist, und verordnet ganz bestimmte Blütenessenzen, um ganz bestimmte Seelenzustände zu heilen. Beispielsweise würde man einem verhärteten, vertrockneten »Kämpfer« die Blüte »Eiche« empfehlen. Ich selbst habe die Erfahrung gemacht, daß nach Einnahme der Bach-Blüten in den ersten Tagen das Symptom (wie bei einer Impfung) um so deutlicher an die Oberfläche tritt, dabei vom Unterbewußtsein entlarvt wird und verschwindet. Der Heilpraktiker Georg Solbach, Rankestr. 5, 8000 München 40, ist für seine besonders präzisen Diagnosen bekannt. Er mißt anhand der Pulsreaktion, welche Blüte gerade »fällig« ist und gibt seinen Patienten die »Bach-Blütenkombination des Monats« mit, die 30 Tage lang in Form von wohlschmeckenden Tropfen eingenommen wird. Ich selbst benutze Bach-Blüten seit vielen Jahren und habe wesentliche und entscheidende Fortschritte auf Grund dieser Methode erfahren, wobei es hierbei vorwiegend darum geht, Muster »auszuschwitzen«.

Eine gute »erste Hilfe« bieten sowohl die Akupunktur als auch die Fußreflexzonenmassage. Für einen Dauererfolg ist es allerdings notwendig, eventuelle innere Widerstände gegen eine positive Verhaltensänderung aufzugeben. Nichtsdestotrotz: eine gute flankierende Maßnahme, insbesondere bei körperlichen Leiden.

Während die klassische Massage dem Körper nur Entspannung und Wohlbehagen bieten soll, hat man inzwischen feinere Methoden entdeckt, die dem Körper die verlorene Vitalität, Kraft und Lebendigkeit zurückgeben können. In München verfügt die Heilpraktikerin Vasana Sprengler, Rankestr. 5, 8000 München 40, über eine umfassende medizinische Massage-Ausbildung und ist eine wahre Künstlerin darin, die Körper ihrer Kunden von den Blockaden und Verspannungen des Alltags zu befreien. Auch bei der Massage ist die ernsthafte Bereitschaft und innere Offenheit für neue Möglichkeiten zwingend erforderlich für eine dauerhafte Änderung.

Wer unter Rückenschmerzen leidet, ist bei Divo Helche Weber, Schraudolphstr. 10, 8000 München 40, bestens aufgehoben. Die Schriftstellerin und Heilpraktikerin hat aufbauend auf jahrtausendealten fernöstlichen Erkenntnissen die sogenannte »Alta-Major-Therapie« entwickelt, die auch dem geplagtesten Patienten helfen kann. Ich selbst habe in einem ihrer Seminare erlebt, daß eine achtzigjährige, behinderte Dame ihren Stock weggeschmissen und mit uns getanzt hat. Die »Alta-Major-Therapie« bietet wesentlich mehr als »nur« die Befreiung von Rückenschmerzen: Eine völlig neue, im wahrsten Sinne des Wortes »aufrichtige« und kraftvolle Lebenseinstellung. Empfehlenswert!

Nicht erst seit der Wiederentdeckung des »Reiki« wissen wir, daß in unseren Händen eine ungeheure Kraft liegt. Nicht umsonst halten die Mütter ihren Kindern bei Bauchschmerzen die Hände auf den Bauch. Schädlich ist »Reiki« auf keinen Fall, ich selbst habe es als sehr heilsam erlebt. »Reiki« arbeitet mit der Kraft des Segnens und auch mit ganz bestimmten Symbolen. Obwohl ich selbst den 2. Grad im »Reiki« besitze, kann ich zum gegenwärtigen Zeitpunkt mangels Erfahrung noch nicht sagen, inwieweit die »Reiki«-Einweihungen die Kraft der Hände, die Kraft des Segnens und die eigenen Entwicklungsmöglichkeiten verstärken. Mir erscheint es vor allem als wichtig, daß ich mich beim »Reiki« der Schöpfung als reiner Kanal zur Verfügung stelle und jede eigene Absicht, etwas bewirken zu wollen, aufgebe.

Die »Metamorphose« geht davon aus, daß alte Verhaltensmuster, Energieblockaden und genetische Prägungen in ganz bestimmten Körperstellen verankert sind. Wie Robert St. John in seinem Buch »Metamorphose, die pränatale Therapie« umfassend darstellt, werden durch sanfte Berührungen an bisher geheimen Stellen der Füße, der Hände oder des Kopfes alte Verhaltensmuster, Energieblockaden und genetische Prägungen abgestoßen. Ich hielt diese Arbeit erst für einen dummen Scherz, habe mich dann aber aus lauter Neugier selbst behandeln lassen und bin seitdem von dieser Arbeit begeistert. Gerade bei der »Metamorphose« ist die Bereitschaft des Kunden, seinen alten Ballast loszulassen, das A und O des Erfolges.

Als »Insidertip« gilt die »Aromatherapie«. Blütenessenzen erfüllen als Übermittler kosmischer Informationen bei der Pflanze ähnliche Steuerfunktionen wie das Nerven- und Drüsensystem beim Menschen. Aromatherapeuten sagen: »Über den Duft erhält die Seele heilende kosmische Informationen.« Alle alten Hochkulturen haben mit Düften gearbeitet. Wie wär's, wenn Sie Ihre Freunde an Ihre »Duftbar« zu einer »Duftprobe« – statt Weinprobe – einladen? Es ist billiger und gesünder! Vergessen Sie unliebsame Gewohnheiten, indem Sie riechen statt rauchen und schnuppern statt futtern. Es soll Gurus geben, die sich ausschließlich von Düften ernähren. Trainieren Sie Ihren verkümmerten Geruchssinn, indem Sie beim Riechen den Duft in Wort, Bild und Gefühl umsetzen und seine Wirkung auf Körperteile und Stimmung beobachten. Ihre spezielle Essenz ermittelt Georg Solbach, Rankestr. 5, 8 München 40. Duft-Informations-Abende bietet Ulrike Schäfer, Nymphenburger Straße 69, 8 München 2. Als Einsteiger-Buch gilt »Verzauberte Düfte« von Monika Jünemann.

Die Aromatherapeuten haben folgende Duftwirkungen herausgefunden:

Mond	*Hingabe, Kreativität, Phantasie*
Ylang-Ylang	süßlich-blumig, Aphrodisiaka, Gefühlsbalance, Geborgenheit, Vertrauen, macht »weit«
Zimt	samtig-warm, mentale Visionen, Wärme, Erotik
Nelke	Blockaden, Desinfektion, Loslassen, Schmerzen
Merkur	*Kommunikation, Kombination, Tempo, Organisation*
Eisenkraut	zitronig-frisch, Klarheit, mentale Prozesse
Lavendel	Entspannung, Ordnung, Sauberkeit
Bohnenkraut	lederartig-streng, entspannend-aktivierend
Pfefferminz	öffnet Atemwege (Nase), reaktiviert Interesse
Majoran	Abschalten, Ausscheiden, Anti-Aphrodisiaka
Venus	*Harmonie, Liebe, Zufriedenheit*
Rose	verführerisch, »höherer« Sex, Sinnlichkeit
Sandelholz	lieblich-orientalisch, beglückend, Künstler, Sex
Muskatellersalbei	süßlich-frisch, »high«, neugierig, zärtlich
Geranium	zitronig-rosig, Harmonie in öffentlichen Verhandlungen
Ingwer	Ästhetik und Geschmacksfindung
Sonne	*Lebenslust, Licht, Liebe*
Bergamott	zitronig-warm, Selbstbewußtsein, Zielfindung
Neroli	erfrischend-süß, Antidepressiva, Genießen,
Patschouli	Flower Power, Tabus, sexuelle Verschmelzung

122

Mandarine	den Alltag meistern
Mars	*Mut, Tapferkeit, Klarheit im Handeln*
Rosmarin	anregend Galle, Leber, Magen, Niere, Unlust, Baden
Oregano	dumpf-scharf, Aufladung nach Kraftakt
Salbei	herb-frisch, Stimme mit Seele füllen
Thymian	herb-würzig, Willen manifestieren
Jupiter	*Sinn des Lebens, weg vom Detail*
Wacholder	herb-würzig, trocknet Wehmut und Emotionen aus
Vetiver	herb-holzig, Versuchungen, treu zu Idealen
Jasmin	blumig-feminin, leicht und unbeschwert schwelgen
Saturn	*Kunst des Verzichtens, Ethik, Moral*
Weihrauch	Askese, Geistanregung, Triebunterdrückung
Eukalyptus	frisch, atemaktivierend
Cajeput	eukalyptusähnlich, Kontakt zu Bewährtem, Sicherem

Wenn Sie einen »guten Riecher« entwickeln, »riechen« Sie plötzlich brenzlige Situationen, günstige Gelegenheiten oder richtige Entscheidungen. Seit Jahrtausenden suchen Tantriker ihre Intimpartner nach dem Duft aus – mit geschlossenen Augen! Sie sagen: Wen man nicht »riechen« kann, dessen Gedanken, Emotionen und Energiefeld mag man nicht. Das Auge trügt, aber der Duft sagt die Wahrheit!

Ein Therapeuten-Tip zur Reinigung der Aura: Nehmen Sie ein 30minütiges Essigbad (1 Flasche Apfelessig auf 1 Badewanne Wasser), hören Sie die Kassette »Breaking Up Etheric Crystallizations With Sound« und stellen Sie sich dabei vor, wie Sie von Schlackeablagerungen gereinigt werden.

Der Karlsruher Martin Hoffmann, der selbst aussieht wie ein Engel, leitet »Engelseminare«. Er sagt: »Als Kinder gingen wir davon aus, daß jeder von uns einen Schutzengel hat. Heute sagen wir nur noch: »Schwein gehabt«. Vielleicht gibt es die Macht der Engel wirklich? Sagen Sie beim Duschen: »Engel der Wasser, reinigt mich«, an der frischen Luft: »Engel der Lüfte, klärt mich«, lassen Sie sich von den Engeln umarmen und leben Sie »probehalber« so, als gäbe es um Sie herum ein Engelreich, das Ihnen liebevoll zur Seite steht. Egal, ob es stimmt oder nicht – genießen Sie es! Eine ideale Einstimmung bietet die Kassette »Kommunion mit den Engeln« von Erni Wurzenberger.

Mein grundsätzlicher Tip: Hüten Sie sich davor, sich als »Patient« zu fühlen. Sie kommen aus dem »Therapietrip« nie mehr heraus! Sobald Sie ein Problem »therapiert« haben, sind zehn neue da. Wenn Sie aus einer Haltung von »therapiebedürftig« die Sache angehen und quasi als »Patient« einsteigen, wird diese Identität überleben – Sie werden ein lebenslanger Patient werden –, und das haben Sie wirklich nicht nötig. Wenn Sie einmal begonnen haben, sich zu »therapieren«, könnten Sie leichter einer tausendköpfigen Schlange den Kopf abschlagen als da wieder heil herauskommen.

Ich selbst bin nicht das Orakel von Delphi, und alles, was ich hier beschrieben habe, ist meine eigene Erfahrung. Bilden Sie sich eine eigene Meinung! Vorübergehend kann jeder der o. a. Wege hilfreich sein, aber irgendwann einmal sind Sie aufgerufen, sich zu fragen: Wer bin ich wirklich? Brauche ich das alles? Habe ich eine Chance, ohne lebenslange »Therapie« glücklich zu sein?

In dem Zusammenhang möchte ich noch vor den wie Pilze aus dem Boden schießenden Sekten und ihren selbsternannten Gurus warnen. Seien Sie vorsichtig. Ich selbst habe mit oben nicht erwähnten Therapien die Erfahrung gemacht, daß es durchaus möglich ist, daß eine Sekte hervorragende spirituelle oder psychische Techniken anwendet, sie aber zur Manipulation mißbraucht. Profitieren Sie ruhig von den guten und darüberhinaus preiswerten Techniken, aber seien Sie wach: Sobald Sie sich manipuliert oder genötigt fühlen, sollten Sie schleunigst das Weite suchen. Es kann sein, daß so mancher geschäftsfreudige Guru mit sich selbst Probleme hat, sich aber nicht scheut, für seine Geschäftemacherei die Bibel oder andere heilige Schriften heranzuziehen und daß letztendlich die Sekte nichts anderes ist als ein privates »Seelenfänger-Institut«. Die Gefahr ist groß, daß die Sehnsucht des Menschen nach »Höherem«, seine psychische Not, innere Einsamkeit oder momentane Verzweiflung mißbraucht werden. Deshalb: Achten Sie darauf, wem Sie vertrauen. Schauen Sie sich die »Jünger« genau an. »An Ihren Früchten sollt ihr sie erkennen« – heißt es schon in der Bibel. Der Himmel soll auf die Erde gebracht werden. Deshalb findet das »neue Zeitalter« nur *innerhalb* der zivilisierten Gesellschaft statt – oder gar nicht! Spirituelle Methoden und Disziplinen, die den Sucher letztendlich nicht befähigen, innerhalb der Gesellschaft souveräner, gelassener und leistungsstärker den Alltag zu meistern, sind reine Zeitverschwendung und überdies gefährliche Abwege.

124

Gleichnis 4:

Psychoanalyse

Die einzige Methode, schwerere psychische Störungen wirksam aus dem Weg zu räumen, ist, wie bereits angesprochen, die Psychoanalyse. Dazu ein Praxisbeispiel: A., ein junger Möbelschreiner aus Nürnberg, kam mit einem Schnupfen zu mir in die Sprechstunde. An seiner ganzen Art, wie er seinen Schnupfen isoliert betrachtete, spürte ich sofort, daß die Krankheit symptomatischen Ursprungs war. Ich forderte A. auf, aus seinem Leben zu erzählen. A. war zunächst verwirrt, berichtete dann aber, er sei von robuster Gesundheit, selten krank, außer eben diesem Schnupfen, den er jeden Winter einmal habe. Dabei gehöre er zu den vorsichtigen Menschen, ziehe sich warm an und setze sich, wenn er auf fremde Toiletten müsse, nie auf die WC-Brille.

Die seelische Störung war hier für den Fachmann bereits deutlich erkennbar, ich mußte nur noch etwas in die Vergangenheit vordringen. A. meinte, er hätte eine glückliche Kindheit verlebt, problemlose Geburt, eine liebe Mutter, die ihm abends immer Geschichten vorlas. Pinocchio habe er am liebsten gehabt. Wer seine Mutter denn entbunden habe, wollte ich wissen. Dort lag der Schlüssel zum Geheimnis. A. mußte zu Hause nachfragen, teilte bei seinem zweiten Besuch aber mit, es habe sich um den bekannten Gynäkologen Prof. Eduard Kübler gehandelt. Eduard Kübler, ein alter Studienkollege von mir – mit einer besonders hervorstechenden Nase. Nun war der Knoten entwirrt.

Die unübersehbar markante Nase war das erste, was A. bei seiner Geburt erblickte. Da er sich in der oralen Phase befand, mußte es sein verständlicher Wunsch sein, diese Nase in den Mund zu nehmen. Das Unvermögen, dies zu tun, führte bei A. dann zu einer Störung des Urvertrauens, die Nase wurde später zum Gegenstand sexueller Projektion. Später, als seine Mutter ihm Geschichten vorlas, setzte sie sich immer eine Brille auf. Die Brille, die die mütterliche Nase gleichsam besitzen konnte, ein Trauma für jeden anal-zentrierten Buben im 4. Lebensjahr. Verständlich, daß A. sich heute auf keine WC-Brille, dieses Sinnbild der Rivalität, setzt und sich besonders warm anzieht, um die ungemeisterte Konfliktsituation der Bettdecke unbewußt wieder herbeizuführen. Daß die Mutter in diesen für den Buben sicherlich schrecklichen Momenten ausgerechnet Pinocchio vorlas, konnte der infantilen Neurose nur förderlich sein und hat die Berufswahl A.'s sicher maßgeblich mitbestimmt. Daß seine Nase nun im Erwachsenenstadium sich mit Schnupfen bemerkbar macht, ist als Verdrängungsmechanismus des normativen Über-Ichs, das A.'s Nasophilie gesellschaftlich nicht dulden kann, von der psychodynamischen Seite her nur folgerichtig. So hatten wir A.'s Problem im Gespräch gelöst. Um dem Übel auf die Wurzel zu kommen, setzten wir pro Tag eine Sitzung à 2 Stunden an, und der Erfolg gab uns recht: Nach 14 Tagen war A.'s Schnupfen verschwunden.

Astrologie – was kann sie tun, und wo ist sie schädlich?

Die Astrologie geht davon aus, daß wir in einer allumfassenden Ordnung leben, in der es kein Zufall ist, daß ganz bestimmte Menschen zu einer ganz bestimmten Zeit auf die Welt kommen. Wir alle können uns vorstellen, daß Wein, der zur gleichen Zeit am gleichen Platz angebaut wird, einen ähnlichen Geschmack besitzt und daß derjenige, der im Hochsommer das Licht der Welt erblickt, andere Prägungen erlebt, als derjenige, der im tiefsten Winter geboren wird. Natürlich hat Astrologie nichts zu tun mit der astrologischen »Wettervorhersage«, die in der Witzecke unserer Illustrierten erscheint. Eine ernstzunehmende astrologische Analyse nutzt das äußerst umfassende und diffizile Sternenbild bei der Geburt als Zeigerstellung einer »Kosmischen Uhr«. Astrologie empfindet sich als empirische Wissenschaft, die ihre Erkenntnisse aus jahrtausendelanger Beobachtung ableitet. Ich selbst habe gemischte Erfahrungen mit der Astrologie gemacht. Immer wieder habe ich erlebt, daß Menschen die Naivität und Leichtgläubigkeit der anderen ausgenutzt haben, um sie zu benutzen, Macht auszuüben oder zumindest eigene Probleme auf sie zu manipulieren. Sobald der Astrologe in irgendeiner Form fanatisch, dogmatisch, bewertend oder negativ reagiert, sollten Sie sofort den Kontakt abbrechen und das Weite suchen. Ein guter Astrologe wird sich auch davor hüten, aus dem Geburtshoroskop irgendwelche Vorhersagen, Konzepte oder Strategien abzuleiten. Immerhin kann das Horoskopbild günstigstenfalls darstellen, woher der Wind weht – wie Sie die Segel setzen, bestimmen Sie immer noch selbst. Die Astrologie ist für mich eine anerkannte Wissenschaft, die jedoch die große Gefahr der Fixierung bietet und uns möglicherweise hindern kann, die »Göttlichkeit« des Augenblickes zu erfahren. Trotz aller Gefahren kann es für den Sucher interessant sein, einmal das Sternenbild der Geburt zu nutzen, um Fähigkeiten zu entdecken, an die man vorher noch gar nie gedacht hat. Für mich gibt es nur eine Frage, mit der man zu einem Astrologen gehen sollte: »Wer bin ich wirklich?« Wie der spirituelle Meister Sri Chinmoy in einem Interview im März 1981 ausführte, können Sie die Astrologie komplett vergessen, wenn Sie in die innere Welt eintreten und in tiefer Verbundenheit mit Gott stehen. Ich selbst habe eine astrologische Grundausbildung, benutze diese Kenntnisse aber nur in Ausnahmefällen und dann nur sehr vorsichtig als Ergänzung. Ich kenne nur wenige Astrologen, welchen ich beruhigt meine Freunde anvertrauen würde. Persönlich habe ich zahlreiche Astrologen konsultiert, und die besten Erfahrungen habe ich mit Ursula Faßbender, Neufeldstr. 11, 8037 Olching, Autorin des Buches »Intuitive Astrologie« gemacht. Sie versteht sich auf das »Lied der Sterne«!

»Channeling« – was ist denn das?

Channeling (Kanalisieren) geht davon aus, daß es in einer höheren Dimension Wesen gibt, die es sich zur Aufgabe gemacht haben, der Menschheit in dieser heutigen, wichtigen Entwicklungsphase zu helfen, und daß es die Möglichkeit gibt, mit diesen Wesen Kontakt aufzunehmen und sich von ihnen Energie, Ratschläge oder anderweitige Hilfe zukommen zu lassen.

Ich selbst bin äußerst skeptisch zu den ersten »Sitzungen« von sogenannten *Channel*-Medien gegangen. Der Begriff *Channeling* erinnerte mich an das Bild von der alten Zigeunerin im Zirkuszelt, die mit tiefem Blick in die Kristallkugel irgendwelche Beschwörungen auf ihre Kunden herabmurmelt. Die Gefahr des Machtmißbrauchs von falschen *Channels* und der Abhängigkeit waren weitere Punkte meiner Skepsis.

Erstaunlicherweise hatte ich mit den *Channels* (Kanälen) der »Tibetanischen Foundation«, insbesondere mit Janet McClure, die als erste Adresse auf diesem Gebiet gilt, erstaunlich gute Erfahrungen gemacht. Die angebotenen Informationen waren in keiner Weise manipulativ oder bewertend, sondern eher sanfte, liebevolle und hilfreiche Anregungen, die meiner Bewußtseinserweiterung dienten. Inzwischen habe ich selbst eine Ausbildung zum *Channel* mit Zertifikat abgeschlossen.

Beim *Channeling* erweiter der *Channel* seine Kommunikationsebene, um eine neue Dimension, ähnlich wie es die Menschen tun, die eine Fremdsprache, die Sprache der Tiere oder die Sprache der Lebensumstände lernen. Es ist, als wenn Sie sich entscheiden »oben« aufzumachen, quasi das Dach aufzuklappen und »Cabriolet« zu fahren.

128

Wahres *Channeling* bedeutet anzuerkennen, daß es eine andere Dimension gibt, die bereit ist, uns zu helfen, mit dieser Ebene zu kommunizieren und diese Hilfe anzunehmen. Es gibt erstklassige Profis, die »Jung-*Channels*« mit Hilfe von tiefen Klärungs- und Einweisungsprozessen vorbereiten. Es ist davon abzuraten, im Selbstversuch ohne entsprechende Ausbildung zu *channeln*.

Channeln läßt sich in erster Linie das eigene höhere Selbst, aber auch ein anderes höheres Wesen. Die letztere Möglichkeit wird benutzt, wenn ein »Spezialist« für eine spezielle Problemlösung benötigt wird. Jeder Musiker, jeder Maler, jeder gute Redner *channelt* – ohne es zu wissen. Zu den bekanntesten *gechannelten* Geistlehrern gehören Sanat Kumara (Rhea Powers), Vyvamus (Janet McClure), Lendus (Janet McClure) und Djwhal Khul (George Goulding), wobei die Namen in den Klammern *Channels* angeben.

Nachfolgend einige Anregungen für den Umgang mit *Channels*:
1. Lernen Sie, *Channels* von »Spiritisten« zu unterscheiden. Spiritisten sind Menschen, die Kontakt mit sogenannten »erdgebundenen Astralwesen« aufnehmen und durch Tischerücken und Jenseitskontakte meines Erachtens für unnötigen und gefährlichen Spuk sorgen. Wer philosophische Weisheiten erwartet, ist bei Spiritisten fehl am Platz. Warum? Nun, der Großvater hat ja schon zu Lebzeiten so viel Unsinn geredet – glauben Sie etwa, daß er im Jenseits klüger geworden ist?
2. *Channel* ist nicht gleich *Channels*. Es gibt *Channels*, die bekannt dafür sind, daß sie klar sind, d. h. sich privater Interpretationen und Verfälschungen enthalten. Nähere Informationen hierzu könnte Ihnen z. B. Elfi Amann, Peralohstr. 64, 8000 München 83, bieten.
3. Erwarten Sie nicht das »Orakel von Delphi«. Es ist nicht angemessen, einen *Channel* zu fragen, welche Lottozahlen Sie tippen sollen. Genauso, wie Krishna, Buddha, Laotse und Jesus sich alle unterschiedlich ausgedrückt haben, gibt es viele Arten, die Wahrheit zu betrachten. Wenn sich die Philosophien der einzelnen »*gechannelten*« Wesen scheinbar widersprechen, so kann dies einfach daran liegen, daß jeder auf seine Art und Weise recht hat. Sie können es so sehen, daß jeder Geistlehrer ein anderes Werkzeug der Menschheit zur Verfügung stellt, der eine einen Schraubenzieher, der andere einen Hammer – und kein Werkzeug ist besser oder schlechter.

130

4. Wenn Sie einen *Channel* konsultieren, so sollten Sie seine Antwort nur als Untersuchungsobjekt ansehen und innerlich fühlen, ob Sie mit der Information etwas anfangen können. Die Aufgabe eines *Channels* kann nur sein, »blinde Flecke« anzuschneiden. Sehen Sie die Auskunft eines *Channels* deshalb nur als Idee, einen Aspekt zu beleuchten, den Sie vorher vielleicht noch nie angeschaut haben, so wie die Möglichkeit zu einer »Untersuchung«.

5. Sobald der *Channel* in irgendeiner Form manipulativ, dogmatisch oder bewertend wird, sollten Sie den Kontakt abbrechen. Dieses Wesen ist dann kein reiner *Channel*.

6. Bewahren Sie Ihre Eigenverantwortlichkeit. Menschen, die die Verantwortung für die eigene Suche abgeben wollen, sind nicht geeignet, zu einem *Channel* zu gehen.

7. *Channel* können eine wertvolle Bereicherung in Punkten bieten, wo man sich selbst im Wege steht und deshalb selbst keine Botschaften aus einer höheren Ebene empfangen kann. Ein *Channel* kann und soll einem nicht die eigene Arbeit ersparen – vielmehr ist es seine Aufgabe, den anderen »aufzuwecken«, ihm Mut zu machen und ihn zur Arbeit an sich selbst, zur Eigenverantwortlichkeit anzuregen. *Channeling* hat nichts zu tun mit Zirkus-Wahrsagerei, Jahrmarkts-Kartenlesen, Kaffeesatzlesen, Geisterbeschwörung, Kontakten mit Verstorbenen oder ähnlichem Hokuspokus. Da es auch bei *Channels* schwarze Schafe geben kann, empfehle ich, die angebotenen Informationen bewußt zu prüfen. Es ist nicht immer gesagt, daß das *gechannelte* Wesen Ihnen an Weisheit und Erkenntnis überlegen ist. Sie sind göttlich, vergessen Sie das nicht! Vertrauen können Sie letztendlich nur Gott in Ihnen, Gott im anderen, Gott im Leben, nicht aber Ihrem Oberflächenverstand, den anderen Menschen und nicht einem *Channel*. Auch sie können irren! Fühlen Sie deshalb, ob es innerlich »ja« sagt. Sie können *Channel* als Hilfe nutzen, aber: Entscheiden Sie sich selbst und bewahren Sie sich Ihre Eigenverantwortlichkeit. Ich selbst halte die Konsultation eines *Channels* für sinnvoll, wenn man in einem entscheidenden Punkt »feststeckt« und auch nach intensivster Meditation nicht auf die Lösung kommt. Grundsätzlich sollte aber die

Arbeit darauf ausgerichtet werden, Kontakt zum *eigenen* inneren Meister herzustellen und selbst ein Kanal für Gott zu werden und in Kontakt mit dem Universum zu stehen.

Ändern Sie Ihre Muster nicht – wachsen Sie über sie hinaus

Jede Therapie, jede Arbeit, die sich vorrangig mit Verhaltensmustern, Leid oder Krankheit beschäftigt, muß scheitern. Warum? Weil Sie immer, wenn Sie sich mit einem Mangel beschäftigen, diesem Mangel noch zusätzlich Energie geben. Getreu dem Grundsatz »Alles, was du ablehnst, wird dir aufgezwungen«, kommt der »Makel« an anderer Stelle wieder zum Vorschein. Es ist inzwischen allgemein anerkannt: Symptombekämpfung ist nichts anderes als Symptomverschiebung: Die Gallensteine sind weg – aber jetzt geht die Sache »auf die Nieren« – nach dem Dampfdruckprinzip sucht sich das Symptom immer das schwächste Glied. Seien Sie vorsichtig, wenn Ihnen Leute einreden, Sie würden die »Ursache« behandeln. Was diese Leute als »Ursache« bezeichnen, ist nämlich in Wahrheit wiederum nichts anderes als die Wirkung einer noch früheren Ursache. Die eigentliche Ursache liegt nämlich ganz woanders: Ihr Unterbewußtsein ist immer »von gestern«. Das Unterbewußtsein ist von seiner Funktion her immer vergleichend. Es vergleicht die heutige Erfahrung mit früher, aber jeder Vergleich hinkt irgendwo, denn jeder Augenblick ist neu und spannend, einfach einzigartig. Vergleiche führen so häufig zu Leid: Entweder war es früher besser, dann leide ich über das Heute, oder es war früher schlechter, dann bedaure ich das Gestern. Das vergleichende Unterbewußtsein ist nicht in der Lage, die Gunst der Stunde voll auszuschöpfen.

Das macht nichts, wenn es sich um Vorgänge handelt, die festen Gesetzmäßigkeiten unterliegen wie Verdauung, Stuhlgang oder Schlafregelung. Es ist nicht weiter aufgefallen in der Neanderthalerzeit. Heute erkennen wir: Es ist nicht möglich, allein aus dem Unterbewußtsein heraus wirklich intelligent zu leben. Ihr Unterbewußtsein allein ist nicht in der Lage, Ihnen einen »Urlaub für immer« zu bieten, weil die Gefühle, die es produziert auf Assoziationen von Außenreizen beruhen, und die sind halt manchmal erfreulich und manchmal unerfreulich. Bisher war die Menschheit abhängig von Außenreizen, und ihr einziges Streben richtete sich nach Stimulantien, die positive Resonanz hervorriefen. Die Fähigkeit des Unterbewußtseins, lustvolle und leidvolle Erfahrungen zu speichern und bei Restimulation wieder hervorzubringen, reicht für die heutige Zeit nicht mehr aus.

Ich will nicht sagen, daß wir Erfahrungen aus dem Weg gehen sollen. Ich will nicht sagen, daß die in den letzten Kapiteln beschriebenen Erfahrungen überflüssig sind. Mir geht es vielmehr darum, Ihnen einen sicheren Hort anzubieten, von dem aus Sie gelassen in JEDE Erfahrung gehen können. Mir geht es darum, Ihnen – bildhaft gesprochen – eine Taschenlampe zu geben, mit deren Hilfe Sie sich in den tiefsten Keller trauen können. Ich möchte Sie davon abhalten, ohne Taschenlampe in den Keller zu gehen, denn es kann sein, daß Sie nie mehr »ans Tageslicht« zurückfinden. Ich möchte Sie einladen zu einem Pfad, der Sie kraftvoll und sicher zur Lösung führt. Die Zeit ist reif für einen neuen Weg. Es gibt diesen neuen Weg, diesen sonnenerleuchteten Pfad. Sie sind nicht gezwungen, wie ein »außenreizgesteuerter Hampelmann« sich hilflos auf Außenreiz-Reaktionen und Therapien zu beschränken!

Die Hirnforschung ging bis vor kurzem nach dem Darwinschen Prinzip davon aus, daß der Mensch nichts anderes sei, als ein Mechanismus von Außenreiz-Reaktion. Sensationell war daraufhin die Entdeckung des Gehirnforschers Karl Pribram und seines Mitarbeiters Nico Spinelli, daß das Bewußtsein nicht nur passiv auf Außenreize reagiert, sondern in der Lage ist, die Außenreiz-Wahrnehmung vom ersten Wahrnehmungsmoment an aktiv mitzuformen. Die Forschungen von Pribram und Spinelli zeigen, daß, wenn eine ganz bestimmte Aufgabe zu lösen ist, sogenannte »höhere Gehirnfunktionen« des Großhirns der »Interpretationsstelle« Informationen zusenden, so daß der eingehende Außenreiz nicht oder nur teilweise aufgrund von vergangenen Erfahrungen interpretiert wird, sondern aufgrund von Codierungen durch die höheren Gehirnfunktionen. Es ist also möglich, das, was wir wahrnehmen, aktiv und bewußt »auszufiltern«, also Ursache unserer Wahrnehmung zu sein.

Bringen Sie Ihre Seele zum Erwachen

Sie haben die Wahl, sich zu stimulieren, womit Sie wollen. Man könnte sagen, in jedem Augenblick haben Sie die Wahl, aufgrund von alten Mustern oder »göttlich« zu handeln – sobald Ihre Motivation auf Gier, Angst oder »haben wollen« beruht, sind alle alten Muster am Werk, denn alle Muster sind »Mangelprogramme«, eine Art von »Notstromaggregaten«, die nur dann auf den Plan treten, wenn Sie Mangel »ansagen«. Sobald Sie Ihr Handeln durch Liebe, durch IHN steuern lassen, haben Sie die Antenne in der Steckdose und die Nostromaggregate werden überflüssig. Es ist wie eine Einwegschaltung – entweder Ihr Handeln ist durch Liebe bestimmt, dann sind alle Muster fort – oder Ihre Handlung ist durch Mangel bestimmt, dann ist alle Liebe fort, und alle Muster sind wieder da. Es liegt in Ihrer Wahl, regelmäßig »Gott« zu stimulieren statt Ihrer Muster. Der Wegweiser zu Gott ist die Seele. Sri Chinmoy sagt: »Die Seele ist der Botschafter Gottes auf Erden.« Das Motto heißt also nicht: »Muster löse dich«, sondern: »Seele erwache und führe mich zu Gott.«

Ein großes Geschenk für diesen Planeten sind deshalb Ascentia und George Goulding. Ascentia ist nicht nur die amüsanteste und geschickteste Stimm- und Gesangslehrerin, die ich kenne, sondern auch ein hervorragender »Musik-Kanal«. Sie singt für den spirituellen Sucher auf Tonband-Kassette die jeweils individuelle Seelenmelodie. Dadurch wird das Erwachen der Seele und die in ihr brachliegenden Kräfte gefördert. George Goulding ist ebenfalls ein »Musik-Kanal« und spielt für den spirituellen Sucher die jeweils individuelle Seelenmelodie auf dem Synthesizer – hier wird ebenfalls eine Tonband-Kassette mitgeliefert. Die Heilung über die Seelenmelodie ist eine der kraftvollsten, effektivsten und angenehmsten Methoden, die ich kenne, und ich betrachte den Besuch von George und Ascentia in München als großen Segen für die ganze Stadt. George und Ascentia veranstalten regelmäßig Seelen-Seminare in München. Von ihnen ist die Kassette »Earth Transfigured« erschienen, eine Kassette, die jede Seele zum Erwachen anregt. Von George Goulding sind u. a. auch die Kassetten »Breaking Up Etheric Chrystallizations with Sound« (in deutsch etwa: Befreiung von Energieblockaden durch Klang) und

»Opening The Heart Through Sound« (Herzöffnung durch Musik) erschienen. Diese Kassetten sind für mich die billigste und beste Investition in geistige und körperliche Gesundheit. Nähere Informationen erhalten Sie von Elfi Amann, Peralohstr. 64, 8000 München 83.

Weg von den Mustern – hin zur Liebe

Lassen Sie einfach Ihre Muster SEIN, und erkennen Sie, wer Sie WIRKLICH sind. Wählen Sie die Liebe. Das reicht! Das beste Stimulans ist Liebe – sie ist die höchste Macht im Universum. Liebe als eine Form der Integration, der Widerstandslosigkeit, der Abwesenheit von Bewertungen, des »Ändern-Wollen« usw. – all dies würde die Sache nur verschlimmern. Aus einer Haltung von Liebe können Sie sich beruhigt alle Ihre Begrenzungen anschauen, über sie lachen und sie durch Liebe auflösen, ja Sie sollten es sogar tun, denn es befähigt Sie. Sobald Sie aber bemerken, daß Sie aus der Harmonie gefallen sind, sollten Sie sich »ergeben« und erst einmal die Harmonie wiederherstellen, indem Sie akzeptieren und lieben, was IST. Lieben Sie – über jede Vernunft hinaus. Liebe ist Ihre einzige Sicherheit. Wenn Sie gerade Angst haben, dann lieben Sie sich dafür, daß Sie Angst haben. Wenn Sie gerade unfähig sind, dann lieben Sie sich dafür, daß Sie unfähig sind. Liebe ist der einzige Weg, sich von Mustern so zu entfernen, daß Sie nicht dabei festhängen. Liebe verschafft Ihnen all die guten Gefühle, die Sie sonst vergeblich suchen.

Gleichnis 5:

Das Hohe Lied der Liebe

Pflicht ohne Liebe macht verdrießlich.
Verantwortung ohne Liebe macht rücksichtslos.
Gerechtigkeit ohne Liebe macht hart.
Wahrheit ohne Liebe macht kritisch.
Erziehung ohne Liebe macht widerspenstig.
Klugheit ohne Liebe macht gerissen.

Freundlichkeit ohne Liebe macht heuchlerisch.
Sachkenntnis ohne Liebe macht rechthaberisch.
Macht ohne Liebe macht gewalttätig.
Ehre ohne Liebe macht hochmütig.
Besitz ohne Liebe macht geizig.
Glaube ohne Liebe macht fanatisch.

Mit Liebe erfüllte Pflicht macht glücklich.
Mit Liebe getragene Verantwortung macht rücksichtsvoll.
Mit Liebe geübte Gerechtigkeit macht sanftmütig.
Mit Liebe vertretene Wahrheit macht wohlwollend.
Mit Liebe durchgeführte Erziehung macht harmonisch.
Mit Liebe angewandte Klugheit macht arglos.

Mit Liebe geäußerte Freundlichkeit macht wahrhaftig.
Mit Liebe angewandte Sachkenntnis macht nachgiebig.
Mit Liebe ausgeübte Macht macht gewaltlos.
Mit Liebe getragene Ehre macht demütig.
Mit Liebe verwalteter Besitz macht freigiebig.
Mit Liebe gelebter Glaube macht tolerant.
Wohl denen, die alles mit Liebe tun.

Sie sind mehr als Ihre Verhaltensmuster

Wer ist der »Steuermann« in Ihrem Unterseeboot »Körper«? Wer ist derjenige, der interpretiert? Wer ist in der Lage, Signale aus höheren Gehirnregionen zu senden? Wer sind Sie wirklich? Wenn Sie sagen: »Das ist mein Körper«, wer ist es, der da »mein« sagt? Wenn Sie sagen: »Das sind meine Gefühle«, wer ist es, dem die Gefühle gehören? Wenn Sie sagen: »Das ist meine Rolle im Leben«, wer ist es, dem die Rolle gehört? Der Körper kann nicht sprechen, die Gefühle können nicht sprechen, die Rolle kann nicht sprechen. Wer ist der Steuermann in Ihrem Körper? Wer sind SIE? Erkennen Sie sich selbst. Sie sind nicht diese Muster. Sie sind nicht dieser Körper. Sie sind nicht Ihre Gefühle. Warum nicht? Weil Sie nur das *sein* können, was dauerhaft ist. Wenn Sie also heute Kopfschmerzen haben und morgen keine, dann können Sie nicht Ihre Kopfschmerzen sein, denn sonst wären Sie ja einen Tag später mit Ihren Kopfschmerzen »gestorben«. Wenn Sie heute um 12 Uhr eine Rolle spielen und um 15 Uhr eine andere, dann können Sie nicht diese Rolle sein, denn sonst wären Sie ja mit dem Wechsel der Rolle gestorben. Sie müssen also etwas sein, das länger hält als Migräne, Muster und Programme. Sie müssen also etwas sein, was von den Gefühlsschwankungen dieser Welt unberührt bleibt. Es kann sein, daß die Programme, Rollen und Schmerzen Sie besuchen, so wie ein Besucher ein Haus besucht und Ihnen vielleicht mit seinem Qualm oder Gestank die Bude verpestet – aber Sie sind nicht dieser Besucher.

Vielleicht kennen Sie das Gefühl, wie sich Ihr Magen verkrampft, wenn Sie einen Krimi anschauen und ein Schauspieler gerade verprügelt wird. Warum? Weil Sie sich mit etwas identifiziert haben, was Sie nicht sind – dem Schauspieler. Sie sind nicht der Schauspieler, Sie sind es selbst. Solange Sie sich mit Ihren Gefühlen, Konzepten oder Rollen identifizieren, werden Sie von diesen beherrscht. Ein geistiges Gesetz lautet: *Womit Sie sich identifizieren, das steuern Sie!* Rollen, Muster, Gefühle kommen und gehen wie Wolken am Himmel. Alles, was wechselt, kann nicht Ihre wahre Natur sein. Sie sind mehr als Ihr Unterbewußtsein. Ihr Unterbewußtsein ist der Teil von Ihnen, der Ihnen hilft in der physischen Welt zu überleben. Es nimmt Ihnen alle automatischen Prozesse ab und berücksichtigt dabei die Vergangenheitserfahrungen. Das Unterbewußtsein arbeitet also aus der Vergangenheit heraus und nutzt sie, so gut es geht, damit Sie »den Rücken frei« haben. Das Unterbewußtsein ist ein guter Diener, aber ein schlechter Herr. Wie Sie bereits wissen, werden Sie von dem gesteuert, womit Sie sich identifizieren. Sie können sich natürlich mit Ihrem Unterbewußtsein identifizieren, mit seinen Programmen – aber dadurch beschränken Sie sich. Das Unterbewußtsein ist eine Automatiksteuerung. Sie können die bereits gespeicherten Programme des Unterbewußtseins benutzen, aber Sie müssen es nicht. Sie sind nicht das U-Boot. Sie sind mehr als Ihre Programme, Sie sind mehr als Ihre Probleme. Sie können sich natürlich mit allen identifizieren, mit Problemen, Sorgen, Schwierigkeiten – und wenn Sie das tun, werden Sie auch immer Probleme, Sorgen und Schwierigkeiten finden, denn Sie sind ein Schöpfer. Jederzeit haben Sie die Wahl, sich mit Rollen, Mustern, Glaubenssätzen zu identifizieren, aber genau diese Identifikation war es, die Sie so lange gebunden hat. Die ZEN-Meister sagen: »Der Geist ist vollkommen, aber die Füße berühren den Boden.« Ich lade Sie ein, sich in erster Linie mit dem zu beschäftigen, was Sie wirklich sind, und dann dieses Licht auf den Boden der Tatsachen zu bringen.

Alfred Stielau-Pallas schreibt in seinem Buch »Auch du bist ein Engel auf Erden«: »Suche die Zukunft nicht in der Vergangenheit, das Ziel liegt hier und jetzt!« Der »Trick« liegt nicht darin, sich mit Programmen herumzuschlagen und »besser« zu werden, sondern darin, sich erst gar nicht mit dem zu identifizieren, was Sie zu sein *scheinen* (Ihre Muster und Rollen), sondern mit dem, was Sie *wirklich* sind. Sie haben in Ihrem Millionen Jahre langen Schlaf die Autorität über Ihr U-Boot verloren und vergessen, daß Sie der Steuermann sind, weil Sie glaubten, das U-Boot, der Computer oder Ihre Programme zu sein. Heute ist die Zeit reif für einen neuen Weg: Machen Sie sich bewußt, wer Sie wirklich sind. Identifizieren Sie sich mit dem, was Sie wirklich sind.

Der Körper alleine – ohne Bewußtsein – ist »tot«. Sie sind Bewußtsein. Sie sind der Steuermann in Ihrem Unterseeboot »Körper«. Sie sind Bewußtsein. Was ist Bewußtsein? Bewußtsein ist freiester Geist mit der Fähigkeit, sich mit jedem und allem zu identifizieren. Bewußtsein – also Sie – lebt nur in einem einzigen Augenblick – jetzt! Sie sind Bewußtsein, besser gesagt: Augenblicksbewußtsein. Sie haben als freiester Geist die Wahl, sich hier und jetzt mit allem zu identifizieren, was Ihnen einfällt, mit Ihrer Vergangenheit, mit Ihren Mustern, mit Ihren Rollen – aber all das sind Sie nicht. Muster, Rollen, Vergangenheit sind eine Lüge. Sie sind weitaus mehr als all dies.

Sie können natürlich viel Energie dafür verwenden, Ihre Rollen aufzulösen, und manchmal ist dies auch geboten. Das Hauptaugenmerk sollte aber immer darauf liegen, sich mit aller Energie darauf zu konzentrieren, zu erkennen, zu erleben und zu erfühlen, wer Sie wirklich sind, und dies in Ihrem Unterbewußtsein »verankern«. Leben Sie mit allem, was Ihnen zur Verfügung steht, immer nur im »Hier und Jetzt«. Es ist angemessen, nicht mehr aus den Mustern heraus zu leben, sondern aus dem heraus, der Sie wirklich sind.

Stellen Sie sich Ihre Verhaltensmuster vor wie alte Videos, die immer wieder »aufgewärmt«, d. h. restimuliert werden – es ist so, als wenn Sie abends um 20.15 Uhr den Videorecorder anschalten und sich Nachrichten aus den siebziger Jahren anschauen. Sie sehen vielleicht etwas über die »Ölkrise«, hören vom »autofreien Sonntag« und werden logischerweise beruflich, finanziell und privat völlig falsche Dispositionen treffen. Im Spiel des Lebens geht es jetzt nicht darum, ein Horror-Video gegen ein besseres Video auszutauschen, denn selbst wenn Sie eine Nachrichtensendung von der Hochzeit von Prinzessin Beatrix sehen, sind Sie immer noch *out*. Im Spiel des Lebens geht es darum, die ganze überholte Videothek hinauszuschmeißen – alle Videos – und den Antennenstecker wieder hineinzustecken und auf *life* zu schalten, denn nur »*Live is Life*«. Schütten Sie also das Kind mit dem Bade aus. Wachen Sie auf aus Ihren Träumen! Seien Sie ein Realist! Leben Sie bewußt im »Hier und Jetzt«!

140

Gleichnis 6:

Vorstellungen sind Verstellungen

*Ein Schüler ärgerte sich darüber, daß er nicht so gei-
stesgegenwärtig war wie sein Freund. Einmal fragte
er ihn: »Wohin gehst du?« und der Freund antwortete: »Wohin die Füße tragen.« Daraufhin ärgerte
sich der Schüler und befragte seinen Meister. Dieser
gab ihm den Tip: »Antworte doch das nächste Mal:
›Und wenn die Füße nicht tragen?‹« Also fragte er am
nächsten Tag wieder: »Wohin gehst du?« Aber sein
Freund antwortete diesmal: »Wohin der Wind weht.«
Wieder war der Schüler sprachlos, und sein Meister
riet ihm: »Frag doch das nächste Mal zurück: ›Und
was, wenn der Wind nicht weht?‹« Am übernächsten
Tag fragte er wieder: »Wohin gehst du?«, aber diesmal antwortete sein Freund: »Immer der Nase nach.«*

So sind die meisten Menschen: Voller unsinniger
Konzepte, Glaubenssätze und Theorien, den ganzen Kopf angefüllt mit unnötigem Ballast. Alle
Vorstellungen sind Verstellungen, denn das Leben
ist immer wieder anders. Genauso wie man sich
nicht von Abfall ernähren sollte, sollte man aufhören, das Leben durch die Filter seiner alten Konzepte zu erleben. Also: Nicht denken – überraschen
lassen. Nicht ärgern – nur wundern. Nichts erwarten – alles bekommen. Nehmen Sie Teil am »Wunder des Lebens«! Werden Sie ein »Wunderer«.

Tun Sie, was Sie tun

Die Großen aller Zeiten trafen sich einmal, und jeder erzählte, was er für Wunder vollbringen könne. Der eine erzählte, er könne mit seinen Händen die Erde umfassen, der andere erzählte, er könne einmal um die ganze Galaxie fliegen – bis die Rede an Gautam Buddha kam. Buddha sagte: »Wenn ich esse, esse ich, wenn ich ruhe, ruhe ich, wenn ich gehe, gehe ich – das ist mein größtes Wunder.« Daraufhin sagten die anderen: »Ja, das tun wir doch alle.« – »Nein«, erwiderte Buddha, »wenn ihr eßt, dann denkt ihr vor euch hin, wenn ihr ruht, dann geht ihr, und wenn ihr geht, dann arbeitet ihr in Gedanken schon.«

Leben Sie bewußt im »Hier und Jetzt«, und erkennen Sie: »ICH BESTIMME MEIN LEBEN (VOM) SELBST!« Hierfür gibt es keine Globalversicher, es ist vielmehr ein ständiges Training, so wie in der nachfolgenden Geschichte beschrieben:

Gleichnis 7:

Das Geheimnis stetigen Bewußtseins

Im fernen Orient gab es einen König, der war bekannt dafür, daß er stets im höchsten Bewußtsein lebte. Eines Tages begab sich ein Sucher zu ihm und fragte ihn: »Lieber König, sage mir, wie schaffst du es, stets im höchsten Bewußtsein zu sein?« Der König erwiderte: »Ich werde es dir verraten, aber du mußt zuvor eine Prüfung bestehen. Dir wird eine Schüssel mit Wasser auf den Kopf gesetzt, und du mußt diese Schüssel auf dem Kopf einmal rund um den ganzen Palast tragen. Hinter dir wird mein Scharfrichter mit gezücktem Schwert hergehen – sobald du auch nur einen Tropfen verschüttest, wird er dir das Haupt abschlagen.« Der Sucher war so begierig, das Geheimnis des Bewußtseins zu erfahren, daß er sich einverstanden erklärte – und er schaffte es: Nach drei Stunden trat er schweißtriefend und zitternd wieder vor den König und sagte: »Ich habe es geschafft. Nun sag mir, wie du es schaffst, stets im höchsten Bewußtsein zu sein.« Der König antwortete: »So, wie du eben – nur ständig!«

In jeder Sekunde entscheiden Sie sich neu, ob Sie sich von Ihren Mustern steuern lassen oder Ihr Leben selbst bestimmen. Diese Arbeit kann Ihnen niemand abnehmen.

Das einfachste Quiz der Welt

Bitte beantworten Sie die folgenden Fragen, und notieren Sie die
Lösung direkt neben der Frage. Wahrscheinlich werden Ihnen die
Antworten sehr leicht fallen:

Wie lange dauerte der Hundertjährige Krieg? – Ganz klar: . . . . . .

Wie hieß Georg der VI. mit Vornamen? . . . .

Aus welchem Land kommt der peruanische Balsam? . . . .

Wo werden die Panamahüte gemacht? . . . .

Zu welcher Jahreszeit spielt Shakespeares »Mittsommernachtstraum«? . . . .

Fallen Sie nicht auf den Oberflächenverstand herein

Haben Sie das vorangegangene Quiz beantwortet? Dann machen Sie sich auf etwas gefaßt: Wahrscheinlich sind alle Ihre Antworten falsch! Der Hunderjährige Krieg dauerte von 1337 bis 1453, also 116 Jahre, und es ist auch logisch, daß die befeindeten Heerscharen nicht nach genau 100 Jahren in die Trompete geblasen haben und gesagt haben: »Hört auf zu kämpfen, wir wollen das jetzt den Hundertjährigen Krieg nennen.« Georg der VI. hieß mit Vornamen Albert, Georg war nur sein Königsname. Der peruanische Balsam kommt aus El Salvador. Die Panamahüte werden in Ecquador gemacht, und Shakespeares »Mittsommernachtstraum« spielt in der Walpurgisnacht, die bekanntlich am 30. April gefeiert wird.

Was ist der Sinn dieses Quiz? Wir haben soeben gelernt, wie wichtig es ist, bewußt im »Hier und Jetzt« zu leben. Nur im »Hier und Jetzt« können wir uns entwickeln. Wir müssen allerdings darüber hinausgehen. Wenn wir aus dem »Hier und Jetzt« handeln, leben wir zwar im Augenblick, aber wir leben möglicherweise noch nicht intelligent. Es kommt darauf an, woher das Bewußtsein die Informationen und Entscheidungshilfen nimmt. Wir alle verfügen über einen sogenannten Oberflächenverstand. Dieser Verstand wird so genannt, weil er ziemlich oberflächlich ist: Er funktioniert aufgrund der Daten der Vergangenheit. Der Oberflächenverstand ist also nicht in der Lage, über die bisherigen Muster hinauszudenken. Wenn wir unserem Oberflächenverstand vertrauen, werden wir immer wieder auf die Nase fallen. Ein Teil von uns wird befriedigt sein, und ein anderer Teil wird mit unseren Handlungen Probleme haben. Also: Fallen Sie nicht auf Ihren Oberflächenverstand herein, der Ihnen einredet, Sie seien begrenzt, Ihre Zukunft würde von der Vergangenheit bestimmt. Sie seien unvollkommen, bedauernswert oder was auch immer.

Es heißt, daß der Glaube Berge versetzt, und viele »elendige Zweifler« werden sich deprimiert vorkommen, weil sie von Natur aus keine Gläubigen, sondern eben eher Zweifler sind. Keine Sorge! Der »Erleuchtung« ist es egal, wie Sie sie erreichen, ob mit Glauben oder mit Zweifeln. Wenn Sie gut im Zweifeln sind: phantastisch. Zweifeln Sie an dem, was Ihnen Ihr Oberflächenverstand einredet. Sagen Sie: »Ich glaube einfach nicht, daß ich begrenzt bin! Ich will mich aufmachen, neue Möglichkeiten zu entdecken.«

In Afrika gibt es einen Negerstamm, der davon ausgeht, daß die Welt 250 Meter hinter ihrem Stammesgebiet aufhört und daß jeder, der diese Grenze überschreitet, in einem tiefen Loch versinkt. Natürlich hat sich noch niemand an diese Grenze gewagt. Ein weißer Mann hat den Stamm einmal besucht, und als er fortging, sahen ihn die Neger auch tatsächlich 250 Meter hinter ihrer Stammesgrenze verschwinden.

Glauben schafft Tatsachen, und unsere Sinne sind so ausgerichtet, daß das nicht ist, was nicht sein darf. Alle Neger waren sich einig, daß der Mann 250 Meter hinter der Stammesgrenze in einem Loch verschwunden war. Ihre Sinneswahrnehmung hatte sich begrenzt – per Übereinkunft. Wir alle begrenzen uns – durch Übereinkunft! Möglicherweise haben Sie als kleines Kind Lichtwesen, Elfen und Feen in Ihrem Zimmer gesehen, und dann sind die Eltern gekommen und haben Sie ausgeschimpft, was Sie für einen Blödsinn erzählen. Und sie hatten damit tatsächlich Erfolg: Nach einigen Monaten konnten auch Sie die Lichtgestalten nicht mehr wahrnehmen. Fallen Sie nicht auf Ihren Oberflächenverstand herein, der Ihnen sagt, Sie seien Elfriede Müller, hätten eine Lebenserwartung von noch 27 Jahren und seien mit diesem und jenem Makel behaftet. Glauben Sie einfach: »Ich bin mehr!«

Die Wirklichkeit heißt Wirklichkeit, weil sie wirkt. Sie interessiert sich nicht dafür, ob Sie sie wahrhaben wollen oder nicht. Die Äpfel fielen schon von den Bäumen, bevor Newton die Schwerkraft entdeckte. Jahrhundertelang haben die Leute geglaubt, die Erde sei eine Scheibe und der Mittelpunkt des Universums. Vom Standpunkt des Oberflächenverstandes aus ist das auch gerechtfertigt. Genauso gerechtfertigt war es zu glauben, die Sonne ginge im Osten auf und im Westen unter, dabei denkt die Sonne gar nicht daran, das zu tun. Die Sonne strahlt immer, und es ist in Wahrheit die Erde, die sich um die Sonne dreht. Die »Titanic« galt als unsinkbar und hat nicht einmal die Jungfernfahrt überlebt. 1982 glaubte alle Welt, der Dollar würde auf 4 DM steigen – in Wahrheit fiel er bis 1988 auf den tiefsten Stand der

Nachkriegsgeschichte. Es gibt Eingeborene, die bohren kleinen Kindern Löcher in den Kopf, wenn sie Fieber haben, damit die »bösen Geister« entfleuchen können. Ich lade Sie ein: Glauben Sie nicht mehr. Gehen Sie über Ihren Oberflächenverstand hinaus. Leben Sie intelligent!

Gleichnis 8:

Der Dicke soll gehängt werden

Ein Meister und sein wohlbeleibter Schüler kamen in ein fernes Königreich. Da geschah es, daß ein Dieb in ein Haus einbrach und Essen stahl, und man suchte den Schuldigen. Der Galgen wurde bereits aufgebaut, und das ganze Volk wartete auf die Hinrichtung. Da sich der Dieb nicht finden ließ, blickte der König auf den wohlbeleibten Schüler und sagte: »Der Dicke soll gehängt werden. Er ist so dick, daß er sicher die ganzen Lebensmittel aufgegessen hat.« Während der Dicke von den Wachen ergriffen wurde, schrie er nach seinem Meister. Der Meister trat an den Galgen und sagte: »Ich will an seiner Stelle gehängt werden.« Das wollte der Schüler nun auch wieder nicht, und er entgegnete: »Nein, ich will gehängt werden.« Letztendlich stritten sich die beiden, wer von ihnen gehängt werden sollte. Verzweifelt fragte der König: »Warum wollt ihr denn unbedingt gehängt werden?« Da antwortete der Meister: »Die Sache ist die: Heute ist ein besonderer Tag. Derjenige, der heute gehängt wird, kommt direkt zu Gott. Jeder Eingeweihte weiß das, und deshalb versucht jeder, heute gehängt zu werden.« Der König schrie daraufhin: »Fort mit euch, laßt mich hängen, ich will ins Paradies kommen.« So geschah es dann auch.

Die Welt ist ein Narrenhaus. Die Menschen hören auf ihren Oberflächenverstand und das, was ihnen andere erzählen, anstatt auf ihre Intuition und Intelligenz zu vertrauen. Kein Wunder, wenn dann das Leben nicht zu funktionieren scheint.

Experiment 3:

1. Denken Sie einmal bewußt an eine ärgerliche, dann an eine lustvolle, an eine traurige und eine glückliche Situation. Steigen Sie ganz in diese Situation ein, und spüren Sie das Gefühl, das Sie in dieser Situation erleben. Spüren Sie dabei auch gleichzeitig, wie durch den Wechsel Ihrer »Bilder« auch Ihre Gefühle wechseln.
2. Erfühlen Sie einmal ganz bewußt Ärger, Lust, Trauer und Glück. Sie erleben, daß Ihre Gefühle in Wahrheit keinen Grund (Geschichte) haben, daß der Grund nur eingebildet ist. Erleben Sie sich als Meister Ihrer Stimmungen. (Kassettenempfehlung: »Unabhängigkeit«, erhältlich bei Harald Wessbecher).
3. Gehen Sie jetzt noch einmal in die ärgerliche, lustvolle, traurige und glückliche Situation. Denken Sie diesmal: »Ich offenbare immer das Göttliche«, und erleben Sie, wie Sie sich durch diesen Gedanken über Ihre Gefühle erheben können.
4. Gehen Sie einmal ins Kino. Erleben Sie, wie Sie sich mit der Handlung auf der Leinwand identifizieren. Sagen Sie dann plötzlich: »Das ist nicht wahr!« Erleben Sie, daß Sie in Wirklichkeit im Kino sitzen. Gehen Sie durch Ihren Alltag, und denken Sie immer wieder: »Das ist nicht wahr!« Erleben Sie die sogenannte physische Realität als einen Traum im Traum im Traum, und erleben Sie Ihr Erwachen im Erwachen im Erwachen.

Lektion 4

Erhöhen Sie Ihre Schwingung über die Problemebene

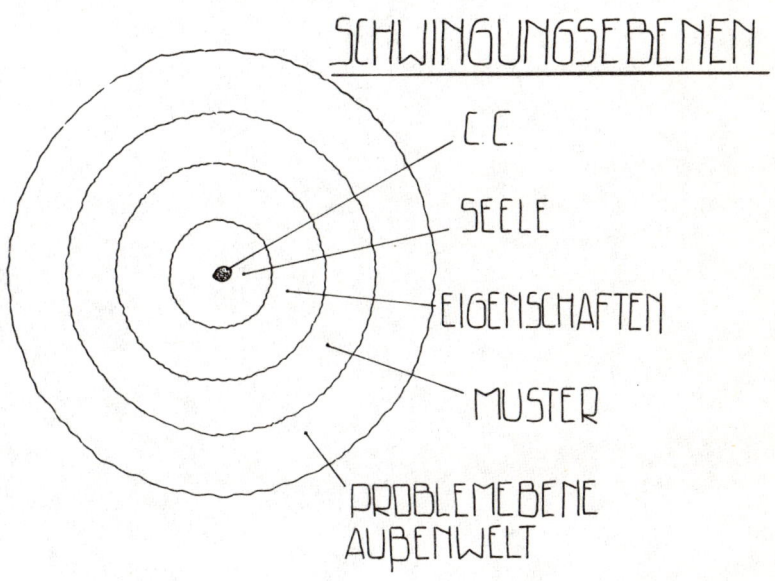

Die fünf Ebenen des Bewußtseins

Im vorangegangenen Kapitel haben wir uns angeschaut, wie Außenreize, die über unsere Sinnesorgane in uns einströmen, im Gehirn »interpretiert« werden und zu einer »Außenreiz-Reaktion« führen. Lassen Sie uns jetzt die fünf Bewußtseinsstufen anhand eines Beispiels erklären:

Ein Beispiel: Nehmen wir einmal an, Sie werfen einen Stein auf einen anderen. Hat der getroffene Stein eine Wahl, wie er reagiert, oder unterliegt er ausschließlich dem Außenreiz? Wir erkennen ganz klar: Steine unterliegen Reizreaktionen ohne Wahl. Nehmen Sie jetzt einmal an, zwei Amöben, also zwei Eiweißklumpen, begegnen sich. Haben diese Eiweißklumpen eine eigenständige Wahl darüber, wie sie reagieren? Wir erkennen: Amöben unterliegen Reizreaktionen ohne Wahl. Stellen Sie sich jetzt vor, zwei Haustiere, z. B. zwei Hunde, begegnen sich. Besitzen diese Hunde eine Entscheidungsfreiheit darüber, wie sie reagieren, oder ist ihre Reaktion nichts anderes als die logische Konsequenz ihrer Konditionierung, Veranlagung und Triebe? Wir erkennen: Es kann sein, daß sie einmal so und einmal anders reagieren – aber sie haben keine Wahl darüber, wie sie reagieren, sie reagieren einfach. Hunde mögen so lieb und wachsam sein, wie sie wollen, aber: Hunde unterliegen Reizreaktionen ohne Wahl. Betrachten wir jetzt den unbewußten Menschen. Wie verhalten sich unbewußte Menschen, z. B. Choleriker, die unter Zeitdruck im Stau stehen oder von ihrer Partnerin »gereizt« werden? Haben sie eine Wahl zu reagieren – oder reagieren sie einfach? Bei allem Respekt für die »Krone der Schöpfung« müssen wir erkennen: Unbewußte (d. h. vom Unterbewußtsein gesteuerte) Menschen unterliegen Reizreaktionen ohne Wahl!

Stein + Stein = Reizreaktion ohne Wahl
Amöbe + Amöbe = Reizreaktion ohne Wahl
Hund + Hund = Reizreaktion ohne Wahl
Mensch + Mensch = Reizreaktion ohne Wahl

Haben wir eine Wahl, und worin liegt sie? Die Wahl liegt in einem höheren *Bewußtsein*. Um dies zu verstehen, müssen wir uns klarmachen, daß wir als »Götterbabys« geboren und gedacht sind. Könnte man die Entwicklung der Erde auf ein Jahr reduzieren, würde der erste Urzeitmensch erst am 31. 12. um 23.55 Uhr in Erscheinung treten. Die Entwicklung der gesamten Zivilisation und Technik wäre gerade eine Sekunde alt! Der technische Fortschritt und die menschliche Entwicklung erscheint uns als rasant. In Anbetracht unseres Alters sind wir allerdings noch Säuglinge und all das, worauf wir heute so stolz sind, ist nicht viel mehr, als die ersten Schritte eines Babys. Im Vergleich mit einem Baby erkennen wir, was noch alles vor uns liegt – und wieviel Bewußtsein uns noch fehlt, bis wir der sind, als der wir gemeint sind: Kindergarten, Schulzeit, Berufsausbildung, Berufsausübung wären sinngemäß die nächsten Stufen auf der Entwicklung vom Homo sapiens zum Homo spiritualis. Ein höheres Bewußtsein ist die Lösung, nicht ein Schlammbaggern in altem Schutt. Sobald Sie in einem höheren Bewußtsein sind, können Sie nicht nur unsere Interpretationen steuern (s. vorangegangenes Kapitel über die Gehirnfunktionen), sondern alles, was wir erleben, bewußt auswählen und kreativ gestalten. Albert Einstein hat festgestellt, daß wir nur 10 Prozent unseres geistigen Potentials nutzen. 90 Prozent der Hirnmasse liegen brach, weil wir immer wieder dieselben »mentalen Schallplatten« ablaufen lassen. Sobald wir lernen, auch mit den anderen 90 Prozent zu arbeiten, nutzen wir genau die Fähigkeit, die uns herausreißt: die Kreativität, d. h. die Fähigkeit, Neues zu erschaffen. Betrachten wir einmal die fünf Schwingungsebenen des Bewußtseins:

1. Schwingungsebene: Problemebene – das Opfer

Auf der untersten Ebene identifiziere ich mich mit der Interpretation, d. h. ich unterliege den Reizreaktionen ohne Wahl. Jemand schreit mich an, und ich verwandle mich in ein sich entschuldigendes Kleinkind. Hinterher, wenn alles vorbei ist, fallen mir die besten Antworten ein, und ich ärgere mich. In dem Fall war ich Opfer meiner Interpretation. Auf der ersten Ebene identifiziere ich mich mit meinen Interpretationen, also den Gedanken, Glaubenssätzen, Überzeugungen, die mir durch den Kopf gehen. Sind diese Interpretationen angenehm, geht es mir gut, sind sie unangenehm, leide ich – ohne Wahl. Wann immer ich mich schlecht fühle, bin ich auf Ebene 1 zurückgefallen.

2. Schwingungsebene: Ebene der Rollen – der Beobachter

Auf der zweiten Bewußtseinsebene bin ich in der Lage, wie ein neutraler Zeuge meine Glaubenssätze, Interpretationen und Überzeugungen zu beobachten, ohne mich damit zu identifizieren. In dem Fall, in dem mich jemand anschreit, würde etwa folgendes in mir ablaufen: Ich beobachte, wie ein Kindheitsprogramm in mir aufsteigt, ich spüre, wie mein Magen zittert, ich spüre Druck in der Kehle, ich erlebe zahlreiche Interpretationen, Überzeugungen und Gedanken. Gleichzeitig erkenne ich aber, daß ich mehr als all das bin. Auf dieser Stufe ist es mir noch nicht möglich, kreativ zu sein, d. h. ein neues Verhaltensmuster zu erschaffen, aber ich leide nicht unter meinen Reaktionen. Ich fühle all das »Negative«, kann aber andererseits darüber lachen. Ich bin möglicherweise aggressiv, aber gleichzeitig gibt es einen Teil in mir, der diese Aggressivität sehr liebevoll betrachtet. Auf Stufe 2 gelange ich, indem ich, wann immer ich leide, mich mit dem Teil in mir identifiziere, der nicht leidet.

3. Schwingungsebene: Ebene der Fähigkeiten – der Beobachter des Beobachters

Auf Ebene 3 bin ich in der Lage, mich auf die reine Wahrnehmung zu beschränken, d. h. eigentlich ist es keine Beschränkung, sondern eine Erweiterung. Auf dieser Stufe habe ich die Freiheit, auf den Außenreiz so zu reagieren, wie ICH will. Ich bin URSACHE und nicht mehr WIRKUNG. Ich erlebe nicht mehr Ärger, Leid und Depressionen, denn ich erkenne, daß all dies reine Interpretationssache ist. In unserem Beispiel, in dem ich angeschrien werde, würde das folgendermaßen aussehen: Ich spüre ein Zittern im Magen, einen lauten Herzschlag, Blut im Kopf und erlebe all das als reines Energiephänomen. Ich trenne das Phänomen nicht in gut und schlecht, ich differenziere nicht innerhalb der Energiequalität, ich differenziere nur noch in der

Energiequantität – ich unterscheide nur noch in »mehr Energie« und »weniger Energie«. Auf dieser Stufe dient mir alles als Energie. Jeder Ärger, jede Wut und jede Liebe eines anderen lädt mich auf. Ich habe vom Großhirn die Information an die Thalamus-Region gesendet: »Bitte keine psychologische Bewertung, keine Interpretation. Bitte meßt nur die Energiequantität.« Es ist so, als wenn Sie ein Gerät besitzen, das einmal die Stromfrequenz und zum anderen die Stromstärke messen kann, und Sie dieses Gerät jetzt so einschalten, daß es nur noch die Stromstärke mißt. Diese Einstellung ist natürlich nur sinnvoll, wenn Sie *bewußt* sind, d. h. in der Lage sind, durch Einsatz Ihrer Intuition (rechte Gehirnhälfte) und Kombination (linke Gehirnhälfte) folgerichtig zu handeln. Aus diesem Grund ist dieser Zustand auch nur in einem erhöhten Bewußtsein vorhanden. In diesem Bewußtsein erleben Sie die Freiheit der Wahl und die Welt als einen Ozean von Energie.

4. Schwingungsebene: Seelenebene – der Befreite

Auf Ebene 4 haben Sie die Welt der Erscheinungsformen hinter sich gelassen. Sie erkennen und erleben, was Jesus mit den Worten bezeichnete: »Mein Reich ist nicht nur von dieser Welt.« Sie nehmen alles wahr, Sie handeln souverän, aber Sie sind überhaupt nicht der Betroffene. Normalerweise erleben wir uns als Körper und die Dinge in der Umwelt als »außerhalb«. Sie erleben die Vorgänge außerhalb des Körpers nicht als fremd, sondern alles, was passiert, als Vorgänge in Ihnen und stehen gleichzeitig außerhalb von sich selbst. Sie erkennen, daß alles mit allem in Verbindung steht. Sie haben alles integriert. Diesen Zustand erreichen Sie, wenn Sie sich auf Ihren »Kosmischen Christall« (s. dazu auch mein Buch »Nie mehr ärgern«) konzentrieren und von da aus Ihr Leben steuern.

5. Schwingungsebene: »Kosmischer Christall« – der Verwirklichte

Die 5. Ebene bezeichnet einen Bewußtseinszustand, von dem Jesus sagt: »Der Vater und ich bin eins!« Diese Ebene kann nicht bewußt erreicht werden, sondern ist ein Zustand, der durch die Gnade des Höchsten eingeleitet wird. Sie können Ihr Bestes tun, um in diesen

Zustand zu kommen – ich selbst halte Hingabe und Gebet für die wichtigsten Beiträge –, aber all unsere Offenheit sind nur 1 Prozent. 99 Prozent sind in der Regel nur Bruchteile von Sekunden anhaltende Lichtblicke »seiner« Gnade und kommen von Gott.

Benutzen Sie täglich Ihre »göttliche Gang-Schaltung« – überprüfen Sie immer wieder, auf welcher der 5 Schwingungsebenen Sie sich gerade befinden, kuppeln Sie aus und legen Sie den angemessenen Gang ein.

Was ist Karma, und wie wird es aufgelöst?

Das Wort Karma kommt aus dem Sanskrit, einer heiligen Schrift Indiens und bedeutet ursprünglich: Opferbrauch, Ritual, Handlung. Viele sogenannte Esoteriker sind davon ausgegangen, daß wir für unsere guten oder bösen Taten entsprechende Belohnungen oder Bestrafungen nach uns ziehen. Dies stimmt aber nur dann, wenn wir nach den Früchten unseres Handelns verlangen. In dem Fall geschieht uns, wie es in der Bibel steht: »Was Ihr sät, werdet Ihr ernten.« Für Dr. Frank Alpers, Präsident der »Arizona Metaphysical Association« bedeutet Karma lediglich Erfahrung – die Erfahrung selbst ist schon das Karma. Wir haben die Wahl, ob wir die Früchte unseres Handelns genießen wollen. Wenn wir darauf bestehen, die Früchte unseres Handelns zu genießen, leben wir in der Polarität und erfahren innerhalb der sogenannten »Zeitachse« Belohnung und Strafe. Wenn wir aber bereit sind, gänzlich auf die Früchte unseres Handelns zu verzichten, ergeht es uns so, wie den Vögeln, von denen Jesus sagt: »Sehet die Vögel am Himmel. Sie säen nicht, und sie ernten nicht, und der himmlische Vater ernährt sie doch.« Es ist allerdings nicht möglich, nur nach den Belohnungen zu verlangen. Es geht im Spiel des Lebens nicht darum, ein guter Mensch zu sein, das ist viel zu wenig. Es geht um eine fundamentale Entscheidung: Sind Sie bereit, »das Kind mit dem Bade auszuschütten«? Dann sind Sie frei von Karma. Oder Sie entscheiden sich dafür, weiterhin Freude und Leid gleichermaßen zu erfahren, bis Sie dieses grausame Spiel der Polarität eines Tages »satt« haben.

Ein Dichter beschrieb das Leben als einen Dom aus vielfarbigem

Glas, das die weiße Strahlung der Ewigkeit bricht. Solange Sie danach verlangen, die Folge Ihres Denkens, Handelns und Wollens zu kosten, stellt jeder Gedanke, jede Tat und jede Absicht eine Ursache dar, die eine entsprechende Wirkung nach sich zieht. Sobald Sie eine Art höherer Freude erleben, können Sie dieses Verlangen aufgeben, sozusagen von der »Achterbahn« abspringen. Deshalb erhalten Sie in meinen Büchern und Kursen Techniken, die Ihnen helfen, alte Wünsche loszulassen und neue Erfahrungen zu sammeln, die einfach interessanter sind als die bisherigen Schein-Freuden. Das erlaubt Ihnen, bewußt im »Hier und Jetzt« zu leben und auch im Beruf- und Geschäftsalltag Freuden höherer Art zu genießen. Dies führt wiederum dazu, daß immer mehr Ihre Seelenkräfte zum Vorschein kommen können.

Stellen Sie sich zwei Sorten Hölzer vor – helles und dunkles. Das helle Holz stellt das Karma für die guten, das dunkle Holz das Karma für die schlechten Taten dar. Der Wohnraum Ihres Lebens ist randvoll gefüllt mit beiden Sorten. Sobald Sie aus der Seele leben und sich mit dem Cosmischen Christall verbinden, entflammt Ihr innerer Christusfunke und entzündet Ihr Karma-Vorratslager augenblicklich zu Asche, so wie ein Funken Feuer einen ganzen Wald in Flammen aufgehen läßt.

Sünde ist nichts anderes als das Vergessen unseres Ursprungs. Ein persischer Weiser sagte einmal: »Karma kommt nur in Gang, wenn man Gott vergißt.« Wenn Sie Ihr Denken, Fühlen und Handeln mit dem göttlichen Plan in Einklang bringen, sich also von Gott »führen« lassen, verschwindet Ihr »privates Drama«, und Sie häufen kein Karma mehr an. Sie sind dann »Karma rehat«, was bedeutet, folgenloses Handeln in Übereinstimmung mit dem göttlichen Plan als bewußter Mitarbeiter Gottes innerhalb des »großen Werkes«. Tatenlos im Tun drehen Sie sich dann wie eine ruhende Radnabe im ewigen Rad des Lebens.

Der spirituelle Meister Sant Thakar Singh sagt über Karma:

»Karma entsteht nur,
wenn wir auf der Ebene des Egos tätig sind.
Die Muster arbeiten im Ego,

doch der eigentlich Handelnde ist immer nur Gott.
Sobald wir auf der Ebene des Geistes wirken,
werden wir erkennen,
daß wir nichts vollbringen
und nie etwas vollbracht haben,
sondern einzig Gott alle Dinge betreibt.
Dann werden wir kein Ego mehr besitzen
und kein Karma mehr auf uns ziehen.«

Deshalb ist die kontinuierliche Erhöhung der eigenen »Schwingung« sowie die Hingabe und Sehnsucht nach Vereinigung mit Gott wichtiger als alle Therapien und Psychologien!

Erhöhen Sie Ihre Schwingung über die Problemebene

Wenn Sie in einer hohen Bewußtseinsebene sind, wird es keine Probleme für Sie geben. Für jedes Problem ist sofort die Lösung parat – es löst sich alles wie von(m) Selbst. Sobald Ihre Schwingung wieder nachläßt, tauchen alle Probleme, Konditionierungen, Neigungen wieder auf. Ich habe selbst große Meister »in die Knie gehen« sehen, bis sie merkten, daß sie aus der Ordnung gefallen waren, sich wieder »ausrichteten« – und schon strahlten sie wieder im alten Glanz. Stellen Sie sich die verschiedenen Bewußtseinsebenen wie einen Baum vor. Ganz innen ist Ihr göttliches Selbst, Ihr »Cosmischer Christall«, Ihr Gottesfunke verborgen. In Ihnen ist Licht, Vollkommenheit, Allmacht und Allergebenheit. Eine Stufe weiter außen liegt Ihre Seele, die erste »Verkleidung« Gottes. Sie ist groß, mächtig, ergeben und ausgestattet mit einer starken Sehnsucht zum Göttlichen – aber noch nicht gottgleich. In der nächstäußeren Schicht finden wir unsere speziellen Talente und Fähigkeiten – hier sind wir schon ziemlich anders als die anderen Seelen. Noch eine Schicht weiter außen finden wir unsere Rollen und Verhaltensmuster: der Dummkopf, der Oberlehrer usw. In der äußersten Schicht liegen unsere Probleme, Nöte und Abhängigkeiten. Indem wir immer tiefer dringen, erheben wir unsere Schwingung über die Problemebene.

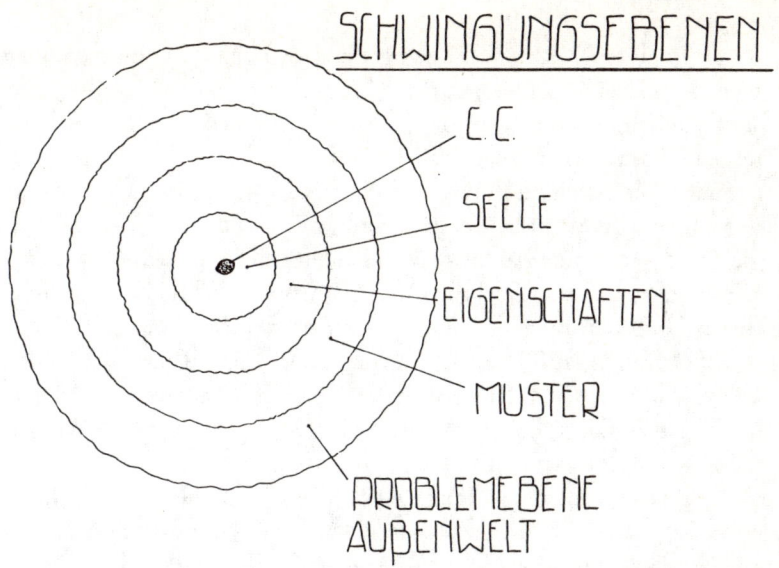

SCHWINGUNGSEBENEN

C.C.

SEELE

EIGENSCHAFTEN

MUSTER

PROBLEMEBENE
AUßENWELT

So wie ein Astronaut den Kopf über die Wolken streckt, so können wir als »Intronaut« in die Schwingungsebene kommen, in der »Urlaub für immer« möglich ist. Eines Tages werden wir die Vereinigung unseres Bewußtseins mit unserem »Cosmischen Christall« erreicht haben. In dem Zustand ist unsere Schwingung so hoch, daß wir »das Wort« sprechen und – wie einst Jesus – über Wasser laufen können. Der »Feuerlauf« kann eine erste Vorbereitung und ein Symbol dafür sein, das Bewußtsein über die Problemebene (Hitze) zu erheben. Jesus sagt: »Ihr werdet Gleiches tun, wie ich getan habe, und Größeres.« Letztendlich sollten wir in die Lage kommen, uns gefahrlos in allen Bewußtseinsebenen gleichzeitig aufzuhalten, um in der materiellen Welt leben zu können und andere Menschen dort abzuholen, wo sie stehen, fürs erste kann es jedoch hilfreich sein, die oberste Etage zu suchen und sich dort vorwiegend aufzuhalten.

Lassen Sie sich führen – von IHM
Bisher ließen wir unsere Entscheidungen entweder von unserem Unterbewußtsein treffen oder aufgrund von Instinkten, Gefühlen oder Überlegungen des Oberflächenverstandes. Wir haben uns da-

durch in einem Netz der Vergangenheit gefangen. Sie müssen aber nicht aus der Vergangenheit (Unterbewußtsein) heraus handeln. Sie sind nämlich nicht nur Ihre Vergangenheit, Sie sind nicht nur Ihr Unterbewußtsein, Sie sind mehr als all dies.

Stellen Sie sich eine Bucht am Polarkreis vor mit einem Eisberg in der Mitte. Die Struktur des Eisberges, der aus dem Wasser schaut, gleicht Ihrem momentan bewußt zugänglichen Oberflächenverstand. Die Struktur des Eisberges, der im Wasser verborgen ist, gleicht Ihrem Unterbewußtsein. Die ganze Bucht sind Sie. Am Ende Ihrer Bucht treffen Sie auf die Energien Ihrer Brüder und Schwestern. Alles ist »aus Gott gemacht«, dem Stoff, aus dem auch die Träume sind. Sie haben die Wahl, sich mit den alten Mustern (Eis) oder dem Wasser (alles) zu identifizieren. Es liegt an Ihnen!

Ihr Überbewußtsein ist Ihr größeres Selbst und beinhaltet Ihr kleineres Selbst, Ihr Unterbewußtsein, aber es geht darüber hinaus. Ihr größeres Selbst weiß, wie der Wind weht. Es liegt an Ihnen, die Segel richtig zu setzen. Ihr größeres Selbst weiß, wie Sie sich hier und jetzt verhalten sollten, damit Sie am Ende gut wegkommen. Sosehr Sie auch vom »Plan« abweichen oder sich im Kreis drehen, Ihr wahres Selbst errechnet immer den günstigsten Kurs. Sobald Sie Ihrem größeren, wahren Selbst vertrauen, werden Sie immer mehr eins mit ihm und gestalten so Ihre Zukunft optimal. Roy Eugene Davis sagt: »Es gibt eine Kraft, die das Universum lenkt, und wir können lernen, mit ihr zu kooperieren.« Sobald Sie nicht mehr fragen, was erwarte ich vom Leben, sondern was erwartet das Leben von mir, kooperieren Sie mit dieser Kraft. Sie können »hinfühlen«, wie der Wind weht, und frühzeitig die Segel richtig setzen.

Die Kooperation mit unserem größeren Selbst ist nicht ein Privileg spiritueller Menschen. Beispielsweise gibt es heute von einem Physiker, nämlich von Fritjof Capra, schon ein »TAO der Physik«. Spätestens seit der Entdeckung der Quantenphysik geben sich Wissenschaft und Mystik die Hand. Der Wissenschaftler Paul Dirac erhielt den Nobelpreis für die Entdeckung der »Antimaterie«, die aus Teilchen besteht, von denen der Wissenschaftler Arthur Koestler sagt: »Schiebt man sie, fliegen sie einem ins Gesicht, zieht man sie, sausen

sie davon, bläst man sie, werden sie einem in die Lungen gesogen.«
Mittlerweile fand man heraus, daß für jedes subatomare Teilchen im
physischen Universum ein sogenanntes Antiteilchen existiert. Der
Forscher Richard Feynmann entdeckte, daß dieses Antiteilchen quasi
ein Elektron ist, das in der Zeit rückwärts fliegt. Daraus folgt: Ein Antiteilchen, das sich von der Vergangenheit in die Zukunft bewegt,
weist die gleiche Energie auf wie ein Teilchen, das sich von der Zukunft in die Vergangenheit bewegt. Im Klartext: Sobald man in der
Lage ist, die Vergangenheit der Antiteilchen zu erkennen, erkennt
man die Energie der Zukunft.

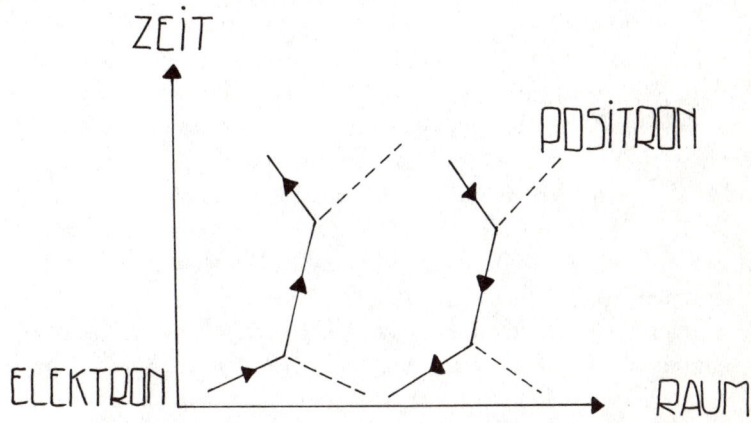

Physikalisch gesehen ist es also genauso leicht, in der Zeit vorwärts
zu gehen wie rückwärts zu gehen. Ist somit alles vorbestimmt? Ja und
nein. Wir haben einen gewissen Handlungsspielraum, in dem wir uns
rechtzeitig aus unerwünschten Energiefeldern entfernen und er-
wünschte Energiefelder aufsuchen. Die zukünftigen Energiefelder
werden zwar nach wie vor entstehen, aber wir sind in völlig neuer Art
und Weise betroffen. Physiker haben herausgefunden, daß zwei »Boten-Wellen«, d. h. zwei kurze Energieschübe, dem eigentlichen Abschaltsignal vorausgehen, wenn man den Strom abschaltet. Prof. Mu-
ses erkannte, daß ähnlich dem Abschaltsignal beim Strom jede
Energie, also auch zukünftige Ereignisse, ihre Boten-Wellen aussen-

den. Nicht umsonst sagt man: »Große Ereignisse werfen ihre Schatten voraus.« Denken Sie nur an die sieben fetten und die sieben mageren Jahre aus dem Alten Testament. Wir können wählen, was wir erleben wollen. Man könnte es sich so vorstellen, daß wir in einer Vielzahl von Holoversen (Hologramm-Universen) leben und zwischen ihnen hin und her springen können – der Wissenschaftler und Psychologe Kenneth Ring spricht hier vom »Viele-Welten-Modell«. So sind manche Prophezeiungen offenbar deshalb nicht eingetroffen, weil das Holoversum sich geändert hat. Eine bekannte Seherin sagte: »Wenn vor dreitausend Jahren, zur Zeit von Pytagoras, einiges anders gelaufen wäre, wäre Jesus nicht auf die Welt gekommen.«

Ich habe bewußt die o. a. wissenschaftlichen Erklärungen sehr kurz gehalten, um den eher pragmatisch orientierten Leser nicht zu langweilen. Wer mehr an wissenschaftlichen Hintergründen interessiert ist, sollte das Buch »Gehirn, Geist und Vision – das Potential unseres Bewußtseins, die Zukunft vorauszusehen und zu gestalten« von David Loye, erschienen im Sphinx Verlag, Basel studieren.

Aus den o. a. Erkenntnissen können wir zwei wesentliche Schlußfolgerungen gewinnen:

1. Genauso wie Sie auf einem Acker, der sieben Jahre lang Kartoffeln getragen hat, im achten Jahr Rüben anpflanzen können, auch wenn dieser Acker noch nie Rüben getragen hat, so können Sie eine Gegenwart erleben, die mit der Vergangenheit in ihren Programmen nichts mehr zu tun hat. Sie brauchen nicht mehr die Vergangenheit in die Gegenwart hineinzutragen.

2. Sie haben die Wahl, die »Zeichen der Zeit« zu erkennen und bewußt die Zukunft mitzugestalten.

Sie haben die Wahl, ob Sie sich auf den Kausalitätsdruck aus der Vergangenheit oder auf den Sog aus der Zukunft konzentrieren und diese Energie zur Neuorientierung nutzen. Dies erfordert die Kontaktaufnahme mit einer Energie, die auf der anderen Seite der Zeit wohnt – Gott. Sobald Sie sich durch IHN führen lassen, wissen Sie vielleicht nicht im einzelnen, was geschieht, aber es geschieht sicher zu Ihrem Besten. Die Brücke zu IHM ist Ihr größeres Selbst. Möglicherweise werden Sie fragen, ob es nicht Ihre Freiheit einschränkt, wenn Sie in der Führung leben – quasi keine Alternativen haben. Ich glaube, daß das, was Sie vorher gemacht haben, Ihre Abhängigkeit von Rollen und Verhaltensmustern Sie viel mehr eingeschränkt hat. Voltaire sagte einmal: »Wer immer nur mit dem Besten zufrieden ist, kann nicht auch noch Auswahl verlangen.« Früher haben Sie zwischen verschiedenen Küchenabfällen herumgewühlt, heute erhalten Sie Ihre Leib- und Magenspeise. Ich denke, das sollte Ihnen genügen.

Weg von den Mustern – hin zur Intelligenz

Wie erreichen Sie es nun, Ihr höheres Selbst bewußt durch Sie wirken zu lassen und damit allem Leid ein Ende zu setzen? Nutzen Sie dafür folgende fünf Schritte:

1. Betrachten Sie Ihre Muster wie Wolken am Himmel.

Mit Ihren Mustern haben Sie nichts zu tun. Wenden Sie sich ab von Ihren Vergangenheitsmustern, nicht nur teilweise, sondern total. Unterscheiden Sie nicht mehr die »guten« von den »bösen« Mustern, schütten Sie das Kind mit dem Bade aus – leben Sie bewußt aus dem »Hier und Jetzt«.

2. Stellen Sie Gedankenstille her.

Nehmen Sie Ihre »mentalen Schallplatten« aus dem Kopf. Stellen Sie immer wieder Gedankenstille her, denn dadurch schalten Sie immer wieder Ihr »mentales Schallplattengerät« aus und Ihren »Empfang« an.

Wie der spirituelle Meister Jidd. Krishnamurti in seinem Gespräch mit Prof. David Bohm über das Erwachen der Intelligenz sehr beeindruckend darstellt, liegt Intelligenz jenseits vom mechanischen Denken. Das mechanische Denken ist die Arbeit des Oberflächenverstandes und bewegt sich im Rahmen der Zeit. Man könnte sagen: Das Denken hat die Zeit erst erfunden. Das mechanische Denken versucht von der Vergangenheit auf die Zukunft zu schließen, was ihm nie richtig gelingt. Erni Wurzenberger sagt: »Der Oberflächenverstand ist nie im Hier und Jetzt, entweder ist er eine Sekunde zu spät oder eine Sekunde zu früh. Er tappt dauernd da-

neben.« Das mechanische Denken ist gesteuert von den Programmen des Unterbewußtseins und macht uns zu seiner Marionette, wenn wir gerade unbewußt sind. Es ist wie bei Frankenstein, wo der Roboter sich plötzlich des Herrn bemächtigt. Die Intelligenz, gemeint ist hier die »kosmische Intelligenz«, ist göttlich, wächst aus der Zeitlosigkeit ins »Hier und Jetzt«, ist allwissend und entlarvt unintelligentes (= mechanisches) Denken auf der Stelle. Diese Intelligenz sucht keine Sicherheit, sondern bietet Sicherheit. Gedankenstille ermöglicht Ihnen, intelligent und bewußt zu handeln.

3. Erkennen Sie, wer Sie wirklich sind.
Fragen Sie sich immer wieder: »Wer bin ich wirklich?« Bevor Sie handeln, fragen Sie sich: »Wer bin ich wirklich?« Bevor Sie etwas erdulden, fragen Sie sich: »Wer bin ich wirklich?« Bevor Sie, beispielsweise aus Angst, etwas unterlassen, fragen Sie sich: »Wer bin ich wirklich?«
Setzen Sie den Impuls, der dann kommt, in Tun, Dulden oder Unterlassen um. Erkennen Sie immer wieder: Sie sind mehr als Ihr Unterbewußtsein, Ihr Oberflächenverstand und Ihre Muster. Sie sind der Steuermann in Ihrem Körper und verfügen als freiester Geist über die unerschöpfliche Intelligenz, quasi einen »kosmischen Verstand«, der tiefes Verständnis für die Zusammenhänge hat, der versteht, worum es geht, und in der Lage ist, souverän, schnell und klar zu reagieren. Sie haben in jedem Augenblick ihres Lebens zwei Möglichkeiten zu handeln – als Muster oder als Steuermann. Wenn Sie als Steuermann handeln, handeln Sie intelligent. Und aus intelligenten Handlungen wird ein glückliches Leben erwachsen.

4. Konzentrieren Sie Ihr Bewußtsein auf den »Cosmischen Christall«, den Gottesfunken in Ihnen.
Stellen Sie sich die Frage: »Nehmen wir einmal an, ich hätte einen Gottesfunken in mir, wie würde er aussehen, und wo befände er sich?«
Lassen Sie sich in Ihren »Cosmischen Christall« hineinfallen. Wenn Sie tief genug in dieses innere Licht eindringen, kann es sein,

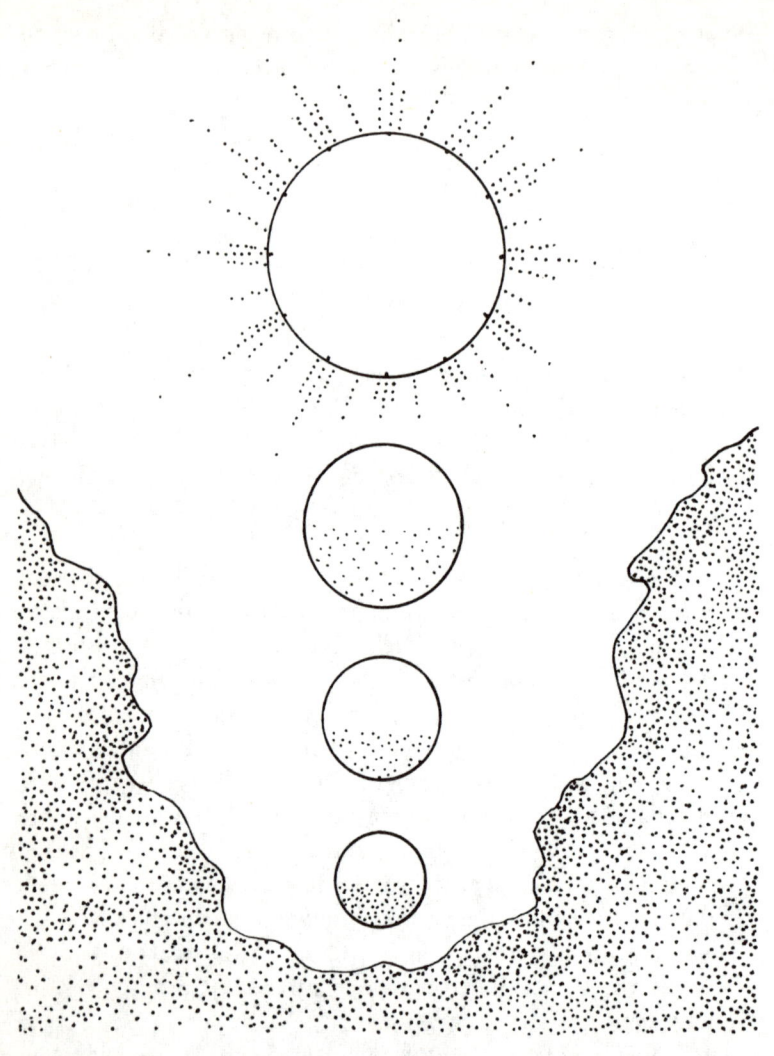

daß Sie in einer völlig neuen Dimension erwachen. Indem Sie Ihren Intellekt lokal auf Ihren »Cosmischen Christall« fixieren, fixieren Sie auch Ihr Bewußtsein auf den Gottesfunken in Ihrem Innern.

5. Geben Sie sich Gott hin.

Lassen Sie IHN Ihren Körper bewegen und Ihre Handlungen steuern. Lassen Sie sich von IHM führen, wie eine Frau sich von ihrem männlichen Tänzer im Walzertakt des Lebens führen läßt.

In dem Maße, wie Sie sich von den Mustern der Vergangenheit ab- und dem Göttlichen zuwenden, befreien Sie sich von den Programmen des unintelligenten Denkens, Handelns und Fühlens. Wie Sie wissen, haben die alten Programme die Aufgabe, das Überleben des physischen Körpers zu sichern. In dem Augenblick, wo die Intelligenz Ihres höheren Selbst bewußt wirkt, erkennen die alten Programme, daß sie nicht mehr benötigt werden. Somit werden Sie auch frei von unerwünschten Emotionen. Sie werden es einfach aufgrund Ihrer Intelligenz unterlassen, vom Balkon eines Hochhauses zu springen, Sie brauchen nicht mehr die Angst, um das zu unterlassen. Angst war notwendig, solange und in dem Maße Sie unbewußt sind. Sie lernen so, sich über Ihre Muster zu erheben, ohne sie zu bekämpfen, und Ihre eigene »Göttlichkeit« zu erkennen.

Lernen Sie die Kunst, aus der Leere zu arbeiten und zu leben

Um zu erreichen, daß wir nicht mehr blind reagieren (Wirkung sein), sondern selbst bewußter Schöpfer sind (Ursache sein), benötigen wir Gedankenbewußtsein. Es wird Ihnen immer wieder so ergehen, daß alte Muster und Programme Ihre Aufmerksamkeit auf sich lenken. Fallen Sie nicht darauf herein. Ich sage dazu immer: »Vorsicht, Gedanken greifen an.« Werden Sie stark und klar.

Die Intelligenz (d. h. die höhere Intelligenz unseres wahren Selbst) kann nur in dem Maße wirken, wie das mechanische Denken, also die Muster, es zulassen. Die Muster sind nicht böse, sie sind quasi nur ein Ersatz für die Intelligenz (damit der Körper nicht »brach«liegt). So-

169

bald Sie aus der Intelligenz heraus leben, verschwinden die Muster von alleine.

Das Gesetz des freien Willens besagt, daß niemand gegen seinen Willen zu seinem Glück gezwungen werden darf. Mystiker erzählen, daß viele Schutzengel traurig sind, weil sie das Leid eigenwilliger Menschen sehen, ihnen aber nicht gegen ihren Willen helfen dürfen. Noch ist es so, daß viele Menschen durch »mentale Schallplatten« permanent gesteuert werden – wie Roboter. Wie heißt es so schön: »Wenn du denkst, du denkst, dann denkst du nur, du denkst.« Die einfachste Methode, die Autorität über das Denken wiederzugewinnen, ist es, Gedankenstille herzustellen. Gedankenfrieden ist unablässige Voraussetzung für das Erwachen der Intelligenz. Ein japanisches Sprichwort lautet: »In eine volle Tasse kann man nichts hineinschütten.«

Haben Sie den Mut, in sich und um sich herum einen Zustand der Leere zu erzeugen und ihn bestehen zu lassen. Lernen Sie, aus dieser Leere heraus zu arbeiten, zu reden, zu leben, zu lieben, und Wunder können in Ihrem Leben geschehen.

Der Atem – Brücke zum Kosmos

Eine der schönsten Übungen, um Gedankenstille zu erzeugen, ist die Vipassana-Meditation. Vipassana kommt aus dem alten Indien und bedeutet schauen, beobachten. Die Vipassana-Meditation beruht auf der Beobachtung des Atems. Dazu sagte einmal ein weiser Inder: »Solange Sie ein- oder ausatmen, sind Sie mit Ihrem Körper identisch. Die Wahrheit ist aber, daß nicht Sie atmen, sondern Ihr Körper. Ihr Körper lebt, weil das höchste Selbst, Gott, seinen Odem in Sie hineinbläst. Wir alle leben nur, weil unser körperliches Wesen den Hauch Gottes einatmet. Gott ist das Selbst in Ihnen. Ihr Körper atmet also Ihr Selbst – Gott – ein, und das gibt dem Körper Leben. Solange Sie glauben, daß Sie es sind, der da atmet, sind Sie im Bewußtsein mit dem Körper identisch, nicht aber mit Ihrem wahren Selbst. Wenn sie jedoch in Ihrem Bewußtsein erleben, daß Ihr Körper Sie selbst einatmet und im Wiederausatmen freiläßt, dann können Sie eine große Umwandlung erleben. Konzentrieren Sie sich darauf, daß Sie sich von

Ihrem Körper aus- und einatmen lassen. Bei jedem Atemzug werden Sie das Gefühl haben, daß Sie beim Einatmen Ihren Körper mit lebensspendender Kraft füllen und Ihr Körper Sie einatmet, und beim Ausatmen ziehen Sie sich aus Ihrem Körper zurück bis zum nächsten Atemzug. Wenn Sie das geschehen lassen können, werden Sie Ähnliches erleben wie beim Tode des Körpers, da Sie sich aus ihm zurückziehen und Ihr Körper Sie das letzte Mal aushaucht.«

Wie Bhagwan Shree Rajneesh in Kapitel III seines »Buchs der Geheimnisse« (erschienen im Heyne Verlag, München) leichtverständlich darstellt, ist der Atem eine Brücke zwischen Ihnen und Ihrem Körper, aber auch eine Brücke zwischen Ihnen und dem Universum. Nutzen Sie ihn, um Gedankenstille herzustellen. Eine insbesondere für Morgenmuffel im Bett gut anwendbare Atem-Kassette bietet Johannes Walters »Chakra-Atmen« (erschienen im Verlag PETER ERD, München).

Übung: Setzen Sie sich mit geradem Rücken auf einen Stuhl, ZEN-Hocker oder den Boden. Wichtig ist, daß der Körper über die ganze Zeit hinweg unbeweglich bleibt. Die Wirbelsäule halten Sie locker, aber gerade. Dies erreichen Sie am einfachsten, indem Sie sich vorstellen, daß am oberen Ende Ihrer Wirbelsäule ein Faden angebracht ist und daß jemand Sie an diesem Faden ein wenig nach oben zieht. Dann lassen Sie den Faden wieder locker und spüren, daß sich die Wirbel gerade und entspannt aufeinander legen. Machen Sie sich dann Ihren »Cosmischen Christall« bewußt, und beobachten Sie von dort aus Ihren Atem, wie er einströmt und ausfließt. Folgen Sie dem Atem. Sobald ein Gedanke kommt, lassen Sie ihn vorüberziehen. Denken Sie: »Jetzt nicht, jetzt beobachte ich meinen Atem«, und wenden Sie sich wieder dem Atem zu. Wenn Sie zwischendurch bemerken, daß Sie mit Ihren Gedanken nicht bei der Sache waren, seien Sie froh darüber, denn die Tatsache, daß Sie bemerken, daß Ihre Gedanken abgeschweift sind, zeigt ja, daß Sie jetzt wieder bei der Sache sind. Wenn Sie in Ihrer Meditation von wichtigen Gedanken gestört werden, dann bitten Sie diese Gedanken, nach der Mediation wiederzukommen, oder schenken Sie sie Gott mit der Bitte, darauf aufzupassen.

Sagen Sie: »Lieber Gedanke, schön, daß du gekommen bist, nur der Zeitpunkt ist falsch. Jetzt beobachte ich meinen Atem. Tschüs, bis nach der Meditation.« Wenn der Gedanke wirklich wichtig war, wird er schon wiederkommen. Außerdem ist kein Gedanke so wichtig, wie Ihre Meditation!

Gleichnis 9:

Der Atem Gottes

Jeder Atemzug ist ein Atemzug Gottes.
Ich spüre: Nicht ich atme, sondern Gott atmet mich.
Jedes Einatmen ist ein Atemzug, von Gott ausgesto-
ßen.
Jedes Ausatmen ist ein Atemzug, von Gott eingeso-
gen.
Jedes Leben beginnt mit dem ersten Atemzug.
Jedes Leben endet mit dem letzten Atemzug.
Einatmen ist eine neue Geburt – Ausatmen ein neuer
Tod.
Geborenwerden – Sterben – Geborenwerden – Ster-
ben.
Alles fließt im Tanze des Lichtes ein und aus.
Einatmen – ausatmen – ausatmen – einatmen.
Ob ich glücklich bin oder traurig, arm oder reich,
eines steht fest – ich atme.
Mit jedem Einatmen nehme ich die Vollkommenheit
Gottes auf.
Mit jedem Ausatmen gebe ich meine Unvollkom-
menheit ab an Gott.
Einatmen – Gott strömt in mich, ausatmen – ich
ströme zu Gott.

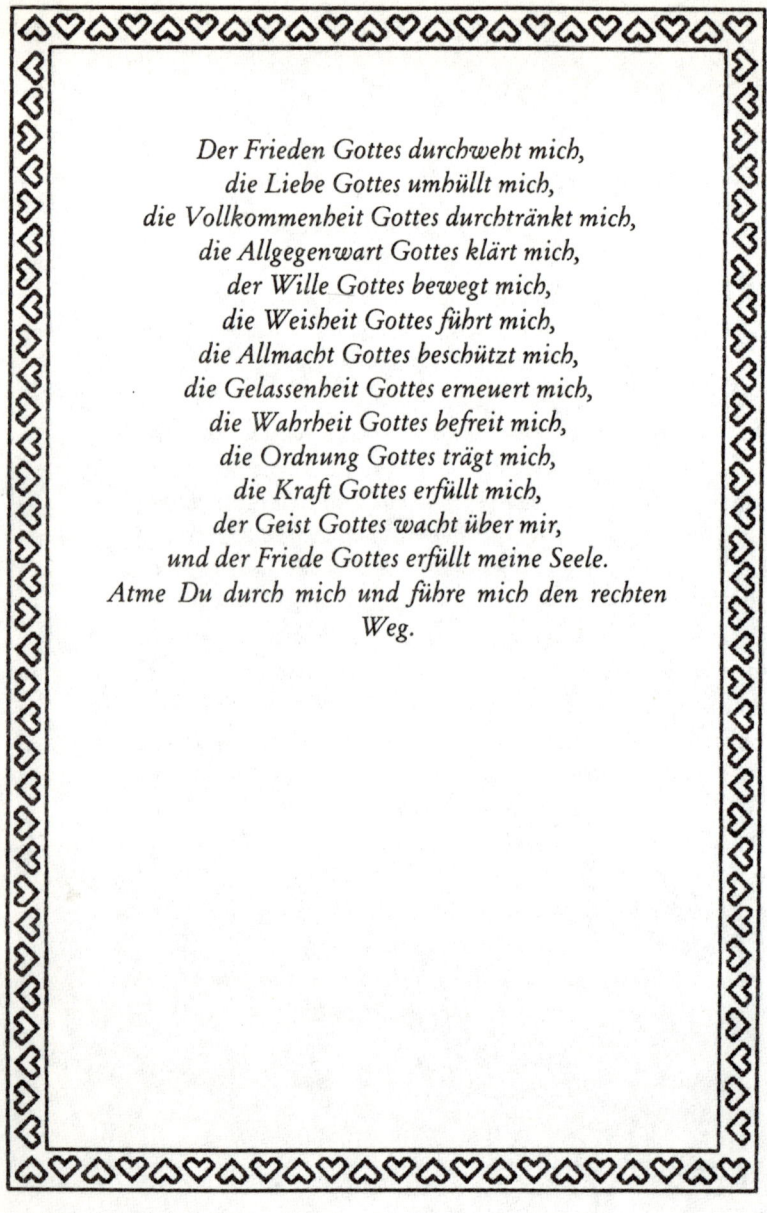

Der Frieden Gottes durchweht mich,
die Liebe Gottes umhüllt mich,
die Vollkommenheit Gottes durchtränkt mich,
die Allgegenwart Gottes klärt mich,
der Wille Gottes bewegt mich,
die Weisheit Gottes führt mich,
die Allmacht Gottes beschützt mich,
die Gelassenheit Gottes erneuert mich,
die Wahrheit Gottes befreit mich,
die Ordnung Gottes trägt mich,
die Kraft Gottes erfüllt mich,
der Geist Gottes wacht über mir,
und der Friede Gottes erfüllt meine Seele.
Atme Du durch mich und führe mich den rechten
Weg.

Gedanken steuern Ihr Leben

Wir haben eben über den »empfänglichen Teil« gesprochen, der durch das Wirken der Intelligenz in der Gedankenstille entsteht. Wir sind aber nicht nur empfänglich, wir sind auch kreativ und gestaltend. Ein Sprichwort sagt: »Gott hat keine anderen Hände als deine.« In Verbindung mit der höheren Intelligenz haben Sie das Recht, die Erde zu gestalten, zu manifestieren. Sie manifestieren in erster Linie durch Ihre Gedanken. Gedanken sind gewaltige Kräfte. In den Schriftrollen der alten Bruderschaft der Essener steht: »Der Blitz, der die mächtige Eiche fällt, ist ein Kinderspiel gegen die Macht eines Gedankens.«

Experiment: Schließen Sie einmal die Augen, und stellen Sie sich eine Zitrone vor. Sagen Sie: »Nehmen wir einmal an, ich könnte jetzt eine Zitrone sehen, wäre sie groß oder klein? Wäre die Schale glatt oder rauh? Wäre sie saftig oder vertrocknet?« Stellen Sie sich die Zitrone mit allen Sinnen vor. Dann nehmen Sie in Gedanken ein Messer und schneiden diese Zitrone in zwei Hälften. Riechen Sie den Duft der Zitrone, und beißen Sie dann im Geiste herzhaft hinein. Was beobachten Sie in Ihrem Körper? Wahrscheinlich spüren Sie, wie Ihnen das Wasser im Mund zusammenläuft. Wie ist dieses Phänomen erklärbar? Wie Sie bereits wissen, kann Ihr Unterbewußtsein nicht zwischen Wahrnehmung und Vorstellung unterscheiden. Es gelangt der vermeintliche Außenreiz »Zitrone essen« in Ihr Gehirn, wird dort mit »sauer« interpretiert, und Ihr Unterbewußtsein reagiert, indem es Flüssigkeit in die Zunge schickt, um die vermeintliche Zitronensäure zu verdünnen und damit verdauungsfertig zu machen. Nicht erst der »Pawlowsche Hund« beweist uns: Jeder Gedanke wirkt z. B. auf unser Muskelsystem (bei Gedanken an angstmachende Situationen zittern die Beine), auf unser Herz (Gedanke an etwas Schönes läßt das Herz schneller schlagen), einfach auf alles. Wir können also festhalten: Jeder Gedanke löst unzählige biochemische, bioelektrische und energetische Körperreaktionen aus. Lassen Sie uns jetzt einmal untersuchen, wie Sie denken.

Experiment: Notieren Sie einmal drei Minuten lang alle Gedanken,

175

die Ihnen in den Sinn kommen. Danach zählen Sie nach. Sie werden nach einer kurzen Hochrechnung feststellen: Wir denken Tag für Tag mindestens 3000 Gedanken. Überlegen Sie jetzt einmal, an wie viele Gedanken, die Sie gestern gehabt haben, Sie sich noch erinnern können? Wie viele Gedanken haben Ihnen geholfen, den Tag zu meistern? Vielleicht waren es dreißig oder vierzig Gedanken. Daraus folgt: 99 Prozent der Zeit denken wir unbewußt. Was denken wir? Schauen Sie wieder auf Ihre Notizen, und betrachten Sie die Qualität Ihrer Gedanken: Sie werden lauter chaotische Gedanken, die über-

haupt nichts miteinander zu tun haben, finden. Immer wenn Sie gerade unbewußt sind, werden Sie gedacht von »mentalen Schallplatten«. Die österreichische Mystikerin Erni Wurzenberger sagt: »Der Mensch denkt, und Gott schlägt die Hände über dem Kopf zusammen.«

Gedanken wirken aber nicht nur auf Sie, sondern auch auf andere. Aus telekinetischen Versuchen wissen wir, daß man mit Hilfe von Gedankenkraft Materie bewegen kann. Gedanken sind Waffen, stärker als Worte. Und durch Ihre Gedanken wirken Sie immer, egal wie. Sie sind in jeder Sekunde Sender und Empfänger von Gedanken. Man könnte Sie als eine eigene Rundfunkstation bezeichnen. »Radio Klaus sendet 24 Stunden am Tag.«

Experiment: Setzen Sie sich hinter einen Menschen. Denken Sie zuerst negativ über ihn, danach positiv. Fragen Sie beide Male, wie er sich fühlt. Sie erkennen, was Sie mit Ihren Gedanken anrichten.

Wie entstehen Gedanken? Sie besitzen in Ihrer Aura (d. h. um Sie herum) eine feinstoffliche Schicht, die den sogenannten »Begierdekörper« und den sogenannten »Mentalkörper« enthält. Der Mentalkörper ist aus unzähligen »Gedankenatomen« gebildet. Beim Entstehen eines Gedankenkeimes stößt dieser Körper einen vibrierenden Teil seiner selbst ab. Dieser zieht aus der ihn umgebenden Atmosphäre Mentalsubstanz an. Beim Entstehen eines Gefühls geschieht das gleiche mit sogenannten »Gefühlsatomen«. Aus der Verbindung von Mental- und Gefühlsstruktur entsteht die Gedankenform, die dann als Gedanke in ein Energiefeld (der Wissenschaftler Shaldrake spricht vom sogenannten »morphogenetischen Feld«) entlassen wird und dort nach Verwirklichung strebt. Mit Ihren Gedanken wirken Sie auf sich selbst. Wie Sie über sich denken, so wird Ihr Leben aussehen. Wohin Sie Ihr Bewußtsein richten, dahin fließt die schöpferische Energie. Positive Gedanken haben die Tendenz, spiralförmig weitere positive Gedankenformen einzuladen, und negative Gedanken die Tendenz, weitere negative Gedanken einzuladen, wie beim sogenannten »Schneeballeffekt«.

Hellsichtige können die Gedanken, die Menschen umschwirren wie Bienen, wahrnehmen und erkennen, welche »Resonanz« sie erzeugen. Das nachfolgende Bild ist die Zeichnung eines Hellsichtigen und beschreibt, wie ein Gedankenkeim sich aus dem Material der Aura bildet.

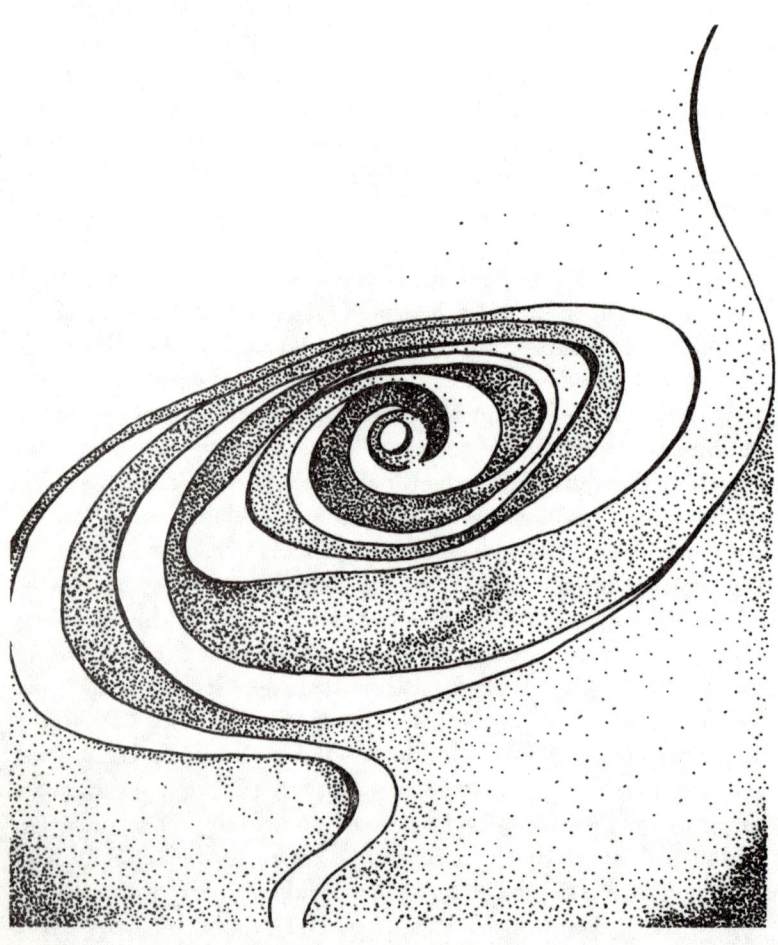

Die nachfolgenden Zeichnungen stammen von Hellsichtigen und stellen verschiedene Gedankenformen in ihrer Schönheit oder auch in ihrer Häßlichkeit dar.

Stellen Sie sich vor, Ihr Gehirn ist ein riesiges Bienenhaus. Die göttlichen Gedanken sind die Bienen. Die göttliche Weisheit ist der Honig, den sie abliefern. Sie bestimmen, ob Sie Bienen oder Hornissen züchten. So lautet auch ein chinesisches Sprichwort: »Du kannst nicht verhindern, daß die Vögel der Sorge über deinem Haupt fliegen, aber du kannst verhindern, daß sie darin ihre Nester bauen.«

Ein geistiges Gesetz lautet: »Jeder Gedanke hat das Bestreben, sich zu verwirklichen.« Sie denken zum Beispiel: »Ich bin ganz schön dumm.« Schon haben Sie eine Hornisse auf Erkundungsfahrt geschickt, die jetzt Situationen für Sie sucht, in denen Sie vielleicht schön, aber auf jeden Fall dumm dastehen. Sie denken: »Das Leben ist hart«, und schon werden Sie sich, wenn Sie in eine Gaststätte gehen, mit absoluter Sicherheit von dem Tisch angezogen fühlen, an dem die Menschen sitzen, die ebenfalls der Meinung sind, daß das Leben hart ist. Sie denken: »Das Leben ist ein Spaß«, und automatisch werden Sie von lustigen Menschen angezogen werden.

Sie sind nicht das Opfer der Dinge, die Sie wahrnehmen. Sie sind ein Schöpfer. Das ganze physikalische Universum ist nichts anderes als ein riesiges Gedankengebäude. Weise sagen, daß der Planet Erde in Wahrheit gar nicht existiert, sondern nur ein riesiges Gedankengebäude ist, sozusagen ein »mentales Spiel«, das wir alle miteinander spielen.

*Gedanke der Furcht – von einem Menschen, der vor Angst
wie eine weiße Maus sich im Mauseloch verkriechen
möchte.*

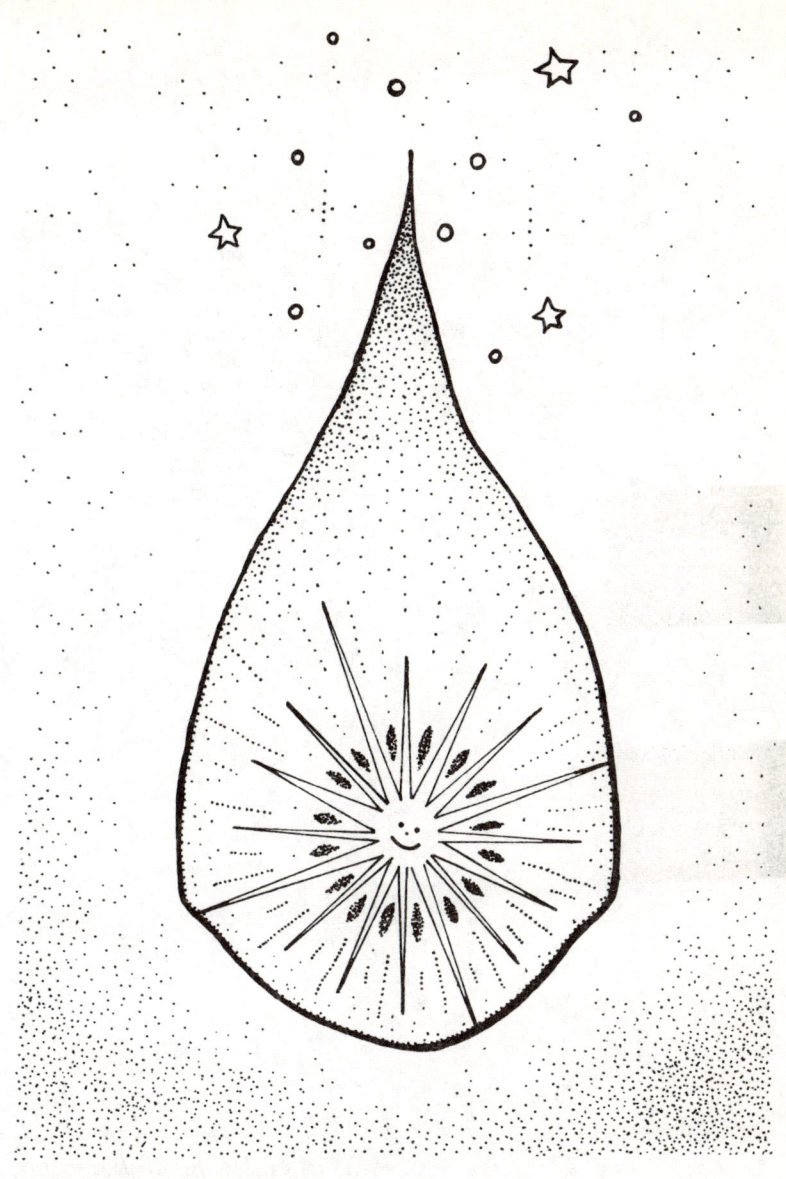

Gedanke der Erkenntnis – wie ein goldener Regentropfen

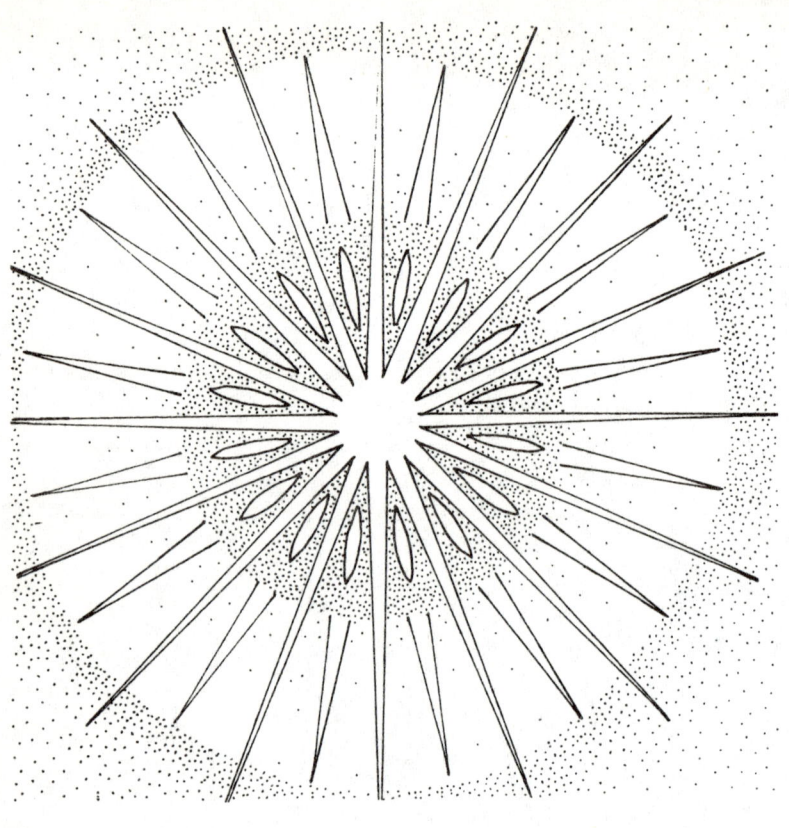

Gedanke der Weisheit – von strahlender Schönheit und Einfachheit

182

Mit Ihren Gedanken steuern Sie Ihre Gefühle.

Experiment: Denken Sie einmal »Liebe«, »Frieden« oder »Wohlgefühl«, und visualisieren Sie dazu ein Bild von Liebe, Frieden oder Wohlgefühl. Steigen Sie immer tiefer in das Bild ein, und erleben Sie, was Sie dabei spüren. Erkennen Sie: Durch Ihr bewußtes Denken bestimmen Sie Ihre Gefühle.

Die Dinge können sein, wie Sie wollen, sobald Sie positiv darüber denken können, haben Sie auch positive Gefühle. Sie brauchen nicht die Dinge in Ihrer Umwelt zu ändern, wenn Sie glücklich sein wollen – alles was Sie ändern müssen, sind Ihre Gedanken über sie.

Gedanken verursachen aber noch mehr: Gedanken führen zur Tat. Sie können keine Teetasse hochheben, ohne dies vorher gedacht zu haben. Taten führen zu Gewohnheiten (klar, niemand kommt als Kettenraucher auf die Welt). Gewohnheiten prägen den Charakter (wer gewohnheitsmäßig lügt oder stiehlt, hat bald einen verdorbenen Charakter). Und der Charakter prägt das Schicksal (das merken Sie spätestens dann, wenn Sie »eingebuchtet« werden). Kurt Tepperwein sagt: »Vom Gedanken zur Tat – von der Tat zur Gewohnheit – von der Gewohnheit zum Charakter – vom Charakter zum Schicksal.«

Was ist positives Denken wirklich?

Um diese Frage zu beantworten, beginnen wir erst einmal mit dem Gegenteil: Was ist negatives Denken? Jeder Gedanke, der in irgendeiner Form bewertend ist, ist negativ. Wann immer Sie etwas bewerten, drücken Sie Ihr Emotionsniveau. Hören Sie deshalb auf, Dinge in »gut« oder »schlecht« zu unterteilen. Dies ist nichts anderes als Energieverschwendung, Sie machen in Ihrem Gehirn einen »Gang« mehr, der Ihnen nur Probleme bringt. Seien Sie ruhig einmal bequem, und lassen Sie diese »Verstandesakrobatik«. Entfernen Sie den »inneren Bewerter« aus Ihren Gehirnwindungen. Eine Ausnahme bieten sachliche Feststellungen, die zwar dem Worte nach bewertend sind, bei denen aber keine eigenwillige Energie dahintersteht. Manchmal kann es durchaus befreiend sein, sich mit Worten Luft zu machen. Dies ist aber lediglich »Dampfablassen«, bewertet haben Sie schon vorher, sonst wäre der Dampf gar nicht erst entstanden.

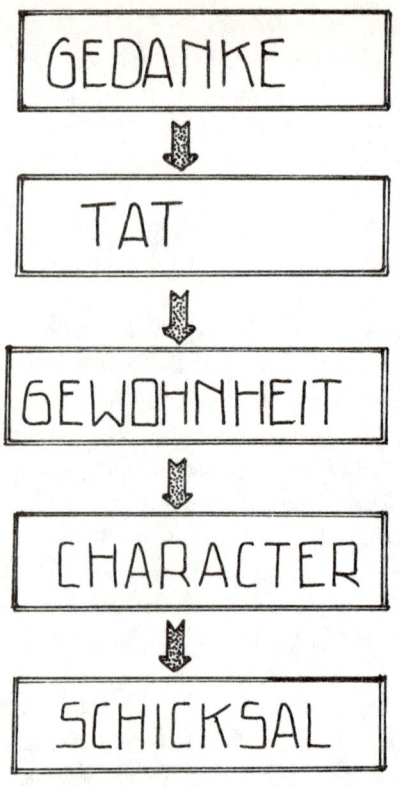

Erkennen Sie negatives Denken:

1. *Jede* Unterteilung in gut und böse ist negatives Denken und führt zwangsläufig zu Leid.
2. Jedes gedankliche »Nachhängen« an die Vergangenheit und jedes gedankliche »Vorauseilen« in die Zukunft ist reine Energieverschwendung. Sie verpassen den einzigen Zeitpunkt, zu dem Sie lebendig sind und handeln können – jetzt. Klagen Sie also nicht über die Vergangenheit, sie ist schon tot. Sehnen Sie sich nicht

nach der Zukunft, sie ist noch nicht da. *Tomorrow never comes –* morgen kommt nie. Halten Sie sich an die Realität.

3. Jedes »passive« Denken, d. h. Abspulen von »mentalen Schallplatten«, ist negatives Denken, weil es stumpf und dumm macht.

4. Jedes Gefühl, das nicht Liebe ist, ist negatives Denken, weil es »eng« macht.

Positives, intelligentes Denken bedeutet:

Positives Denken ist die Fähigkeit, harmonische Gedankenformen zu erschaffen und sie in hilfreiche Assoziationsbahnen zu lenken. Positives Denken bedeutet zu erkennen, daß alles, was Ihnen geschieht, letztendlich wertneutral ist. Rockmusik ist weder gut noch schlecht, es kommt darauf an, was Sie daraus machen. Auch ein Autounfall ist neutral. Es kommt nur darauf an, durch welche Assoziationsbahn Sie ihn schicken. Positives Denken bedeutet, den destruktiven Aspekt von Geschehnissen zu VERGESSEN. Eugen Roth sagte einmal: »Der Mensch blickt in der Zeit zurück und sieht: Sein Unglück war sein Glück.« Positives Denken bedeutet, immer herauszufinden, was die Situation *günstigstenfalls* hergibt, also das Optimale aus dem Ereignis zu machen. Positives Denken bedeutet, Boß über seine Gehirnwindungen zu sein und selbst zu bestimmen, was man denkt. Positives Denken bedeutet, ein Energiemeister zu sein und jeden »Außenreiz« in eine hilfreiche und aufbauende Form zu transformieren. Positives Denken ist immer ein bewußtes Denken. Versuchen Sie einmal, bewußt negativ zu denken. Sie werden feststellen, es klappt nicht. Wenn Sie feststellen, daß Sie negativ denken, denken Sie in Wirklichkeit gar nicht, sondern Sie werden gedacht, von irgendwelchen »mentalen Schallplatten«.

Positives Denken ist genauso wichtig wie positives Nicht-Denken. Positives Denken führt zu positivem Tun, Dulden oder Unterlassen. Positives Nicht-Denken führt zum positiven Sein! Solange Sie ein Wanderer zwischen zwei Welten, zwischen Zeit und Ewigkeit sind, ist beides notwendig. Wer sein Denken nicht gebraucht, ist unfähig, in der physikalischen Ebene zu wirken. Wer sein Nicht-Denken nicht gebraucht, findet nicht zu seiner Göttlichkeit zurück. Positives Denken bedeutet letztendlich, in allem Gottes lebendigen Ausdruck der Liebe und Ordnung zu erkennen.

1. Absichtslos anschauen, was JETZT ist: Nichts zu bewerten, sondern zu erkennen, daß alles IST. Beschönigen Sie nichts, und verschleiern Sie nichts. Nehmen Sie ruhig alles wahr, aber bewerten Sie es nicht nach den Kriterien gut oder böse. Distanzieren Sie sich von den Erscheinungsformen, seien Sie einfach Zeuge. Die Weisen sagen, daß die Lichtwesen nicht nach gut oder böse unterscheiden, sondern uns nur an der Stärke unserer Ausstrahlung differenzieren können. Wenn Gott kein Gut oder Böse kennt, wie wäre es, wenn Sie sich diesen Luxus auch leisten würden? Seien Sie mit Ihrem Bewußtsein in der Gegenwart. Dadurch »schneiden« Sie automatisch die Programme aus der Vergangenheit ab. Fragen Sie sich immer: »Was ist jetzt?«

2. Gedanken des Liebens und des Lächelns: Positives und intelligentes Denken steht immer in Zusammenhang mit einem tiefen Gefühl der Zustimmung, Bejahung und Liebe. Wenn Sie intelligent sind, lieben Sie, was ist, und lachen über den ganzen menschlichen Blödsinn! Die Welt ist ein Narrenhaus. Lieben Sie sie, wie sie ist! Man kann versuchen, Sie zu ärgern, Sie zu beleidigen oder Sie zu demütigen, aber eines kann man Ihnen nicht nehmen: die Fähigkeit, all das, was Ihnen zustößt, zu lieben. Wenn Sie lieben, werden immer mehr Leute, die Sie lieben, zu Ihnen kommen, Ihre Nähe suchen und Sie reich beschenken.

   Ein spiritueller Führer wurde einmal ins Gefängnis gesteckt. Nach einigen Tagen kam der Gefängnisdirektor und fragte ihn: »Was ist los mit Ihnen, Sie scheinen der einzige zu sein, der den Aufenthalt hier genießt.« Der Führer antwortete: »Das ist das erste und wahrscheinlich letzte Mal, daß ich hier lande. Ich will es voll auskosten.« Er suchte nicht nach einem Schuldigen, er suchte nicht nach Karma oder sonst irgendwelchen Ursachen (vielleicht habe ich etwas falsch gemacht), er feierte einfach seine augenblickliche Situation.

3. Gedanken der Kreativität und Erkenntnis: Erkennen Sie in jedem Augenblick die Gunst der Stunde. Jede Situation bietet ungeahnte

Möglichkeiten. Was sind Möglichkeiten? Möglichkeiten sind im Gegensatz zu Gegebenheiten Chancen, die neue Wege öffnen! Wenn Sie zum Beispiel bei schlechtem Wetter auf die Idee kommen, wie immer in die Sauna zu gehen, ist das keine ungeahnte Möglichkeit. Wenn Sie allerdings spontan Ihre Freundin splitternackt ins Freie tragen, um dort erstmals mit ihr im Regen zu tanzen, dann nutzen Sie eine neue Möglichkeit. Indem Sie Ihre Energie nicht mehr auf »psychologische Bewertung«, sondern nur noch auf Möglichkeiten richten, erleben Sie märchenhafte Freiheiten und ungeahnte Chancen. Leben Sie in Möglichkeiten. Wie heißt es so schön: Der Pessimist sieht in jeder Möglichkeit eine Schwierigkeit, der Optimist in jeder Schwierigkeit eine Möglichkeit. Seien Sie ein Optimist, und erkennen Sie Ihre Möglichkeiten – in jedem Augenblick. Möglichkeiten zum Freuen, zum Lernen, zum Danken gibt es genug. Sehen Sie das ganze Universum als ein einziges Angebot von großartigen Möglichkeiten.

4. Segnen: Segnen Sie alles, was Ihnen begegnet. Segnen bedeutet, die Wahrheit hinter dem Schein zu erkennen. Segnen bedeutet, in jedem und allem das Vollkommene zu erkennen. Alles, was Sie segnen, muß Ihnen zum Segen werden.

Den Alltag meistern durch Gedankenbewußtsein

Ein altes Sprichwort lautet: »Jene, die eine Disziplin einhalten, sind befreit von harter Arbeit.« Sehr häufig wird Disziplin verstanden als »sich hart rannehmen«, man spricht so gerne von spartanischer Disziplin. Was bedeutet Disziplin wirklich? Disziplin bedeutet, in jedem Augenblick sich seiner Gedanken bewußt zu sein. Es geht also um Gedankendisziplin. Disziplin bedeutet nicht, sich zu vergewaltigen, sich zu etwas zu zwingen oder schlechte Gedanken mit Gewalt zu »vertreiben« – das wäre Krampf und würde nichts nützen, denn wie heißt es so schön: »Jede Anstrengung bewirkt das Gegenteil.« Gedankendisziplin bedeutet, sich immer wieder zu fragen: »Was denke ich denn gerade?« Und noch besser: *»Who is talking?«* – mit anderen Worten: Wer sitzt denn gerade an meinem »Computer«? »Wer spielt da herum?« – »Wer versucht gerade, mir dieses oder jenes einzureden?«

Durch ständige Achtsamkeit kann ich lernen, die »Stimme« meiner »Muster« von der Stimme meiner höheren Intelligenz zu unterscheiden. Gedankenbewußtsein ist der Schlüssel zu einem leichteren (nicht härteren), lässigeren und glücklicheren Leben.

Gedankenbewußtsein bietet 7 goldene Vorteile:

1. Gedankenbewußtsein befreit Sie von alten Verhaltensmustern. Gedankenbewußtsein ist sozusagen der Zaun, der die wachsende Frucht des Bewußtseins vor wilden Tieren schützt.
2. Gedankenbewußtsein macht Sie lässiger, leichter und beschwingter. Warum? Weil alle Probleme, der ganze Ernst und die ganze Bitterkeit des Lebens im undisziplinierten Denken, im Abspielen »mentaler Schallplatten« liegen. Sie versuchen, die Last des vergangenen Tages, ja die Last der ganzen Vergangenheit zu tragen, und bürden dieser Last noch die Lasten der Zukunft auf. Kein Wunder, daß Sie »geistige Verstopfung« kriegen. Sobald Sie mit den Gedanken im »Hier und Jetzt« sind, gibt es keine Probleme mehr.
3. Mit Hilfe von Gedankenbewußtsein arbeiten und leben Sie effektiv, lässig und überlegen. Sie entlarven »Energiefresser« sofort und sind in der Lage, in jedem Augenblick das Wichtige vom Unwichtigen zu unterscheiden. Sie sparen Zeit, weil Sie die unwichtigen Dinge einfach nicht tun oder zumindest delegieren. Sie arbeiten effektiv, weil Sie innerhalb der wichtigen Dinge das Wesentliche vom Unwesentlichen unterscheiden und sich nur auf das Wesentliche, d. h. das, was zu Ihrem Wesen gehört, konzentrieren. Sie arbeiten lässig, weil Sie mit Hilfe der Gedankendisziplin in der Lage sind, Ihre Arbeiten nach Prioritäten zu ordnen und sich nur auf das konzentrieren, was jetzt zu tun ist (Prioritätenliste).
Ein Tip: Legen Sie, bevor Sie an Ihre Tagesarbeit gehen, eine Prioritätenliste an. Notieren Sie alles, was für heute zu tun ist, und ordnen Sie Ihre Aktivitäten nach Priorität. Das Wichtigste bekommt die Ziffer eins, das Zweitwichtigste die Ziffer zwei usw. Erledigen Sie dann Ihre Arbeiten an Hand dieser Liste. »Störungen« werden mit Hilfe des Gedankenbewußtseins so in den Tagesablauf inte-

griert, daß die innere Ordnung erhalten bleibt. Sie entscheiden bewußt, ob Sie sich jetzt oder später der »Störung« widmen wollen und wie Sie es tun wollen. Dann erhält die »Störung« eine Ziffer in Ihrem Prioritätenplan, und Sie kehren wieder zu Ihrer Aufgabe zurück.

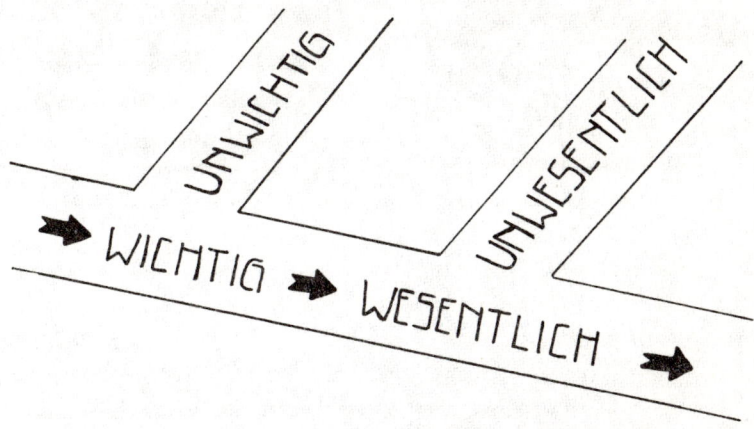

4. Durch Gedankenbewußtsein gewinnen Sie Klarheit. Sie gewinnen innere und äußere Klarheit und sind dadurch unabhängig und frei von Beeinflussung und Manipulation von außen. Sie gewinnen die Freiheit, sich selbst zu entscheiden. Sie stecken den Kopf über die Gedanken-Wolken und blicken ins Klarheits-Licht.

5. Gedankenbewußtsein macht Sie leistungsstärker. Sie konzentrieren die Vielfalt Ihrer täglichen 3000 Gedankenkräfte auf ein Ziel. Aus dem täglichen Gedankenchaos wird im Laufe der Zeit ein Gedankenlaser. Es ist ein Wunder, das Sie erreichen, wenn Sie nichts anderes tun. Ihre Leistung erhöht sich um ein Vielfaches. Das bedeutet für Sie: mehr Freude an der Arbeit.

6. Mit Hilfe von Gedankenbewußtsein erleben Sie schöne Gefühle. Sobald Sie liebevoll denken über sich und über Ihre Außenreize, erleben Sie auch Gefühle der Liebe, Bejahung, Zustimmung, Kraft und Freude. Wann immer Sie sich schlecht fühlen, sollten Sie dies zum Anlaß nehmen, sich von Ihren Programmen zu distanzieren,

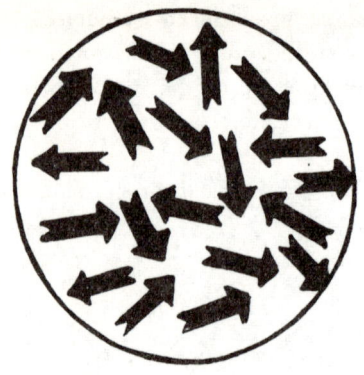 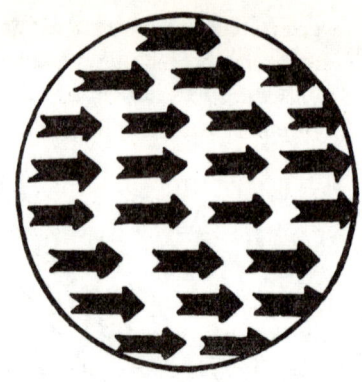

Gedankenchaos   Gedankenlaser

sich bewußt zu machen, wer Sie wirklich sind, und was Sie wollen, und wieder aus Ihrer Intelligenz heraus zu handeln.

Lernen Sie durch Gedankenbewußtsein Ihre Gedanken wie rassige Pferde zu steuern. Seien Sie sich ständig Ihrer Gedanken bewußt. Sie sind, was Sie über sich denken. Ihre Umwelt ist so, wie Sie über sie denken. Sie erleben, was Sie denken. Deshalb denken Sie das, was Sie wirklich haben wollen. Am leichtesten gelingt Ihnen das, wenn Sie immer wieder in die Führung gehen und sich auf Gott ausrichten. Gedankendisziplin für Gott ist höchster Segen für Sie und Ihre Umwelt – probieren Sie es aus!

Wählen Sie Ihre Gedanken, Worte und Taten bewußt
Üben Sie Gedankendisziplin auch beim Reden. Jedes Wort, das Sie sprechen, ist eine Energie, die Sie aussenden. Jedes negative, böse, herabsetzende oder lieblose Wort, das Sie aussprechen, beeinflußt zuerst Sie, bevor es zum anderen gelangt, und kommt dann noch zusätzlich nach dem Gesetz der Resonanz dreifach auf Sie zurück. Sokrates

190

sagte einmal: »Der Mensch sollte seine Worte nur zu drei Zwecken gebrauchen: zu helfen, zu heilen und zu segnen.« Vor Inbetriebnahme des Mundwerkes sollte man also die höhere Intelligenz einschalten. Fragen Sie sich, wenn Sie reden:

Warum spreche ich?

Spreche ich, weil ich angeben will, mein Ego rechtfertigen will, um Gunst heischen will? Rede ich nur um des Redens willen? Will ich mir die Zeit vertreiben? Was ist der Grund, warum ich spreche? Tratsch, Klatsch, negatives Gerede bietet mir keinen Vorteil! Unsere Telefonrechnungen könnten weitaus niedriger sein, wenn wir uns vor Beginn des Telefonats einmal klarmachen, was wir überhaupt dem anderen mitteilen wollen. Wenn andere Sie »vollquasseln«, fragen Sie einmal höflich zurück: »Warum erzählst du mir das eigentlich?« Und wenn jemand sagt: »Ja, man wird doch noch ein bißchen negativ reden, klatschen und schimpfen dürfen?«, erwidern Sie ruhig: »Natürlich, aber nicht bei mir.«

Wofür spreche ich?

Wofür Sie sprechen, das kommt dabei heraus. Wenn der Hintergrund Ihrer Gespräche ist: »Die Welt ist schlecht« oder »Keiner mag mich«, dann wird auch in Zukunft genau so Ihre Welt aussehen. Die Frage »Wofür« zielt also darauf ab, welche Idee, welche Überzeugung Sie herüberbringen wollen.

Woher spreche ich?

Die Frage »Woher« zielt auf Ihre Rolle, die Sie beim Reden spielen. Sprechen Sie aus der Warte des »Oberlehrers« oder der des ewigen »Schülers«? Machen Sie sich immer wieder Ihre Rolle bewußt, die Sie beim Sprechen einnehmen.

Noch wichtiger als beim Reden ist das Gedankenbewußtsein beim Handeln. Immer dann, wenn Sie einen Gedanken in eine Handlung überführen, sollten Sie bewußt sein und sich fragen: »Will ich das, was ich jetzt tue, auch wirklich tun?« Jede Handlung ist eine Ursache, die eine Wirkung nach sich zieht. Viele Menschen lassen sich gedankenlos vollaufen oder »fressen« sich voll, lassen sich vom Fernseher berieseln oder gehen in eine Kneipe, die ihnen gar nicht gefällt, nur um die

Zeit totzuschlagen. Also: Immer wenn Sie handeln, machen Sie sich klar, ob Sie gerade bewußt sind, denn wenn Sie einmal unbewußt gehandelt haben, haben Sie bereits eine »Schallplatte« aufgelegt, und wenn die einmal läuft, ist es schwer, sie wieder vom Plattenteller zu nehmen. Die Juristen kennen den Begriff der Fahrlässigkeit. Wenn fahrlässige Gedanken und Handlungen bestraft würden, müßten täglich 90 Prozent der Menschheit vor dem Kadi stehen. Von Rechts wegen wird Fahrlässigkeit nur bestraft, wenn jemandem ein Ziegel auf den Kopf gefallen ist oder ähnliches. Nach geistigen Gesetzen wird jede Fahrlässigkeit »bestraft«, von Ihnen selbst, denn Sie müssen »ausbaden«, was Sie fahrlässig angerichtet haben. Also: Vor jeder Tat kurz in die Führung, ins Bewußtsein gehen. Bevor Sie etwas tun oder sagen, fragen Sie sich kurz: »Bin ich bewußt?« Wenn nicht, dann wissen Sie, was das Gebot der Stunde ist! Der Preis für Fahrlässigkeit ist zu hoch – Sie geraten in den Sog einer Negativspirale und müssen hinterher »dreifach« arbeiten, um den Fehler wieder auszugleichen.

Ein Beispiel: Sie haben unbewußt den Fernseher eingeschaltet, um sich die Tagesschau anzusehen, und wundern sich nach einiger Zeit, daß das Testbild auf dem Bildschirm flimmert. Sie sind wieder einmal vor der »Glotze« eingeschlafen. Und am nächsten Morgen wachen Sie überdreht und voller »mentaler Schallplatten« auf.

Eine gute Übung zum Tatenbewußtsein ist es, Handlungen mental vorauszuerleben, d. h. sich vorzustellen, Sie hätten das, was Sie jetzt zu tun beabsichtigen, bereits getan und dann in sich hineinzufühlen, wie Sie sich dabei fühlen. Sehr viele unnütze Handlungen werden Sie dann unterlassen.

Gedankenbewußtsein, Wortbewußtsein und Handlungsbewußtsein führen nicht zu Knechtschaft, sondern zur Befreiung von einer Knechtschaft, zur Befreiung von alten Verhaltensmustern. Durch ständiges Bewußtsein entscheiden Sie in jedem Augenblick neu und bewußt, was Sie denken, sagen oder tun und gestalten so ein Leben, das frei und unabhängig von den Mustern Ihrer Vergangenheit ist.

Reduzieren Sie unnütze Außenreize so weit wie möglich

Eine große Hilfe im Alltag ist es, die Außenreize so weit wie möglich zu reduzieren. Jeder Außenreiz beeinträchtigt Ihre Gedankendisziplin, Ihren inneren Frieden und damit Ihre Gefühlslage, sofern Sie gerade bewußt sind. Deshalb lassen Sie Radio und Fernseher ausgeschaltet, die Zeitung ungelesen, nutzen Sie statt dessen die Zeit, um sich von Ihren Gedanken zu distanzieren. Statt Auto zu fahren, nutzen Sie lieber die Stille, um Klarheit und inneren Frieden herzustellen, indem Sie zum Beispiel einige Minuten lang Ihren Atem beobachten.

Wittern Sie »Ablenker«, und fallen Sie nicht auf sie herein. Wenn immer Sie aus der Ordnung gefallen sind, empfiehlt es sich, sich wieder auf Gott auszurichten. Eine hervorragende Technik hierfür liefert die »Brahma Kumaris Spiritual World University« mit ihrem Raja-Yoga.

An dieser Stelle sei betont, daß Gott nicht der alte Mann mit dem weißen Bart ist, den Sie vielleicht vom Kindergottesdienst oder von der Kommunion her kennen. Machen Sie deshalb auch einmal das Experiment, die Energie »Gott« bewußt zu spüren, zu er-fühlen, einen Energiekontakt zu Gott aufzubauen, der jenseits von den Dogmen und starren Regeln dieser Welt ist.

Tips zur Gedankendisziplin

1. Kaufen Sie sich einen Wecker mit Stundensignal. Immer wenn das Stundensignal läutet, halten Sie *unverzüglich* für eine Minute inne und stellen den Kontakt zu Gott her. Machen Sie sich klar, wer Sie wirklich sind, und lösen Sie sich von eventuellen Emotionen und Mustern. Lassen Sie die vergangene Stunde in Gedanken kurz vorüberziehen, und segnen Sie sie. Danken Sie Gott für die vorangegangene Stunde, egal, ob Sie das Erlebte für gut oder schlecht halten. Dankbarkeit für die vergangene Stunde ist das beste Mittel für eine gute neue Stunde. Sie »opfern« eine Minute pro Stunde, gute zehn Minuten am Tag, und erhalten damit Klarheit, Reinheit und Lebensfreude in einem ungeahnten Ausmaß!

2. Kleben Sie überall in Ihre Wohnung Haftnotizen mit den Vermerken »Gedankendisziplin« – »Ich kann« – »Ich bin Bewußtsein«

oder einer maßgeschneiderten Affirmation. Wann immer Sie einen dieser Zettel passieren, verinnerlichen Sie den Inhalt und fahren erst dann mit Ihrem Tagesgeschehen fort. Sehen Sie diese Zettel aber nicht als »Verbotsschilder«, sondern als Tankstellen, die Ihnen Klarheit und Kraft für die Zeit »danach« liefern.

194

3. Installieren Sie geistig (visualisieren) einen Wächter vor dem Tor Ihres Bewußtseins, der nur intelligente, d. h. auf der Realität der Einsicht und Einheit beruhende Gedanken herein- und herausläßt und Gedanken des Getrenntseins sofort stoppt und ihr Bewußtsein durch eine rote Lampe entsprechend warnt.

4. Machen Sie einmal einen »Stoppuhr-Tag«, und kontrollieren Sie, wo Ihre Zeit geblieben ist. Kommen Sie dabei Ihren persönlichen »Zeitfressern« auf die Spur. Beachten Sie auch Ihre Gedanken (»mentale Schallplatten«). Aber: »Bestrafen« Sie sich nicht dafür, wie Sie mit Ihrer Zeit umgehen! Beobachten Sie es einfach – völlig wertneutral –, und fragen Sie sich immer wieder nur einfach: »Was will ich jetzt wirklich erleben?« und »Was erwartet das Leben von mir jetzt?«

Gedankenbewußtsein/Stoppuhr-Tag (Muster)

6.45 Uhr: Der Wecker läutet zur Morgenmeditation. Ich habe keine
Lust zur Morgenmeditation, bleibe liegen, kann aber nicht
mehr einschlafen. Gedanken kreisen um das gestrige Treffen mit Paul; irgendwie stört mich seine Art.

8.30 Uhr: Endlich habe ich mich aufgerafft zum Aufstehen. Ich mache
meinen Dauerlauf. Dauernd kommen mir Gedanken über
die Konferenz, aber der Dauerlauf tut mir gut.

9.00 Uhr: Ich stehe unter der Dusche, genieße das warme Wasser,
dauernd laufen mir Gedankenketten durch den Kopf – dieser blöde Tag heute, wäre ich doch besser im Bett geblieben;
ich stehe unter der Dusche, und das Wasser läuft und läuft.

10.00 Uhr: Ich sitze am Frühstückstisch und beobachte, wie ich lauter
Süßigkeiten in mich hineinstopfte. Meine Gedanken beob-
achten das Regenwetter draußen und sinnieren über das
Wetter nach.

10.30 Uhr: Jetzt habe ich so viel gegessen, daß ich mich erst einmal hin-
legen muß, um das Ganze zu verdauen. Gelangweilt greife
ich nach der Tageszeitung und lese so vor mich hin.

11.00 Uhr: Mein schlechtes Gewissen mahnt mich, ich müßte doch jetzt
in mein Büro gehen und arbeiten, aber ich habe das Gefühl,
als könnte ich das gar nicht. Irgend etwas zieht mich wie
einen Bleisack auf die Couch. Ein Stimme sagt mir: »Heute
bringst du doch sowieso nichts.«

12.00 Uhr: Ich frage mich: »Wer bin ich wirklich?« Schwuppdiwupp
erhebe ich mich von der Couch. Zumindest könnte ich mich
mal an den Schreibtisch setzen.

13.00 Uhr: Ich sitze vor dem Schreibtisch und lese in einem Buch. Eigentlich wollte ich an meiner Steuererklärung arbeiten,
aber irgendwie läuft es nicht so richtig; na ja, bald gibt es ja
Mittagessen.

14.00 Uhr: Nach Mittagessen und Nachtisch fühle ich mich ganz
schlapp. Lauter unwichtiges Zeug habe ich erledigt, na ja,

und Schuldgefühle kommen hoch: Als Kind bin ich mit
meinen Hausaufgaben auch nie fertig geworden.

16.00 Uhr: Ich denke: »Selbstdisziplin ist die Anerkennung der Ge-
dankenkraft« und erhebe mich schwungartig von meiner
Liege, aber um 17.00 Uhr beginnt das Fußballländerspiel.
Ob Deutschland gewinnt?

Prioritätenplan (Muster)
Freitag, den 22. 4. 1988

Einkaufen (s. Einkaufsliste), wenn ich R. abhole	*15.20*
Auto zum TÜV bringen – soll Agathe machen T	*1*
Kapitel 3 in meinem Buch zu Ende schreiben	*7*
Christian Bühner anrufen T	*5*
Angelika schreiben	*8*
Steuererklärung abgeben	*4*
zur Bank fahren (wenn ich Renate abhole)	*15.20*
Firma X anrufen wegen Seminartermine T	*3*
Squash spielen mit Peter 19.00 h	*18.30*
Vorbereitung für das Seminar 23. 4.	*6*
Ablage einsortieren	*9*
unbeantwortete Briefe beantworten	*10*
Artikel für die Bläh-Zeitung schreiben	*2*
Astra Blumen vorbeibringen	*15.20*
Renate vom Bahnhof abholen 17.04 h	*15.20*
1 h 45 Min. für Anfahrt, Einkaufen, Astra und Bank	

Gestatten Sie sich ein wenig mehr Sinnlichkeit

Ihr Körper ist Ihr Instrument. Um an diesem Instrument Freude zu haben, trainieren Sie, jeden Ihrer Sinne einzeln an- oder abzuschalten. Gehen Sie beispielsweise spazieren, und machen Sie sich für »Aufmerksamkeit nach außen gerichtet« ein Zeichen in der Hand, indem sich z. B. Zeige- und Mittelfinger miteinander berühren. Dann nehmen Sie bewußt nur die Außenwelt wahr. Schalten Sie jetzt zuerst nur das Sehen ein. Sehen Sie alles ganz deutlich, z. B. die Unterschiede zwischen den einzelnen Farbschattierungen. Sie hören und fühlen nichts, aber Sie sehen alles. In gleicher Weise schalten Sie einen Sinn nach dem anderen an. Fühlen Sie z. B. nur danach. Das Sehen wird unwichtig, Sie konzentrieren sich ausschließlich auf das Fühlen. Fühlen Sie, wie die Füße den Boden berühren, wie Ihre Jacke sitzt, wie die Luft Ihre Haut streift usw. Wenn Sie »außen« alle Sinne einzeln aktiviert haben, machen Sie sich ein Handzeichen für »innen«. Spüren Sie in sich hinein, oder hören Sie, was die Geräusche, Farben oder Gerüche in Ihnen bewirken – nehmen Sie alles nur mit den inneren Sinnen wahr. Diese Übung bietet Ihnen mehrere Vorteile:

1. Wenn Sie entsprechend trainiert sind, reicht z. B. in einer langweiligen Konferenz Ihr antrainiertes Handzeichen für »innen«: um nach außen abzuschalten und innerlich z. B. zu meditieren – und keiner merkt es!

2. Streß entsteht, wenn der »Funkverkehr« zwischen innerhalb und außerhalb des »Raumschiffes« nicht bewältigt werden kann. Sie werden erkennen: Wenn immer Sie mit Ihrem Bewußtsein »ganz im Außen« sind (im Kino) oder »ganz im Innen« (Meditation), geht es Ihnen gut. Mit dieser Übung haben Sie die Wahl, können Sie immer mehr selbst entscheiden, wann und wie Sie draußen oder drinnen sein wollen.

3. Diese Übung hilft Ihnen, selektiv auszuwählen, was Sie erleben wollen. Wenn Sie beispielsweise in der Öffentlichkeit sind, können Sie Ihre Ohren abwechselnd auf die Vögel, die Maschinen, ganz konkrete Stimmen und den »kosmischen Ton«, einen sehr hellen Fiepton, in Ihrem Ohr fokussieren. Trainieren Sie es, und gewin-

nen Sie Spaß dabei. Sie bestimmen, wohin Sie Ihre Aufmerksamkeit lenken.

Wenn Sie diese Übung beherrschen, trainieren Sie sich, Übergänge zwischen den Sinnen zu schaffen. So werden Sie sinnlich. Trainieren Sie z. B. das, was Sie außen sehen, auch mit Ihrem inneren Auge zu sehen, indem Sie etwas anschauen, dann Ihre Augen schließen und sich dann innerlich vorstellen, wie es aussah. Nachfolgend eine Aufstellung, wie Sie diese Übergänge trainieren können:

1. Außen sehen – innen sehen: Etwas anschauen. Augen schließen und visualisieren.
2. Außen fühlen – innen sehen: Etwas mit geschlossenen Augen anfassen und ein Bild aufsteigen lassen, was es sein könnte.
3. Außen hören – innen sehen: Die Augen schließen und sich bildhaft vorstellen, wie und wo die Geräusche in der Außenwelt gemacht werden. Oder: Die Augen schließen und sich Worte wie Liebe, Kindergeburtstag usw. bildhaft vorstellen.
4. Außen hören – innen fühlen: Nachspüren, was Worte, z. B. Liebe oder Kindergeburtstag, gefühlsmäßig in Ihnen auslösen und wie diese Gefühle in Ihnen entstehen.
5. Außen sehen – außen fühlen: Hand ansehen und dabei mit den Fingerspitzen aneinander reiben.
6. Außen sehen – innen fühlen: Ein Bild, eine Kerze oder etwas anderes ansehen und dabei fühlen, was es in Ihnen auslöst.
7. Außen sehen – innen hören: Fernsehen ohne Ton.

Gehen Sie durch »Milch und Honig«

Trainieren Sie Ihre Sinnlichkeit durch »Tai Chi« oder durch »ZEN der Bewegung«. Von »Arica« stammt die Übung »*Walking Through Milk And Honey*« (durch Milch und Honig gehen): Bewegen Sie sich im Zeitlupentempo zu langsamer Musik so, als wenn Sie durch Milch und Honig gingen. Genießen Sie die Freude, jeden Millimeter Bewegung bewußt zu spüren. Wann immer es Ihnen einfällt, denken Sie »stopp« und bleiben wie eingefroren auf der Stelle stehen. Genießen

200

Sie Ihren »Standpunkt«, und spüren Sie ihn genau. Das »Stopp« kann auch von Ihrem Partner kommen, wenn Sie diese Übung mit einem Partner machen möchten. Danach machen Sie die gleiche Übung, stellen sich aber dabei vor, daß Sie durch Sand gehen würden. Das »Arica«-Institut in New York hat für diese Übung eine spezielle Kassette mit dem Titel »Stop and Go« entwickelt.

Eine sehr schöne Übung, um eventuelle Spannungen abzubauen, kommt aus der ZEN-Tradition: Halten oder legen Sie vor sich Ihre geöffnete linke Hand mit der Innenfläche nach oben. Dann beginnen Sie langsam den Daumen zu schließen, aber so langsam, daß Sie die Bewegung nicht mit dem Auge wahrnehmen können. Sie müssen sich ganz entspannen und konzentrieren, damit es nicht ruckt, und das ist auch der Sinn der Übung. Sollte es einmal rucken, halten Sie inne, und fahren Sie an dieser Stelle fort. Erfahrungsgemäß dauert es ca. fünf Minuten, bis der Daumen angewinkelt ist. Danach können Sie mit dem Zeigefinger usw. weitermachen, bis die ganze Hand zur Faust geschlossen ist, und schließlich wieder die Finger der Hand einzeln öffnen. Wenn es Ihnen dann Freude bereitet, können Sie danach oder statt dessen die rechte Hand oder die Füße nehmen. Eine hervorragende Entspannung im Wartezimmer, vor einem Kundentermin und zur Meditationsvorbereitung.

Summen als Meditation

Machen Sie des öfteren die Nadabrahma-Meditation. Sie stammt aus dem alten Tibet und empfiehlt sich besonders morgens, aber auch abends. In der ersten halben Stunde sitzen Sie entspannt und summen einfach. Spüren Sie, wie dieses Summen alle Körperzellen in sanfte Vibration versetzt. Danach bewegen Sie 7,5 Minuten lang Ihre Hände vom Nabel ausgehend mit den Handinnenflächen nach oben in einer vom Körper ausgehenden kreisförmigen Bewegung, d. h., beide Hände gehen nach vorne und von dort aus in einer kreisförmigen Bewegung rechts und links auseinander. Fühlen Sie, wie Sie Energie an das Universum abgeben. Die Bewegung sollte so langsam ausgeführt werden, daß Sie das Gefühl haben, die Hände seien fast nicht in Bewegung. Nach 7,5 Minuten drehen Sie die Handflächen um und bewegen Sie in die entgegengesetzte Richtung, also von außen nach innen. Fühlen Sie, wie Sie Energie aus dem Universum hereinholen. Es ist besonders hilfreich, wenn Sie in der zweiten und dritten Phase die Bewegungen mit den Händen nicht mechanisch machen, sondern die Hände Sie führen lassen, also quasi jede Sekunde neu hinfühlen, wie die Hände kreisen wollen. Möglicherweise wollen die Hände verschieden schnell kreisen oder verschieden große Kreise beschreiben – fühlen Sie jede Sekunde genau hin. Genauso sollten Sie auch im Leben in jeder Sekunde neu hinfühlen, wo das Leben hinwill. Als Hintergrundmusik empfehlen sich »Tibetanische Klangschalen« oder die »Nadabrahma-Meditation« von Rajneesh-Services, Köln. Näheres über die Nadabrahma-Meditation lesen Sie im »Orangenen Buch« von Bhagwan Shree Rajneesh.

Besonders schön ist die Nadabrahma-Meditation zusammen mit einem Partner, wobei man sich in der »Summ-Phase« gegenübersitzt und die Hände reicht, so daß die beide Partner schwingungsmäßig miteinander verschmelzen können.

Experiment 4:

1. Lernen Sie, innerhalb der Schwingungsebenen 1 bis 4 des Bewußtseins umherzuspringen. Die Fähigkeit des Springens ist deshalb so wichtig, weil Sie damit trainieren, auch im Alltag aus Ebene 1 sich mühelos nach oben zu bewegen. Machen Sie öfter einmal ein solches »Gehirn-Jogging«.

2. Suchen Sie sich zwei Partner, und bitten Sie den einen, Ihnen dauernd gute, den anderen, Ihnen dauernd negative Dinge über Sie ins Ohr zu flüstern. Lassen Sie die Partner nach fünf Minuten ihre Rollen tauschen. Beginnen Sie mit Ebene 1: Identifizieren Sie sich damit, was die »Einflüsterungen« in Ihnen auslösen. Dann gehen Sie auf Ebene 2: Beobachten Sie Ihre Reaktionen wie ein neutraler Wissenschaftler. Dann erheben Sie sich auf Ebene 3 und konzentrieren sich nur auf die Energiephänomene, die in Ihnen ausgelöst werden – ohne Interpretation. Dann gehen Sie auf Ebene 4 und erleben sich als Ursache von allem, was um Sie herum existiert.

3. Trainieren Sie sich durch die o. a. Sinnlichkeitsübungen, von Ihren Wahrnehmungen die Interpretation so weit abzuschälen, daß nichts mehr übrigbleibt. Wenn Sie z. B. eine Hand auf Ihr Knie legen und die Augen schließen, meinen Sie zuerst, Ihre Wahrnehmung bestünde darin, daß die Hand auf dem Knie liege – aber das ist bereits eine Interpretation. Alles, was ist, ist, daß Sie einen Druck auf dem Knie spüren.

4. Führungstest: Diese Übung verdeutlicht Ihnen, was es heißt, sich vom Leben führen zu lassen. Lassen Sie sich einmal mit geschlossenen Augen oder mit einer Augenbinde wie einen Blinden durch den Raum, das Haus oder sogar über die Straße führen. Spüren Sie genau, wohin Sie geführt werden, und lassen Sie sich so leicht hin und her führen wie eine Feder. So wie bei dieser Übung werden Sie sich im Alltag fühlen, wenn Sie erleben, wie Gott Sie führt.

5. Diese Übung soll Ihnen das im New-age-Jargon inzwischen populäre »*Let Go*« (Loslassen) in Fleisch und Blut übergehen las-

sen. Es steigert darüber hinaus Ihr Vertrauen in die Schöpfung. Lassen Sie sich einmal wie ein Brett rückwärts fallen, während ein Freund hinter Ihnen steht und Sie auffängt. Sie können diese Übung auch mit einer Gruppe machen, die im Kreis um Sie herumsteht und Sie »weiterreicht«.

6. Stellen Sie mit den folgenden Methoden Gedankenstille her:
a) Schließen Sie die Augen, und treten Sie geistig aus sich heraus. Sehen Sie das Uhrwerk Ihrer Gedanken, und legen Sie den Hebel auf »Stopp«. Genießen Sie die Stille, die jetzt in Sie einkehrt.
b) Schließen Sie die Augen, und stellen Sie sich eine Sanduhr vor, und stellen Sie sich vor, der Sand in der oberen Hälfte sind Ihre Gedanken, die aus Ihrem Kopf herauslaufen, bis ihr Kopf leer und klar ist.
c) Schließen Sie die Augen, und stellen Sie sich in Ihrem Innern einen »Gedankenumwandlungsbehälter« vor, in den Sie alle Gedanken einbringen. Stellen Sie sich vor, wie dieser Behälter jeden Gedanken verbrennt und in reines Licht verwandelt.
d) Beobachten Sie Ihre Gedanken wie Wolken am Himmel. Lassen Sie sie vorüberziehen. Stoßen Sie sie nicht weg, sondern distanzieren Sie sich einfach davon, und warten Sie, bis sie von selbst verschwunden sind.
e) Konzentrieren Sie sich auf Ihren inneren Frieden, und besprechen Sie jeden Gedanken, der kommt mit dem Wort »still«, »Ich BIN«, »Jesus«, »Ohm« oder einem anderen Mantra; wenden Sie sich dann wieder Ihrem inneren Frieden zu. Sie können sich auch gleich auf eines der o. a. Mantren konzentrieren – so lange, bis Sie eins mit ihm geworden sind. Der Trick dieser Technik liegt darin, den umherschweifenden Gedanken »Futter« vorzuwerfen, das interessanter ist als die »Programme«, und sie so auf etwas zu fixieren, das automatisch Stille nach sich zieht.

7. Christus-Meditation: Starren Sie auf einen Punkt, ein Mandala, ein Bild von einem spirituellen Meister Ihrer Wahl oder eine Kerzenflamme, und werfen Sie jeden Gedanken, der kommt, auf diesen Punkt. Fliegen Sie mit Ihren Bewußtsein in den Punkt, in das Bild oder in das Licht, bis Sie darin aufgegangen sind. Für diese

Übung empfiehlt sich besonders das Bild »Christus-Meditation« von Alfons Bauernfeind, das transzendentale Bild von Sri Chinmoy, und das Yantra »Universal Logus« vom »Arica«-Institut New York.

8. Meditation auf den »Kosmischen Ton«: Setzen Sie sich in einen ruhigen Raum. Horchen Sie in sich hinein. Wenn Sie Ihre Hörfrequenz richtig einstellen, vernehmen Sie bald einen hohen, stetigen Ton, ein ständiges Fiepen, ähnlich, wie wenn Sie Ihren Fernseher anstellen und kein Programm läuft. Dieser Ton ist Ihr »Kosmischer Ton«, der Sie mit dem Universum verbindet. Lauschen Sie diesem Ton, und lassen Sie sich von ihm ins Reich jenseits von Zeit und Raum tragen.

9. Vipassana-Meditation: Stellen Sie den Wecker auf eine Stunde, und machen Sie Ihre Vipassana-Meditation. Lassen Sie den Atem durch Sie geschehen, und spüren Sie während der ganzen Zeit hin, ob Sie gerade atmen oder geatmet werden. Halten Sie durch, egal, was passiert. Variation:
a) Atmen Sie »umgekehrt«. Stellen Sie sich vor, Sie seien außerhalb dieses Körpers und würden ihn mit Lebenskraft beatmen. Beim Einatmen stellen Sie sich vor, Sie hauchen Ihren Odem in den Körper, beim Ausatmen atmen Sie Odem aus diesem Körper wieder ein.
b) Fließen Sie mit dem Atem, und stellen Sie sich vor, Sie seien der Atem, nicht der Körper. Fließen Sie mit Ihrem Atem in Ihren Körper ein und aus.

10. Nadabrahma-Meditation: Machen Sie die Nadabrahma-Meditation, am besten mit Ihrem Partner, und genießen Sie sie.

11. Nutzen Sie das o. a. Sinnlichkeitstraining, und schaffen Sie Übergänge zwischen den Sinnen. Sie können dafür z. B. einen Waldspaziergang nutzen – dadurch erhalten Sie zugleich wertvolle Frischluft.

12. Richten Sie Ihr Bewußtsein auf den Gottesfunken in Ihnen. Identifizieren Sie sich mit Ihrem »Cosmischen Christall«. Erleben Sie den tiefen Frieden, der von Ihrem »Cosmischen Christall« ausgeht. Durch die geistige Konzentration auf den

magnetischen »Cosmischen Christall« werden die Gedanken gestrafft und gereinigt, so wie Eisenfeilspäne, die Sie auf eine Folie legen. Während Sie einen Magneten unter die Folie halten.

Lektion 5

Lieben sie über alle Vernunft hinaus

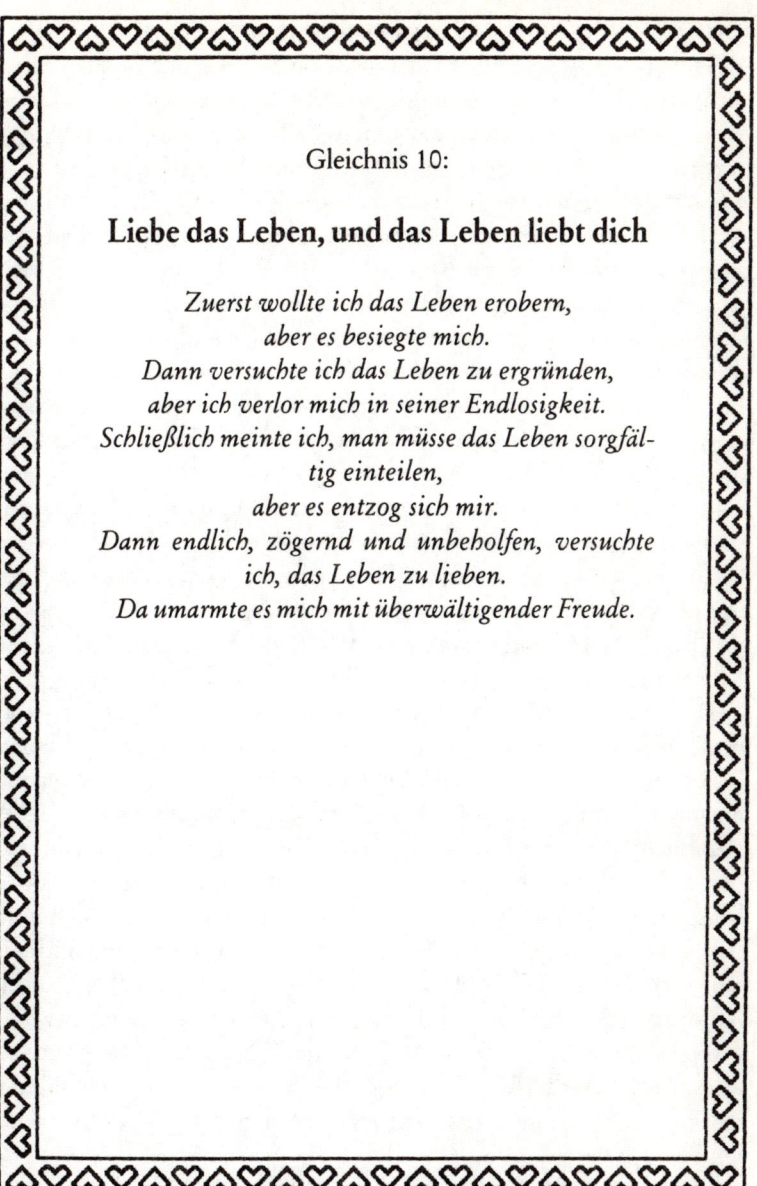

Gleichnis 10:

Liebe das Leben, und das Leben liebt dich

Zuerst wollte ich das Leben erobern,
aber es besiegte mich.
Dann versuchte ich das Leben zu ergründen,
aber ich verlor mich in seiner Endlosigkeit.
Schließlich meinte ich, man müsse das Leben sorgfäl-
tig einteilen,
aber es entzog sich mir.
Dann endlich, zögernd und unbeholfen, versuchte
ich, das Leben zu lieben.
Da umarmte es mich mit überwältigender Freude.

Erleuchtung ist eine Deklaration, keine Errungenschaft

Es liegt einzig und allein an Ihnen, ob Sie sich gut finden. Es ist nicht so, daß Sie irgend etwas erreichen müssen, um perfekt zu sein. Wenn Sie Ihre Vollkommenheit von irgendeiner Bedingung abhängig machen, dann sind Sie ein armer Kerl: Kaum haben Sie dieses Etwas erreicht, fällt Ihnen etwas Neues auf, was an Ihnen nicht in Ordnung ist. Ich kenne einen Mann, dem haben die Eltern in der Kindheit gesagt: »Iß deine Hirnsuppe, die wirst du brauchen im Leben« – sie hielten ihn nämlich für dumm. Dieser Mann aß nicht nur seine Hirnsuppe, er machte sogar das Abitur, aber er hielt sich immer noch für dumm. So studierte er, machte den Doktor, wurde zum ordentlichen Professor ernannt, gilt inzwischen als einer der »Großen« auf seinem Gebiet, aber an einem hat sich nichts geändert: Er hält sich immer noch für dumm. Aus diesem Grund hat er sich, unbewußt natürlich, eine Frau ausgewählt, die dauernd an ihm herumnörgelt, und Umstände, die ihm »beweisen«, was für ein Idiot er ist. Nicht daß er wirklich dumm wäre, aber aus seiner Sicht heraus ist und bleibt er unbeirrbar dumm. Daraus folgt: Unvollkommenheit ist kein objektiv meßbarer Tatbestand, sondern einfach die Folge eines negativen Selbstbildes.

Das umgekehrte Beispiel lieferte der bekannte Sänger Ivan Rebroff. Felix, der Moderator der Sendung mit der versteckten Kamera (»Verstehen Sie Spaß?«), hatte ein niederschmetterndes Arrangement mit den Besuchern eines Ivan-Rebroff-Konzerts getroffen: Er hatte mit ihnen vereinbart, daß während des Konzerts einer nach dem anderen nach einem genau festgelegten Zeitplan den Saal verlassen sollte. Am Schluß saßen nur noch Felix und seine Frau und Assistentin Paola im Saal. Ivan Rebroff hatte bis dahin jedoch glänzend und unbeirrt weitergesungen. Auf die Frage, was er sich denn dabei gedacht hätte, als einer nach dem anderen den Saal verließ, reagierte er großartig. Er antwortete: »Ich dachte, daß den Gästen das Essen nicht bekommen sei und sie Durchfall oder ähnliches hätten. Ich wußte, daß ich gut war. An mir konnte es nicht liegen. Ich wußte es, denn ich kenne mich viel zu genau.«

Sie haben in jedem Augenblick die Wahl, sich für perfekt zu halten oder für unvollkommen. Entscheiden Sie sich aber bitte zu 100 Prozent. Denken Sie nicht: »Na ja, der Bierbauch muß noch weg, dann bin ich perfekt.« Das ist nur ein Trick des Ego, um Sie von ihrer Vollkommenheit zu trennen. Es geht nicht darum, was Sie *darstellen*, sondern was Sie *sind*. Sie haben sich bisher entschieden, sich für unvollkommen zu halten. Vielleicht fanden Sie sich ganz gut, aber halt noch nicht vollkommen. Es liegt an Ihnen, sich jetzt für vollkommen zu halten. Nehmen Sie sich ein Beispiel am lieben Gott: Er schuf die Welt und fand sie gut, er schuf die Pflanzen und fand sie gut, und er schuf auch Sie und fand Sie gut – und da wollen Sie sich anmaßen, sich nicht gut zu finden? Beobachten Sie einmal, wie oft Sie Ihr eigenes Sein verleugnen, wenn Sie anderen Menschen begegnen. So wie einst Petrus machen es viele Menschen auch noch heute: Um Anerkennung, Lob oder materielle Vorteile zu bekommen, verleugnen sie sich selbst und setzen ihre Vollkommenheit aufs Spiel. Erkennen Sie nach Millionen Jahren Bemühungen endlich: »*Ich bin genug!* Ich bin o.k.! Ich bin so gemeint, wie ich bin! Ich muß nicht besser oder anders werden, um »erleuchtet« zu sein. ICH BIN bereits erleuchtet – und ob ich es weiß oder nicht, ändert nichts an dieser Tatsache.« Sie sind vollkommen JETZT! Erkennen Sie es endlich an!

Sie sind ein Unikat. Man kann ein Unikat nicht mit irgend etwas anderem vergleichen. Alle Maßstäbe sind nichts anderes als *mind trips*. Die Mystiker sagen: »In der geistigen Dimension wird nicht bewertet.« Die durch die innere Bewertung künstlich erzeugte Konkurrenz ist reine »Gedankenakrobatik«. In Wahrheit sind Sie perfekt, weil Sie unvergleichbar sind. Schauen Sie in die Natur: Jede Blume blüht anders. Die Tulpe anders als die Nelke und die Rose anders als das Stiefmütterchen, und doch fühlt sich keine besser oder schlechter als die andere. Die Blumen blühen einfach. Warum tun Sie es nicht auch so? Wenn Sie zu Ihrer Einzigartigkeit stehen, müssen Sie jedoch einen Preis zahlen: Sie müssen es aufgeben, sich für besser als andere zu halten. Sie sind einfach einzigartig, keiner ist besser oder schlechter als Sie. Jeder ist von einzigartiger Schönheit und Anmut. Vielleicht können Sie in Anbetracht dieser Erkenntnis erstmals mutig in Ihren Alltag schreiten und sagen: »Hier bin ich Mensch! Ich bin ich, wie ich bin. Ich habe den Mut, mich so auszudrücken, wie ich bin. Wenn der Schöpfer mich so geschaffen hat, wie ich bin, dann habe ich auch ein Recht darauf, meine Einzigartigkeit auszudrücken. Gleichzeitig bewundere ich die Einzigartigkeit der anderen.«

Auch jeder Augenblick ist einzigartig – ebenfalls ein Unikat. Daher ist auch jeder Augenblick unvergleichlich und damit perfekt. Nie kommen zwei Augenblicke zugleich, und nie kommt ein Augenblick noch einmal. Hören Sie auf zu vergleichen, was sich nicht vergleichen läßt. Feiern Sie sich, feiern Sie den Augenblick, feiern Sie Gott in allem, was Ihnen begegnet. Hören Sie auf zu bewerten.

Sich oder jemand anderen nicht zu lieben ist reine Gotteslästerung, denn wir glauben dann, daß Gott einen Fehler gemacht hat, als er uns so geschaffen hat, wie wir sind. Lieben Sie sich, und geben Sie diese Liebe weiter. Lieben Sie absichtslos, d. h. ohne einen Hintergedanken. Lieben Sie aus einem inneren Überfluß heraus. Wer liebt, wird niemals alt – Gott ist ein leuchtendes Beispiel. Die bedingungslose und gleichgültige Liebe ist die Endsumme aller Gesetze. Mehr haben Sie nicht zu lernen auf diesem Planeten. Verbeugen Sie sich geistig vor den anderen Menschen, und sagen Sie: »Ich sehe das Göttliche in dir und liebe dich dafür, daß du so bist, wie du bist.«

Wenn Sie bewerten, Liebe suchen, beeindrucken wollen oder irgendeine Absicht bei anderen haben, saugen Sie deren negative Energien in sich ein wie ein Staubsauger. Sie spielen »Staubsauger« mit Ihrem Körper. Sobald Sie absichtslos Liebe ausstrahlen, ist es so, als ob Sie den Staubsaugerschlauch am anderen anbringen. Sie schalten von »Staubsauger« auf »Sonne«, und alles um Sie herum erstrahlt in Ihrem »göttlichen« Licht. Sobald sie bereit sind anzuerkennen, daß Sie selbst das Licht sind, gibt es keine Schatten mehr!

Sexualität im Aids-Zeitalter

Wie kann Sexualität im Aids-Zeitalter geübt werden? Aids ist eine Immunschwäche und ist m. E. in letzter Konsequenz entstanden, weil die Menschheit ihren Lebenswillen verloren hat. Die Aufforderung von Aids liegt deshalb darin, die ganze Freude, Lust und Reinheit der unschuldigen Sexualkraft zu erleben und den Sex aus seinem »Muff«

der Verdrängung in das Göttliche emporzuheben. In erster Linie geht es darum, die Sexualität von den Dogmen, Phantasiebildern und Illusionen zu befreien. Das Lesen von Pornoheften und der Besuch von Peep-Shows zum Zwecke schneller Befriedigung kommen dem Verspeisen negativer oder vergifteter Energien gleich, und jeder sensible Mensch kann nach einer solchen Handlung spüren, wie sein Astralkörper mit Energien aus der niedrigen Astralebene verstopft ist. Aids ist kein Aufruf zur Prüderie, im Gegenteil: Aids ist ein Aufruf zu entdecken, wo die Lust wirklich verborgen ist, und den geheimen Quellen der Lust auf die Spur zu kommen. Es geht also darum, im Wassermannzeitalter zu erkennen, was Sexualität wirklich ist. Aids gebietet Zärtlichkeit statt schnellen Verkehrs, Lust statt Lüsternheit, ein offenes Herz statt *mind trips*. Aids ist ein Aufruf zu wahrer Intimität, die nicht im Geschlechtsakt an sich zu finden ist. Aids ist ein Aufruf zu wahrer Liebe, die nichts zu tun hat mit »Verknallt-Sein« und »Haben-Wollen«. Aids mahnt, der oberflächlichen Jagd nach schnellem Partnerwechsel zu entrinnen und statt dessen in die Tiefe zu gehen. Aids gebietet letztendlich, die sexuelle Vereinigung im Herzen zu beginnen und sie über den ganzen Kosmos auszusäen.

Wenn jemand fragt, ob man durch Sex seine Erleuchtung erkennen kann, dann könnte derjenige genausogut fragen, ob man durch Malerei seine Erleuchtung erkennen kann. Es kommt nicht darauf an, was man tut, sondern wie man es tut. Leider haben die meisten Menschen Angst vor der gewaltigen Kraft, die von der Sexualität ausgeht, und sie deshalb verdrängt. Wenn Sie unter »Sex« dasselbe verstehen wie das Kopulieren zweier Hunde auf der Straße, dann wird Ihnen »danach« gerade noch genügend Lebenskraft verbleiben, um die Zeitung zusammenzufalten, das Essen durch die Därme hinauszupressen und sich zum Psychiater zu begeben. Wenn Sie zu diesen Menschen gehören, dann sollten Sie sich am besten jeden andersgeschlechtlichen Menschen als einen Sack voller Kot vorstellen, wie es ein namhafter Guru einmal empfahl, den Sex meiden wie der Teufel das Weihwasser und Ihre Liebe erst einmal auf anderen Gebieten erproben. Wenn Esoteriker sagen, daß Sex »unheilig« ist, liegt es nicht daran, was der Sex aus den Menschen gemacht hat,

sondern daran, was der Mensch aus dem Sex gemacht hat. Der Begriff
Sex hat sehr gelitten in der letzten Zeit und ist mit vielen negativen
Assoziationen verknüpft worden.

Für den erwachten Menschen kann es nicht das Endziel sein, Teile
seiner Selbst, z. B. die Sexualität, auszuschließen. Der Himmel soll
auf die Erde gebracht werden. Das bedeutet: Die Sexualität soll ver-
geistigt werden, nicht verdrängt. Wahre Sexualität im Sinne der tantrischen Lehre ist nichts anderes, als die Ist-heit zu feiern und dabei
auch seine körperliche Aspekte zu lieben, zu genießen und in ihnen
das Göttliche zu erkennen. Wenn Sie Assoziationen mit Sex verbinden, die Sie an Leistungszwang oder Schmutziges erinnern, so sollten
Sie der Sache einen neuen Namen geben, z. B. »Zeit für sich haben«,
»Lorelei« oder »allumfassende Zärtlichkeit üben«. Wie der Kulturhi-
storiker Nigel Davies in seinem Buch »Weltgarten der Lüste« darstellt, soll gerade Jesus auch ein Genießer gewesen sein. Die sexual-
feindliche Moral des sogenannten Christentums hat mit der Lehre
Jesu Christi nichts zu tun, sondern war vielmehr der Versuch Roms,
sich gegen die Konkurrenz anderer Religionen zu behaupten, Menschen, deren materielle, sinnenfreudige Welt zusammenbrach, Trost
zu spenden und die Keuschheit als Disziplinierungsinstrument einer
auseinanderbrechenden Gesellschaft einzusetzen. Der aramäische
Urtext der Bibel (erhältlich unter dem Titel: »Das Evangelium voll-
kommenen Lebens«) beweist, daß vieles aus der Bibel weggelassen
oder unzutreffend übersetzt wurde. Beispielsweise wurde »die junge
Frau Maria« übersetzt mit »Jungfrau Maria«. Im Konzilium von Kon-
stantinopel, im 3. Jahrhundert nach Christi Geburt, wurden weitere
Passagen, u. a. auch Hinweise auf die Reinkarnationslehre, aus der
Bibel entfernt (Quellenhinweis: »Reinkarnation im Neuen Testament«, erhältlich im offiziellen Buchhandel). In der Tat hat der Gedanke der »Sünde« viele gutgläubige »Christen« von der Kirche abhängig gemacht – schließlich war es lange Zeit nicht gestattet, ohne
Kirche direkt zu Gott zu beichten.

Was bei den sogenannten Christen Sünde ist, ist bei anderen Religionen eine fromme Tat. Das freudlose Leben wird in vielen Religionen als größter Hemmschuh aller spirituellen Aktivitäten betrachtet.

Bei den Hindus gilt die Sexualität als heilige Kunst. So steht in den Veden, dem heiligen Buch der Hindus: »Am Anfang war die Lust, die den Urkeim Gottes bildete.« Bei den Chinesen war die Freude an der Sexualität sogar »Bürgerpflicht«. Nach dem I-Ging, dem bedeutendsten Werk der Religion des TAO, wurde Gott durch die sexuelle Vereinigung zweier göttlicher Pole, nämlich Yin und Yang, erschaffen.

Sexualität im Sinne dieser Kulturen hat nichts mit Lüsternheit, mit Orgasmusdruck, mit Leistungsdenken, nicht einmal unbedingt mit sexueller Vereinigung zu tun. Ist es nicht vielmehr ein Lobgesang Gottes, ein Geschenk unserer Sexualität, mit nackten Füßen über eine blumenübersäte Wiese zu gehen, einen Bissen Essen, den uns Gott geschenkt hat, auf der Zunge zergehen zu lassen, zu genießen, wie ein tiefer Atemzug den ganzen Körper zum Prickeln bringt, sich mit der untergehenden Sonne zu vereinen? Sexualität in diesem Sinne ist ein Geschenk Gottes, und es ist unser Auftrag, das Tierische in uns nicht abzulehnen, sondern auf eine »höhere« Ebene zu heben. Wir müssen eben auch ein liebevoller Guru für das Tier in uns sein und uns eine Sexualität erschaffen, die kein Gegenüber braucht, es aber durchaus integrieren kann.

Eine Freundin sagte mir einmal in einem Interview: »Der Sex im Westen ist kaputt.« Wie kommt es dazu? Der Mensch ist nicht von Natur aus pervers, sondern ein glückliches Kind der Natur, aber alles, was verdrängt wird, fault wie stinkender Fisch. Vielleicht ist es gerade die unterdrückte Sexualmoral des Christentums, die Peep-Shows und Prostitution, Pornohefte, Perversionen jeder Art und nackte Frauen auf jeder Titelseite hervorgebracht hat. Vielleicht liegt es genau an dieser Unterdrückung, die die Sexualität zum Sex reduziert hat und zu etwas Heimlichem, mit Schuldgefühlen Beflecktem gemacht hat. Spätestens seit Oswald Kolle ist das Leistungsdenken auch in den Bereich der Sexualität eingekehrt: Frauen haben ein »Recht« auf ihren Orgasmus, und wenn nicht gleichzeitig »Kikeriki« geschrien wird, war etwas falsch. Lösen Sie sich von diesen unsinnigen Vorstellungen. Sexualität ist ein Experimentierfeld der göttlichen Lust. Machen Sie Sex so, daß es Ihnen Spaß macht.

Ein Südsee-Insulaner würde über das Theater, das wir mit der Sexualität veranstalten, lachen. Wie wäre es, wenn Sie die Sexualität als eine Möglichkeit sehen würden, Zärtlichkeit, Verständnis, geistige Vereinigung mit Ihren Mitmenschen und der Natur zu erreichen und jedes Leistungsdenken aus dem für viele »schönsten Spiel der Welt« zu lassen. Sie brauchen ja nicht gleich einen Tantra-Kurs zu belegen, aber ein wenig Sinnenfreude wird Ihnen auf jeden Fall guttun. Sie erfreuen sich an dem Duft von Räucherstäbchen oder Parfümölen, Sie schmücken Ihr Zimmer mit schönen Blumen, Sie bereiten eine kulinarische Augenweide aus exotischen Speisen, Sie binden sich einen Blumenkranz um den Hals, Sie genießen Ihr Leben – das ist wahre Sinnenfreude.

Sie spielen miteinander wie Kinder im Legoland, im Paradies. Sie vergessen jedes Ziel und jede Absicht, insbesondere den Wunsch nach geschlechtlicher Vereinigung. Wie wäre es, wenn Sie Ihr Bett einfach als Spielwiese ansehen würden?

Wie heißt es so schön: »Der Verliebte nimmt sich den anderen – der Liebende schenkt sich dem anderen.« Nehmen Sie sich kein Beispiel an den Männern aus dem Buch »Männer lassen lieben« oder »Die frustrierte Frau, und wie man sie umdreht«. Es gibt »andere« Männer und Frauen, und Sie können jemand von den »anderen« sein.

Sex ist eine wunderschöne Art, am eigenen Körper zu erleben, daß das Leben ein »Spiel« ist. Seien Sie doch einmal Regisseur von Sexspielen. Notieren Sie auf dem nachfolgenden Arbeitsblatt Ihre fünf aufregendsten Sexphantasien, und tauschen Sie am nächsten Morgen die Zettel mit Ihrem Partner aus. Durchleben Sie diese Phantasien mit Ihrem Partner, wie immer sie aussehen, vom »Schulmädchen-« bis zum »Schornsteinfeger-Report«. Sagen Sie zu Ihrer Partnerin: »Na ja, ich weiß auch nicht warum, aber das reizt mich. Uff, jetzt habe ich es gesagt.« Spielen Sie Ihre Phantasien durch als Spiel – bitte mit Bewußtsein. Kommen Sie dem Geheimnis Ihrer Phantasien auf die Spur. Sie können sich vorher vorstellen, Sie seien ein Filmregisseur und würden einen Film drehen. Drehen Sie gemeinsam Ihre Filme, verkleiden sie sich in all Ihre Rollen, es wird Sie frei machen – viel Vergnügen! Sie sind frei, Ihre tiefsten, verrücktesten und ausgefallensten Phantasien auszuleben. Wenn Sie Angst davor haben, Ihrer Partnerin

Ihre sexuellen Vorlieben mitzuteilen, fragen Sie sich einmal: »Was könnte schlimmstenfalls passieren?« Nur wer seine Vorlieben mitteilen kann, kann ein idealer Liebespartner werden.

Auf die Dauer werden Ihnen diese »Spiele« möglicherweise langweilig werden. Vielleicht sind Sie vom Ergebnis sogar enttäuscht. Marcus Allen schreibt in seinem Buch »Tantra für den Westen« (rororo-Taschenbuch-Verlag Reinbek): »Indem ich mir das Äußerste, was ich mir auf sexuellem Gebiet vorstellen konnte, erlaubte, erkannte ich, was es für mich ist – unbefriedigend und hohl.« Phantastisch! Jede Enttäuschung ist die Befreiung von einer Täuschung. Ich befürchte allerdings, wenn Sie Ihre »Spiele« vorher nicht durchlebt haben, werden Sie der »wahren Sache« nicht auf die Spur kommen. Also: Haben Sie Spaß an Ihrer privaten und lustvollen Selbstverwirklichung. Sobald aber Ihre »Spiele« und »Phantasien« Sie nicht mehr »antörnen«, sind Sie aufgerufen, in die Tiefe zu gehen und zu entdecken, was Sexualität wirklich bedeuten kann. Lassen Sie auf Ihren Phantasie-Urlauben einmal eine Vision aufsteigen, wie Sie Sex *wirklich* erleben wollen. Fangen Sie an, Sex zu etwas »Göttlichem« zu machen. Wenn Sie einer sexy Frau oder einem sexy Mann hinterhersehen, dann ist es Gott, der seine eigene Schöpfung bewundert, und der oder die andere ist Gott, der seine eigene Schöpfung genießt. Erleben Sie immer mehr die Vereinigung mit Ihrer(m) Geliebten als die Errichtung eines gemeinsamen Tempels der Freude, geschaffen durch die Kraft zweier sich liebender Seelen. Erleben Sie, wie die Auren sich einander hingeben und sich zwischen den Körpern ein magnetisches Kraftfeld erzeugt: heilend, stärkend, erfrischend.

Diejenigen, die noch Hemmungen in Ihrem Sexualleben haben, müssen es nicht unbedingt mit der Jungfrau halten, auf deren Grabstein stand »ungeöffnet zurück«. Die Amerikanerin Sondra Ray hat eine Kassette besprochen mit so schönen Affirmationen wie: »Sex macht Spaß und ist befreiend!« – »Meine Eltern sind mit meinem Sexualleben zufrieden!« oder auch: »Mein Minister ist mit meinem Sexualleben zufrieden!«

Wenn Sie derzeit keinen Sexpartner haben, genießen Sie Ihre Sinnlichkeit alleine, und leisten Sie sich den gleichen Genuß und die gleiche Zeit, als wenn Sie zu zweit wären. Nehmen Sie ein schönes Bad, seien Sie gut zu sich, spüren Sie einfach, wo in Ihrem Körper lustvolle Energien sind – und genießen Sie sie.

Wenn Sie aber im Augenblick keine Lust auf Sex haben, ist das phantastisch. Lieben Sie sich dann für Ihre Enthaltsamkeit. Lieben sie überhaupt alles, was ist, und genießen Sie es auch. Sexualität ist nur eine von tausend Möglichkeiten, Göttlichkeit zu erfahren, und das sollte der einzige Sinn der Sexualität sein.

Gleichnis 11:

Tantra

*Ich erinnere mich an jede Geliebte mit solch süßen
Gefühlen.
Jede Frau ist ein Segen, Gottes einzigartige Krea-
tion.
Jeder Mann ist ein Wunder, Gottes glorreiche Of-
fenbarung
Jeder Augenblick der Liebe – süße Eingebung!*

*Jeder ist göttlich, wenn er sich seinen Tiefen öffnet.
Ein großartiges Ritual – süße Meditation.
Die Kräfte der Schöpfung entfalten sich in uns.
Das himmlische Königreich ist wahrlich in uns.*

*In der Liebe sind die Lehren, die tiefen Wahrheiten
des Tantra.
In der Liebe sind all die Kräfte des Universums ausgestellt,
für alle sichtbar, greifbar, verständlich,
um die Freuden der Vereinigung des Göttlichen zu
genießen.*

*In jeder Frau die Kräfte des Mondes,
in jedem Mann die Kräfte der Sonne.
In jeder Frau die irdischen Kräfte,
in jedem Mann die himmlischen Kräfte.*

Erde und Himmel vereint, ganz und gar erleuchtet
sind wir.
ganz und gar ergriffen – von einer göttlichen Vision.
Das Schönste an der Liebe ist, daß sie allgegenwärtig
in uns ist.
Deshalb brauchen wir uns nicht an jemandem festzuhalten.

Gott sorgt für all seine Schöpfungen,
auch allein sind wir nie allein.
Mutter Natur sorgt für all ihre Schöpfungen,
auch allein sind wir immer alle eins.

Wählen sie den Yoga-Pfad der Liebe

Nach der klassischen Lehre gibt es zwei Pfade zur »Erleuchtung«: den Weg ins Nirwana und den Weg ins Sat–Chit–Ananda (Existenz–Bewußtsein–Glückseligkeit). Wer den statischen Aspekt seiner Göttlichkeit manifestieren will, wird ins Nirwana eingehen. Das Nirwana ist das Nichts, d. h., im Nirwana endet die Reise, die Seele löst sich auf, das kosmische Spiel ist beendet, man kommt nicht mehr auf die physische Ebene zurück. Dieser Weg ist insbesondere für die Seelen geeignet, die »die Nase voll« haben von dem Leid dieser Welt. Das Nirwana ist der Weg der Verneinung, der Askese. Viele Yoga-Arten bauen auf diesem Weg auf. Wer ins Nirwana will, grenzt sich ab und will mit der »schnöden« Welt nichts mehr zu tun haben, zieht sich in ein Kloster oder in die Einsamkeit zurück und schreit mit der Kraft seines ganzen Herzens zu Gott. Dann muß Gott ihn holen. Es ist der Weg der Abgrenzung, der jedoch einen Nachteil hat: Er macht eng und macht »dicht«. Das führt dazu, daß der »enge« Mensch die Dinge, die er verurteilt, d. h. die er zu erschaffen abgelehnt hat, nicht beherrschen kann. Das ist der Grund, warum z. B. Asketen erleben, daß sie von Sex »heruntergezogen« werden. Es ist nicht so, daß Sex an sich schädlich ist, aber weil diese Leute glauben, daß Sex niedrig und schädlich ist, wird er ihnen zum Verderben. Wenn Sie sich im übertragenen Sinne weigern anzuerkennen, daß es Autos gibt, werden Sie von einem Auto angefahren – nicht, weil Autos schlecht sind, sondern weil Sie nicht auf Autos achten.

Ein weiser Mann erzählte einmal die Geschichte von einem Mann, der in den Bergen des Himalaja zwanzig Jahre lang fastete und meditierte, um frei von Gier und Zorn zu werden. Dieser Mann kam sich in der Einsamkeit wie ein Heiliger vor. Nach zwanzig Jahren kam er wieder in die Stadt, und das erste, was ihm passierte, war, daß er angerempelt wurde – und sofort war sein ganzer Zorn wieder da. Das zweite, was ihm geschah, war, daß eine bildhübsche Frau vor ihm herlief – und schon war seine ganze Gier wieder da. Dieser Mann war nicht in den Bergen heilig geworden, er hatte alles nur verdrängt.

Der Weg ins Sat–Chit–Ananda ist der gegenteilige Weg. Es ist der

Weg für diejenigen, die nicht nur den statischen Aspekt (SEIN), sondern auch den dynamischen Aspekt Gottes (WERDEN) manifestieren wollen. Dies ist der Weg der Integration, des Tantra und der allumfassenden Liebe. Sri Aurobino spricht vom integralen Yoga, und ich kann mir vorstellen, daß er damit etwas Ähnliches meint. Der Yoga-Pfad der allumfassenden Liebe gestattet es, sich auszudehnen und in allen Aspekten des Seins die Göttlichkeit zu erkennen. Es ist der Weg der Bejahung, und es ist das eigentliche Ziel dieses Projekts, sich als Gottmensch auf dieser Welt zu manifestieren. Sri Aurobino spricht in dem Zusammenhang vom Übermenschen, wobei er unterstellt, daß in jedem die Anlage zu einem Übermenschen verankert ist und nur kultiviert zu werden braucht. Der Yoga-Pfad der Liebe bedeutet, sich alles Erdenklichen gewahr zu werden, also bereit zu sein, sein Gewahrsam auszudehnen, so daß man »weit«, tolerant, transparent, durchlässig und flexibel wird. Es ist ein physikalisches Gesetz: Je mehr Sie sich mit Ihrem Bewußtsein ausdehnen, desto leichter werden Sie, Sie erfahren im wahrsten Sinne des Wortes »Erleuchtung«. Je »ausgedehnter« Sie sind, desto leichter schwingen Sie und desto weniger haben Sie das Bedürfnis, etwas zu kontrollieren oder festzuhalten, denn Sie lieben ja alles, was Ihnen begegnet. Jede Angst vor Abwechslung erübrigt sich. Wenn Sie nichts mehr bewerten, wenn alles göttlich ist, wenn Sie so sehr in der Liebe sind, daß Sie alles feiern können, dann können Sie jeden Widerstand gegen Ihre Außenwelt einfach fallenlassen. Widerstandslosigkeit bedeutet nicht Ihren Ruin, sondern Ihre Auferstehung, denn es war immer Ihr »Dagegen-Sein«, Ihr »Nicht-Akzeptieren«, Ihr »Widerstand«, der Sie zermürbt hat. Jeder Widerstandslose ist einfach unwiderstehlich! Sobald Sie aufhören, in ihrem Innern Widerstände aufzubauen, wird die äußere Welt Ihre Widerstände gegen Sie fallenlassen, denn die äußere Welt ist nur ein Spiegel Ihrer gestigen Einstellung! Haben Sie ein wenig Vertrauen, und denken Sie immer wieder an diese zwei Worte: »Kein Widerstand!«

Lieben Sie »Gerade-anders-Erfahrungen«

Wie Thaddeus Golas in seinem Buch »Der Erleuchtung ist es egal, wie du sie erreichst« (Sphinx Verlag) umfassend darstellt, treffen Sie immer, wenn Sie Ihr Gewahrsam ausdehnen, auf Erfahrungen, die »gerade anders« sind, als Sie es sich erhofft haben.

Darüber können Sie natürlich frustriert sein und sich in Ihr Schnekkenhaus zurückziehen, so wie es die meisten Menschen immer wieder tun. Ich lade Sie ein, das Ganze einmal von einem völlig neuen Standpunkt zu betrachten: Sehen Sie es als ein positives Zeichen, wenn Sie eine »Gerade-anders-Erfahrung« gemacht haben, denn die Tatsache, daß Sie eine »Gerade-anders-Erfahrung« gemacht haben, beweist ja, daß Sie so mutig waren, über Ihren gegenwärtigen Horizont hinauszugehen. Erkennen Sie: Nur wenn Sie Ihre »Gerade-anders-Erfahrungen« lieben können, wenn Sie sie wertfrei akzeptieren können, können Sie Ihr Gewahrsam weiter ausdehnen, ansonsten fallen Sie zurück auf Ihr altes Bewußtseinsfeld. Im Klartext heißt das: Nur wenn Sie bereit sind, einen »Korb« entgegenzunehmen, können Sie sich auf einen Flirt einlassen. Und nur, wenn Sie sich für den Korb, den Sie soeben bekommen haben, lieben können, können Sie fortfahren zu flirten. Das gleiche gilt natürlich für geschäftliche Anbahnungen, Telefonverkauf oder Heiratsvermittlung.

Deshalb: Hüllen Sie Ihre »Gerade-anders-Erfahrungen« in Liebe ein. Lieben Sie sich dafür, daß Sie sich wie einen Trottel finden, lieben Sie sich dafür, daß Sie das hassen, was gerade passiert (der spirituelle Doppeldecker). Was immer Sie tun oder fühlen, lieben Sie sich dafür! Wenn Sie lernen, die Hölle zu lieben, sind Sie im Himmel. Liebe ist das vollkommene Mittel zur Erleuchtung! Lieben Sie über jede Vernunft hinaus, das ist die einzige Sicherheit. Liebe ist die einzige Chance, sich von »Gerade-anders-Erfahrungen« so zu entfernen, daß Sie dabei nicht »festhängen«.

Wie können Sie sich für Ihre »Gerade-anders-Erfahrungen« lieben, insbesondere, wenn Sie womöglich danach wie ein Trottel dastehen, sich schlecht fühlen usw.? Der Trick liegt darin, daß Sie nicht auf das Ergebnis schielen. Immer wenn Sie eine »Gerade-anders-Erfahrung« gesammelt haben, sollten Sie sich voller Freude an die Brust klopfen –

es ist ein Zeichen dafür, daß Sie so mutig waren, die Grenzen Ihres bisherigen Gewahrsams zu überschreiten und Ihren Handlungsspielraum auszudehnen. Dafür können Sie sich wirklich lieben! Wenn es ein Motto für »Gerade-anders-Erfahrungen« gibt, dann folgendes: »Es kommt nicht auf das Ergebnis an. Das Tun alleine zählt.« Sie können sich auch das Motto der Olympischen Spiele an die Brust heften: »Dabeisein ist alles.« Lassen Sie es sich *immer* gutgehen, sowohl bei »erwünschten« wie auch bei »Gerade-anders-Erfahrungen«. Wie Sie die Welt sehen, wie Sie Ihre »Gerade-anders-Erfahrungen« verarbeiten, hängt einzig und allein von Ihrer Selbst-Liebe ab, d. h. von der Fähigkeit, mit Ihrer Umwelt, d. h. Ihren eigenen Schöpfungen, in einem Raum zu sein. Nichts ist gut, nichts ist schlecht, alles ist so, wie es halt einmal ist. Wechseln Sie also Ihren Maßstab aus. Fragen Sie nicht mehr: »Habe ich das gut gemacht?«, sondern: »Bin ich gerade gesprungen?« Wenn ja, feiern Sie es, wenn nein, feiern Sie es auch. Pfeifen Sie auf die *mind trips,* die Ihnen einreden wollen, Sie seien nicht in Ordnung.

Bekommen Sie einfach Spaß daran, sich zu blamieren. Folgen Sie dem Motto des Verhaltenstrainers Peter Volke aus München, der empfiehlt: »Blamiere dich täglich!« Nehmen Sie dieses Motto wörtlich! Suchen Sie Situationen, in denen Sie sich blamieren können. Jede Blamage ist ein Schritt, nicht sich zu verbessern (das muß ja wirklich nicht sein), sondern sich selbst weniger ernst zu nehmen – dann ist das Leben nämlich auch weniger ernst zu Ihnen. Sie müssen es das nächste Mal nicht besser machen. Alles, worum es geht, ist zu lernen, sich nicht so wichtig nehmen! Wilhelm Busch sagte einmal: »Man ärgert sich so oft über die Untugenden anderer Leute, was aber wirklich frei macht, ist die Erkenntnis, daß man selbst nichts taugt.«

Sehen Sie das Leben als Abenteuer im Zuge einer ständigen Expansion. Fühlen Sie sich als Wissenschaftler, vielleicht nach dem Motto »Professor Haber experimentiert«, und beobachten Sie, was passiert, wenn Sie Ihr gewohntes Territorium verlassen. Es heißt so schön: »Im Hafen ist ein Schiff sicher, aber dafür ist es nicht gebaut.«

Aber: Zwingen Sie sich nie zu etwas, an dem Sie keinen Spaß haben. Quälen Sie sich nie, denn wenn Selbstverwirklichung keinen Spaß macht, ist sowieso »der Ofen aus«. Immer wenn Sie sich unwohl fühlen, stoppen Sie Ihr Tun, werden wieder bewußt und machen erst dann weiter – schließlich geht es Ihnen ja darum, Spaß an das Sache zu haben, nicht darum, etwas zu »erreichen«.

Wenn Sie sich ausdehnen, tun sie es immer »für« etwas. Seien Sie nie »gegen« etwas – seien Sie lieber »für« das Gegenteil. Versuchen Sie insbesondere nicht, Ihre Fehler und Ungeschicklichkeiten auszurotten, denn je mehr Energie Sie darauf verwenden, Ihre Fehler und Ungeschicklichkeiten auszurotten, desto mehr »züchten« Sie sie. »Sich-ändern-Müssen« ist ein »blödes Spiel«. Verweigern Sie solche sinnlosen Spiele. Sie brauchen nie etwas zu verändern, nur die Art, wie Sie es sehen. Liebe ist die einzige Dimension, die verändert werden muß. Lieben Sie es, ein Trottel zu sein – und Sie sind weiser als alle Weisen auf einmal.

Lieben Sie Ihren Körper – pflegen Sie ihn

Viele Menschen, die auf dem sogenannten spirituellen Weg sind, vernachlässigen ihren Körper aufs gröbste, man könnte sogar sagen, sie lassen ihn »verfaulen«. Sie haben erkannt, daß Sie von Ihrem wahren Wesen her göttlich sind. Sie haben außerdem erkannt, daß es der Körper ist, in dem alle Programme von Unvollkommenheit und Leid gespeichert sind. Es stimmt, daß es immer nur der Körper ist, der Probleme hat. Deshalb gingen viele Religionen dazu über, den Körper, die Sexualität und alle Sinnesfreuden zu verdammen, und erkannten nicht, daß sie sich von einem Teil der Schöpfung abschnitten.

Die Erde mit all ihrer Körperlichkeit ist in Wahrheit kein Sündenpfuhl, keine Bestrafung für gefallene Engel, sondern ein großartiges Experimentierfeld für zukünftige »Sternengötter«. Hier können Übermenschen entstehen, und die Mystiker sagen, daß die Seelen, die das »Experiment Erde« erfolgreich abgeschlossen haben, den meisten Seelen im Jenseits weit überlegen sind. Es ist richtig: Sie selbst sind vollkommen, Probleme hat immer nur der Körper. Sie können sich jetzt entscheiden: Wollen Sie den Körper »abfallen« lassen, dann landen Sie im Nirwana – das ist gut und schön, aber letztendlich ein Verrat an Ihrem Körper, der Ihnen nämlich ungeahnte Freude und Erkenntnis schenken kann. Andererseits, wenn Sie dem Körperlichen erste Priorität geben, erleben Sie permanent Disharmonie. Alte Verhaltensmuster werden restimuliert, eingekapselte Blockaden machen sich frei und sorgen für Verstimmung, Vergangenheitstraumata kommen hoch.

Ich denke, es gibt einen dritten Weg, nämlich im Bewußtsein unserer lichtvollen Göttlichkeit in die Tiefen unserer Körperlichkeit hinabzutauchen, soweit unser »Scheinwerfer« reicht und unseren Körper mit unserer Göttlichkeit auszufüllen. Der Körper ermöglicht uns, an der »Zeit-Raum-Illusion« teilzunehmen, der Körper ermöglicht uns Lernerfahrungen, der Körper ermöglicht uns Expansion, also sollten wir ihm dankbar sein und ihn mit »durchziehen«. Kurt Tepperwein sagte einmal: »Wir sollen unseren Körper vergeistigen und unseren Geist verkörpern.« Beides – Vergeistigung und Verkörperung – ist gleich wichtig. Das eine ist ein Prozeß des SEINS, das andere ein Prozeß des WERDENS, das eine ein Prozeß in der Zeitlosigkeit, das andere ein Prozeß in der Zeit. Solange Sie ein »Wanderer zwischen zwei Welten« sind, sollten Sie nicht schnöde über das Körperliche hinwegsehen, denn: Ein ungeliebter Körper wird Ihnen früher oder später Aufmerksamkeit abverlangen und Sie von Ihren spirituellen Höhenflügen zurück auf die Erde holen, indem er z. B. krank wird, die höhere Energie blockiert, Ihnen Kopfschmerzen bereitet o. ä. Der in den USA lebende Guru Sri Chinmoy weiß schon, warum er mehrere Stunden am Tag Tennis spielt, an Marathonläufen teilnimmt und Sportwettkämpfe für seine Schüler veranstaltet. Unabhängig davon, daß durch Sport und intensive körperliche Betätigung der »astrale Muff« vom Körper wegfliegt, sagen die Mystiker, daß die höheren Intelligenzen unseren Körper nur so weit mit Energie füllen können, wie es der Körper organisch zuläßt. Ganz klar: Wer ein schwaches Herz hat, bei dem würde die Energieüberflutung eines »kosmischen Orgasmus« zum sofortigen Tode führen. Deshalb: Seien Sie gut zu Ihrem Körper. Trainieren Sie ihn, lieben Sie ihn, pflegen Sie ihn.

Lassen Sie sich Körperblockaden wegmassieren, gönnen Sie sich eine Massage, die in den tieferen Schichten wirkt und somit eine Bewußtseinserweiterung provoziert, lassen Sie in den Körperzellen abgekapselte Traumata ausheilen (z. B. mit Hilfe von Bach-Blüten), lassen Sie sich alte Muster durch sanfte Fußmassage (Metamorphose) »rausziehen«, bringen Sie wieder Elastizität in Ihre »Lebensader«

228

Wirbelsäule, entsprechende Empfehlungen finden Sie am Ende dieses Buches. Pflegen Sie Ihren Körper durch Zärtlichkeit, Sauna, Schwimmen, Waldläufe, Atemübungen, körperorientierte Meditationen (z. B. die Vierjahreszeiten-Meditation der Sufis), gesunde Ernährung, Bewegung an frischer Luft, Trampolinspringen usw.

Wenn Sie Ihren Körper vernachlässigen, weil Sie erkennen, daß Sie nicht Ihr Körper sind, wäre das genauso töricht, als wenn Sie Ihre Stiefel im Regen vor der Türe stehen und verkommen lassen – bald würden Sie kalte Füße bekommen und »verschnupft sein«. Ihr Körper ist ein Geschenk Gottes. Seien Sie stolz auf ihn, der Ihnen ermöglicht, an einem Wachstumsprozeß teilzunehmen. Sri Chinmoy sagt, daß Wachstum nur auf der physischen Ebene möglich ist. Auch der größte Sternengott muß auf diesem Planeten inkarnieren, wenn er sich weiterentwickeln will. Seien Sie dankbar für Ihren Körper, wie immer er ist. Lieben Sie ihn! Verwöhnen Sie ihn! Ihr Körper hat große Hoffnungen in Sie gesetzt, als er Ihrer Seele Zuflucht geboten hat – erweisen Sie sich dessen als würdig.

Lieben und pflegen Sie Ihre Energiezentren

Ihr Körper wird mit feinstofflichen Energien versorgt. In Ihrem Körper gibt es sieben Energiezentren (Chakren), die verantwortlich sind für die Energieversorgung des physischen Körpers. Wann immer Sie sich schlapp oder unausgeglichen fühlen, arbeiten die Chakren nicht mehr auf vollen Touren oder sind nicht in Harmonie miteinander. Konzentrieren Sie sich einmal auf die Mitte Ihres Scheitels, und verspüren Sie dort einen leichten Druck, so als wenn Sie eine Krone tragen würden – dort sitzt das siebte Chakra. Spüren Sie dann ein wenig höher, dort schwebt das achte Energiezentrum, das Tor zur »anderen Dimension«, der Punkt, von dem aus man ins Licht »fällt« – dort erlebe ich auch meinen »Cosmischen Christall« (es kann natürlich durchaus sein, daß Sie ihn ganz woanders erleben). Jenseits vom achten Chakra gibt es noch vier weitere Chakren, die aber so feinstofflich sind, daß sie nur von Sensitiven wahrgenommen werden können. Stellen Sie sich die höheren Energiezentren so vor, als wenn Sie vom achten Chakra aus in einer goldenen

DIE ZWÖLF CHAKREN

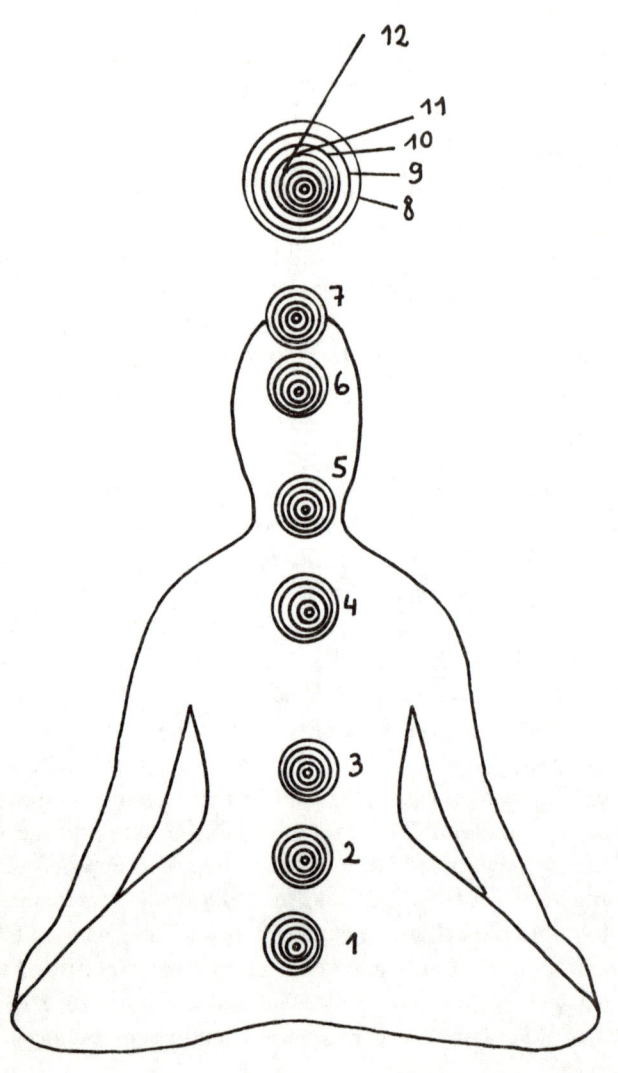

Tube immer tiefer nach innen fallen, immer weiter – in ungeahnte Dimensionen.

Nachfolgend erhalten Sie eine Aufstellung der Energiezentren des feinstofflichen Körpers, ihrer Lage, ihrer Funktion, der Farbe, mit der sie dieses Chakra aktivieren können, und des Tons, mit dem Sie sie stimulieren können.

Aufstellung der Chakren:

Nr.	Farbe	Sitz	Funktion	Ton
12.	gold	»Cosmischer Christall«	Krönender Abschluß	
11.	rosa-orange	»Cosmischer Christall«	Befreiung der physischen Ebene	
10.	perlfarben	»Cosmischer Christall«	Übersteigen der Polarität	
9.	blau-grün	»Cosmischer Chsitall«	Erleuchtung physischer Körper	
8.	violett-grün	»Cosmischer Christall«	Sitz der Seele, Tor zum Licht	
7.	violett	ehem. Fontanelle	Öffnung höherer Energien	Ü
6.	indigo	Stirnmitte, »drittes Auge«	Hellsehen, Transzendenz	I
5.	blau	Schilddrüsenkuhle	kreativer Selbstausdruck	E
4.	grün	Brustbein in Herzhöhe	allumfassende Liebe	E
3.	gelb	Sonnengeflecht	Kraft und Macht	O
2.	orange	5 cm unter dem Bauchnabel	Urgefühle	O
1.	rot	Steißbein	Überleben – Sex	U

Chakren-Aufladung durch den Feueratem

Die nachfolgende Übung ist eine hervorragende Methode, alle sieben Körper-Chakren mit Energie aufzuladen, und insbesondere morgens ein hervorragender »Muntermacher«. Sie stammt aus dem Kassetten-Kurs »Phantasie-Reisen 2« von Dr. Günter Bayer.

Beginnen Sie mit dem 1. Energiezentrum, und arbeiten Sie sich hoch bis zum 7. Energiezentrum mit jeweils folgender Übung:

O Einige Atemzüge lang richten Sie die Aufmerksamkeit auf das Zentrum, so lange, bis Sie es deutlich spüren.

O Eine Minute lang (ca. 100 schnelle Atemzüge) nehmen Sie eine

231

bestimmte Position ein (s. u.) und bewegen sich wie unten beschrieben zu dem Atem. Sie konzentrieren sich auf das jeweilige Energiezentrum, so als wenn Sie einen Ventilator antreiben wollten, und atmen dabei schnell und kraftvoll durch die Nase ein und aus, wobei Sie das Ausatmen betonen.

O Nach einer Minute holen Sie mit einem tiefen Atemzug Prana (die Lebensenergie, die in der Luft ist) in das jeweilige Chakra und halten so lange wie möglich den Atem an, während Sie die Position beibehalten.

O Dann atmen Sie sanft aus, geben die Position auf, lassen für einige Augenblicke die Aufmerksamkeit auf dem Zentrum und spüren, was sich verändert hat. Dann gehen Sie weiter zum nächsten Zentrum.

Und hier die Positionen für die jeweiligen Chakren:

1. Chakra (Dammbereich): Schneidersitz – Arme seitwärts gestreckt.

2. Chakra (Becken in Höhe des unteren Rückens): Sitz der Naturvölker – Arme nach vorne gestreckt.

3. Chakra (Solarplexus): japanischer Fersensitz – Hände auf Oberschenkel, bei jedem Ausatmen Oberbauch abknicken.

4. Chakra (Brustbeinmitte): Hände vor der Brust verhaken, dabei leicht auseinanderziehen, bei jedem Ausatmen abwechselnd einen Ellbogen nach unten drücken.

5. Chakra (Kehle zwischen Schlüsselbeinen): Keine besondere Position und Bewegung. Hechelnd durch den Mund atmen.

6. Zentrum (Stirnmitte über der Nasenwurzel): die Arme erst waagerecht, dann im Verlauf der Minute langsam bis in die Senkrechte heben.

7. Zentrum (Scheitelmitte): Keine besondere Position und Bewegung. Stellen Sie sich vor, daß Sie wie ein Feuerwehrauto ein Blaulicht auf dem Kopf tragen und dieses mit dem Atem antreiben.

Heilung im Schnellverfahren – durch Farben

Die Weisen aller Zeiten sagen: Alles ist »Schwingung« – Energie. Was ist Musik anderes als die Schwingung von Wellen, die wir als Schall empfangen? Was ist eine Berührung anderes als die Schwingung von Tastnerven? Was ist Farbe anderes als die Schwingung von Lichtwellen? Und was sind wir anderes als Schwingung – Energie? Wir halten einen Tisch für einen physisch dichten Körper. Legen wir ihn aber unter ein Elektronenmikroskop, sieht er eher wie eine riesengroße Milchstraße aus. Der Tisch ist in Wahrheit nichts anderes als ein riesengroßer Elektronenhaufen – eine Ansammlung von Elektronen, die in einer bestimmten Schwingung sind. Dabei sind die Zwischenräume zwischen den einzelnen Elektronen im Verhältnis etwa so groß wie die Abstände zwischen einzelnen Sternen innerhalb einer Galaxie. Der einzige Grund, warum Sie sich auf den Tisch auflehnen können, besteht darin, daß die Zahl der Elektronen so groß ist, daß Sie irgendwo immer auf einen Widerstand stoßen.

Würden z. B. alle Elektronen zufällig gerade einmal woanders herumschwirren – was nach der Wahrscheinlichkeitsrechnung ca. alle 1 Milliarde Jahre einmal vorkommt –, könnten sie durch den Tisch hindurchgreifen. Würden zufällig alle Elektronen einmal gleichzeitig nach oben schwirren – was nach der Wahrscheinlichkeit ebenso selten ist –, würde der Tisch durch die Luft fliegen. Ein Tisch ist ein riesengroßer Elektronenhaufen. Und was sind Sie? Sie selbst sind nichts anderes als ein riesengroßer schwingender Elektronenhaufen.

Wann immer sie leiden, sich krank fühlen o. ä., ist in Ihnen eine »Mißschwingung«, so, als wenn die Erde nicht mehr kontinuierlich um die Sonne laufen, sondern »eiern« würde. Was ist eine Medizin anderes als eine bestimmte »Schwingung«, die Sie Ihrem Körper zuführen, damit er seine disharmonische Schwingung ausgleicht? Sie brauchen aber nicht immer Medizin zur Heilung. Sie können mit Worten heilen – oder mit Tönen. Immer mehr wird die Musiktherapie wiederentdeckt. Wann immer Sie sich schlecht fühlen, versuchen sie einmal herauszufinden, welche Musik(schwingung) Ihren Körper jetzt heilen würde, und lassen Sie die Musik von allen Körperzellen aufsaugen wie Wasser von einem trockenen Schwamm.

Sie können auch mit Farben heilen. Dies hat den Vorteil, daß der Umweg über die »Radarabfangstation« Oberflächenverstand vermieden wird. Es gibt nur einen Grund, warum Farbtherapie nicht funktionieren könnte: Wenn Sie intellektuell nicht bereit sind, das hinter dem Leiden verborgene Verhaltensmuster loszulassen, vielleicht weil Sie das Muster noch benutzen wollen, um andere oder sich zu beschuldigen, vielleicht aber auch, weil Sie soviel Leiden in das alte Muster »investiert« haben, daß Sie nicht bereit sind, es »mir nichts, dir nichts« aufzugeben. Aber: Wenn Sie wirklich »die Nase voll« haben, wenn Sie sich nach nichts mehr sehnen als nach bedingungslosem Loslassen, dann funktioniert es. Leider können Sie erst am Ergebnis erkennen, ob Sie zum Loslassen bereit waren. Derjenige, bei dem die Farbübung aber wirklich einmal funktioniert hat, der wird sie nicht mehr missen wollen.

Experiment: Machen Sie sich einmal ein Problem, ein Muster oder eine Schwierigkeit bewußt. Stellen Sie sich dieses Problem, dieses Muster oder diese Schwierigkeit als Person vor. Das kann ein geschäftlicher Mißerfolg sein, Partnerschaftsprobleme, Schüchternheit oder was auch immer. Fragen Sie, mit welchem Namen Sie diese Person anreden können. Schauen Sie, welche Farbe sie trägt. Dann fragen Sie sie, welche Farbe sie von Ihnen braucht. Nachdem Sie die Antwort erhalten haben, stellen Sie sie unter eine Lichtdusche, stellen die Farbe ein und beobachten, wei sie sich verändert. Es kann sein, daß die alte Farbe noch nicht verschwindet, z. B. kommt es häufig vor, daß die alte Farbe sich »abkapselt« und die neue Energie nicht zuläßt. Dann fragen Sie, was sie noch braucht, um loslassen zu können. Das kann eine neue Farbe sein oder auch eine Erkenntnis, eine Handlung o. ä.

Mit der Farbübung können Sie auch Körperstellen, Organe und Chakren heilen. Sie können in dieses Gespräch Ihre Leber, Ihren Fußpilz, Ihren Penis oder Ihre Haut einladen, es funktioniert.

Experiment: Sie gehen in die Stille und fragen Ihr unterstes Chakra, wie es aussieht, und vor Ihrem geistigen Auge erscheint ein Bild von einem Fieberthermometer, das oben leuchtend weiß, aber ganz unten blutrot und verkrustet ist. Das Fieberthermometer wünscht sich von Ihnen die Farbe weiß, um das Rote aufzulösen. Bei Ihrer geistigen Übung erkennen Sie aber, daß das Rot sich abkapselt und verkrustet. Sie fragen das Fieberthermometer, was noch fehlt, damit Sie es loslassen können. Da erscheint vor Ihrem geistigen Auge ein Bild aus einem früheren Leben im Mittelalter, in dem Sie als kleiner Junge Zeuge wurden, wie Ihre ganze Verwandtschaft einschließlich Ihrer Eltern niedergemetzelt wurde, und Sie als bleicher Tod durch die Lande zogen und einsam gestorben sind. Sie waren nicht bereit, diese Erfahrung loszulassen, weil Sie dem Leben diese Erfahrung noch nicht verziehen haben. Sie begeben sich jetzt gedanklich in die Zeit nach Ihrem damaligen Tod und erleben sich, wie Sie die Lichtwesen anschreien: »So eine Schweinerei, was ihr mir da angetan habt!«, und Sie hören die Lichtwesen antworten: »Was heißt da Schweinerei? Das war das Spiel, und du hast es gewählt. Wir alle haben irgendwann einmal Gevatter Tod die Stirn geküßt.« Sie erkennen das Spielerische hinter dieser Erfahrung und verzeihen sich und den anderen. Dann gehen Sie zurück zu Ihrem Thermometer und sehen, daß sich nach unten eine Öffnung gebildet hat (kein Festhalten mehr). Das Rot kann nach unten in die Erde abfließen. Ihr weißes Licht strömt in die Erde – Ihr Thermometer ist weiß. »Zufällig« spüren Sie bei diesem Erlebnis heftige Körperreaktionen und Lebendigkeit im Becken. Was ist geschehen? Durch Ihre gedanklichen Übungen haben Sie Ihre Molekularstuktur im Inneren verändert, wobei es völlig unerheblich ist, ob das Erlebte Realität war. Auf jeden Fall hat das Unterbewußtsein ein »synonymes Bild« hervorgebracht, das die gegenwärtige Energiesituation deutlich macht, und mit diesem Bild können Sie arbeiten und es auflösen. Es gelingt immer, man muß nur hinfühlen, wie es geht. Man muß die »Tresor-Kombination« herausfinden, um den »Tresor«, d. h. das Muster, zu knacken, und das ist das Spiel des Lebens. Die Zahl der »geknackten Muster« ist quasi der »Punktestand«. Die Kombination ist wie bei einem Banksafe: »Neun Umdrehung nach rechts, sieben nach links und drei wieder nach links und dann kurz ziehen.« Jede Tresor-Kombination ist individuell und funktioniert nur für den, der wirklich hinfühlt und mit seinem Muster Kontakt aufnimmt und nicht nach sturen Konzepten vorgeht.

Die »Gesäß-Meditation«

Das Gesäß ist von der Konditionierung her meistens etwas »Schlechtes«. Was dort herauskommt, ist schmutzig, und sehr häufig haben wir das nackte Gesäß mit »Schläge bekommen« assoziiert. In unserem Gesäß sitzt allerdings auch sehr viel Energie, die wir positiv nutzen können. Von dort erhebt sich die Wirbelsäule nach oben, und sie ruht auch darauf. Nicht von ungefähr nennt man jemanden einen »Lahmarsch« oder sagt andererseits, jemand habe »Pfeffer im Hintern«. Bei dieser Meditation tun Sie einmal dreißig Minuten lang nichts anderes, als Ihr Gesäß beim Sitzen zu spüren und zu beobachten. Wie sitzen Sie? Auf welcher Backe sitzen Sie mehr? Wo verkrampfen Sie sich? Ist Ihr Anusmuskel offen oder verspannt? Welche Gefühle stecken in Ihrem Gesäß?

Hören Sie zu dieser Meditation eine gute Kassette, die die sogenannten »unteren« Energien zum Schwingen bringt, z. B. die Kassette »Rhythmische Meditation« von Johann Walter oder »Kamasutra« von Khan. Entdecken Sie Ihr Gesäß als Springbrunnen der Freude und Energie. Lieben Sie Ihr Gesäß, verwöhnen Sie es, lassen Sie es tanzen und sich bewegen. Alle sexuellen Verspannungen liegen im Gesäß, im Kreuzbein (Hohlkreuz) oder im Damm verborgen, und sobald Sie sich wieder gestatten, sich frei zu bewegen, wird sich so manches sexuelle Problem von alleine lösen.

Spüren Sie auch im Alltag immer wieder einmal nach, wie sich ihr Gesäß, und natürlich auch Ihr Kreuz, anfühlt: beim Gehen, beim Sitzen, in der Straßenbahn. Werden Sie »gesäßbewußt«, dann werden Sie bald den dort verborgenen Energien aufzusteigen erlauben, wie im nachfolgenden Kapitel beschrieben.

Werden Sie körperbewußt. Spüren Sie immer wieder in sich hinein, wo in Ihrem Körper Blockaden, Verengungen und Disharmonien sind, aber genießen Sie auch die Stellen, die wohlausgewogen, fließend und integriert sind. Alleine das Hinspüren reicht für eine tiefgehende Körperverbesserung. Sie werden erleben, wie sich alleine durch Ihre Achtsamkeit Spannungen von allein lösen, denn was sind Spannungen anderes als fehlendes Bewußtsein. Wenn Sie in sich hineinspüren, so »arbeiten« Sie sich nicht durch den Körper, sondern lassen Sie sich, so als wenn Sie auf einem großen See treiben, von Ihrem Körper zu den Stellen führen, wo er Ihnen etwas sagen will. Übrigens eine sehr schöne Methode, morgens zu erwachen und seinen Körper zu begrüßen. Besonders effektiv wird dieses Hinfühlen, wenn Sie gestatten, daß Ihr Atem dorthin fließt, wo jeweils im Körper Ihre Aufmerksamkeit liegt. Jerry Gillies empfiehlt in seinem Buch »Transzendenter Sex«, eine Hand auf das Herz zu legen, die andere Hand auf die Geschlechtsorgane, das Gesäß oder sonst ein Körperteil, das der Integration bedarf, und die Herzensenergie dann in das zu integrierende Körperteil fließen zu lassen. So können Sie Ihre Reise nach innen beginnen.

Der honigsüße Energiekreislauf

Die nachfolgende Übung kommt aus dem TAO: Setzen Sie sich mit geradem Rücken auf einen Stuhl. Am effektivsten ist diese Übung, wenn Sie keine Unterwäsche dazu tragen. Legen Sie die Zunge hinter den Gaumen. Spüren Sie, wie beim Einatmen eine goldene Flüssigkeit, so süß wie Honig, aus Ihren Geschlechtsorganen in das Steißbein verläuft. Lassen Sie mit jedem Einatmen diese Flüssigkeit in der Wirbelsäule etwas höher steigen, so als wenn Ihre Wirbelsäule ein Fieberthermometer wäre, bei dem kontinuierlich die Temperatur steigt. Sie können sich auch einen Strohhalm vorstellen, an dem Sie vorsichtig saugen. Spüren Sie bei jedem Atemzug nach, wo sich die Flüssigkeit gerade befindet. Lassen Sie die Flüssigkeit aufsteigen bis zu Ihrem Scheitel. Von dort aus spüren Sie, wie die Flüssigkeit Ihren Scheitel verläßt und Ihren »Cosmischen Christall« in einer Extra-Umdrehung einwickelt. Dann lassen Sie die Flüssigkeit über die Stirn mit jedem Atemzug immer tiefer sinken, bis sich an den Geschlechtsorganen der Kreis wieder zu einer »8« geschlossen hat. Lassen Sie dann mit jedem Einatmen die Flüssigkeit bis zum Scheitel und mit jedem Ausatmen wieder in die Geschlechtsorgane vorne heruntersinken. Gehen Sie dabei so »lässig« wie möglich vor, genießen Sie einfach den süßen Honig, der Ihren ganzen Körper durchströmt. Benutzen Sie dafür z. B. die Kassette »First Orbit« (s. Kassetten-Empfehlungen im Anhang). Weitere Informationen zu dieser Technik des »kleinen Energiekreislaufs« bietet Mantak Cia in seinem »TAO der Liebe«.

Wesentlich bequemer ist diese Übung im Liegen, wobei es sich empfiehlt, auf der rechten Seite zu liegen, rechts, damit das Herz nicht gedrückt wird, und auf der Seite, um die Intimregion entspannt zu halten. Es kann allerdings sein, daß im Liegen die Intensität der Erfahrung etwas geringer ist. Im Liegen arbeite ich gerne mit der Kassette »Skydancing« (s. Empfehlungen am Ende des Buches).

Schutz durch den »kosmischen Springbrunnen«

Gehen Sie mit Ihrem Bewußtsein in den »Cosmischen Christall« in Ihrem achten Chakra. Spüren Sie, wie leuchtend gold-türkisfarbenes Licht aus Ihrem »Cosmischen Christall« strömt und Verbindungen mit Ihrem Scheitel-Chakra sucht. Spüren Sie, wie das Chakra diese leuchtend gold-türkisfarbene Energie willkommen heißt und in sich aufnimmt. Vielleicht erleben Sie ein Gefühl, als würden Sie einen nassen Schwamm auf dem Kopf tragen und Flüssigkeit in Sie eindringen. Lassen Sie jetzt ein Energiezentrum nach dem anderen diese Energie willkommen heißen, und erst wenn Sie gespürt haben, daß die Energie angenommen und das Energiezentrum gereinigt und geklärt wurde, lassen Sie das Licht »eine Etage tiefer« fließen. Gehen Sie ein Energiezentrum nach dem anderen durch. Am untersten Energiezentrum angekommen, öffnen Sie geistig Ihre Füße, und lassen Sie das gold-türkisfarbene Licht in die Erde strömen, tiefer, tiefer, tiefer, bis Sie

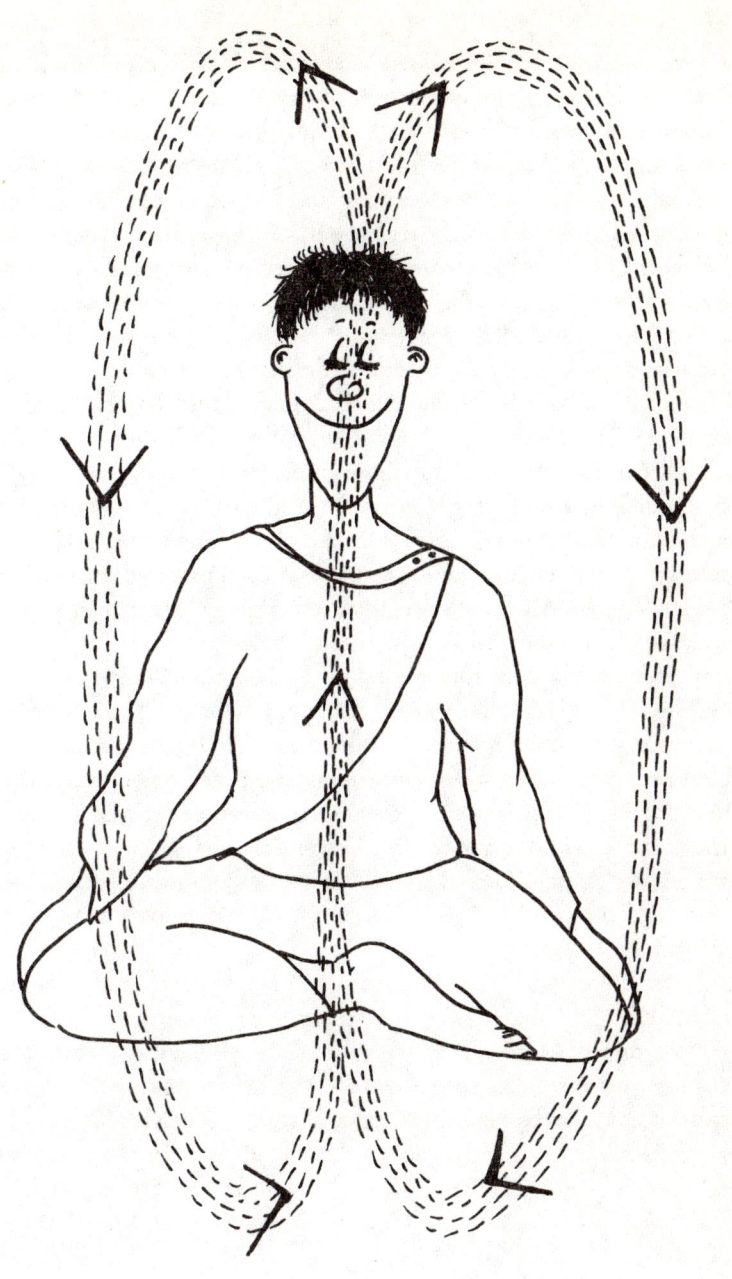

spüren, wie dieses gold-türkisfarbene Licht wie ein Springbrunnen aus der Erde aufsteigt und wieder nach oben strömt bis in Ihr siebtes Energiezentrum. Erleben Sie sich als Springbrunnen von gold-türkisfarbenem Licht. Schaffen Sie dann einen »SEB« (Schwingungs- Energie-Ballon, dieser Ausdruck stammt von Harald Wessbacher), indem Sie mit jedem Einatmen spüren, wie das Licht aus der Erde über Ihr Scheitel-Chakra herausströmt, und mit jedem Ausatmen spüren, wie das Licht etwa 50 cm neben Ihren Seiten rechts und links wieder heruntergleitet, wo es sich wieder mit Ihrem »Springbrunnen« zu einem Kreislauf vereinigt. Spüren Sie, daß dieser »SEB« immer mehr angereichert wird von aufsteigender Erdenergie und herabströmender himmlischer Energie. Ihr Schwingungs-Energie-Ballon erzeugt ein unsichtbares Kraftfeld, das Ihnen Energie für die täglichen Aufgaben des Lebens gibt und Sie vor störenden Außeneinflüssen schützt. Probieren Sie es, und überzeugen Sie sich selbst. Das wichtigste dabei ist, ständig nach oben, d. h. am Scheitel, und nach unten, d. h. unterhalb der Fußsohlen, geöffnet zu sein und die Energie durch sich strömen zu lassen.

Probieren Sie auch einmal andere Farben aus – fragen Sie Ihren »Cosmischen Christall«, welche Farbe Sie nehmen sollen. Sehr gute Erfahrungen habe ich auch mit flüssigem Gold, Goldrot oder Goldblau gemacht. Sollte irgendein Energiezentrum Schwierigkeiten haben, das Licht anzunehmen, arbeiten Sie mit diesem Energiezentrum wie in der »Fieberthermometer-Übung« beschrieben.

Gleichnis 12:

Ich liebe mich so, wie ich bin

*Meine strahlenden Augen, ich liebe euch, so wie ihr
seid.*
Ich danke euch für die wundersamen Farben,
die ich durch euch erblicken darf.

Geliebte Ohren, ich liebe euch, so wie ihr seid.
Ich danke euch für die wundersamen Klänge,
die ich durch euch erlauschen darf.

Geliebte Nase, ich liebe dich, so wie du bist,
*Ich danke dir für den wundersamen Duft dieser
Welt,*
den ich durch dich erschnuppern darf.

Geliebter Mund, ich liebe dich, so wie du bist.
Ich danke dir für den wundersamen Austausch,
den du mir mit dieser Welt ermöglichst.

Geliebter Körper, ich liebe dich, so wie du bist.
Ich danke dir für den wundersamen Platz,
den du meiner Seele als Tempel bietest.

Geliebte Figur, ich liebe dich, so wie du bist.
Ich danke dir für die wundersame Weise,
wie du meine Persönlichkeit ausdrückst.

Geliebte Haut, ich liebe dich, so wie du bist.
Ich danke dir für die wundersame Art,
mich von dieser Welt abzugrenzen und mich dabei
ihr zu öffnen.

Geliebte Haare, ich liebe euch, so wie ihr seid.
Ich danke euch für die wundersame Weise,
mit der ihr meinem inneren Computer Schmuck und
Wärme bietet.

Geliebte Hände, Verlängerung des Herzens,
ich liebe euch, so wie ihr seid.
Ich danke euch für die wundersame Fähigkeit,
alles zu heiligen, was ihr berührt.

Geliebtes Herz, du starkes, kraftvolles Herz,
ich liebe dich, so wie du bist.
Ich danke dir für die wundersame Weise,
wie du mir Geborgenheit und Zuflucht bietest.

Geliebter Bauch, ich liebe dich, so wie du bist.
Ich danke dir für die wundersame Fähigkeit,
die Eindrücke dieser Welt
aufzunehmen, zu verarbeiten und dann für immer
loszulassen.

Geliebte Intimregionen, ich liebe euch, so wie ihr
seid.
Ich danke euch für die wundersame Kraft und
Freude,
die ihr mir täglich aufs neue spendet.

Geliebte Füße, ich liebe euch, so wie ihr seid.
Ich danke euch für eure wundersame Demut.
Ihr tragt mich ein Leben lang und klagt nie.

Ja! Ich liebe mich, so wie ICH BIN.
Ich liebe meine Ehrlichkeit, meine Kraft und meinen
Mut.
Ich liebe meine Einzigartigkeit und noch vieles
mehr.
Am meisten aber liebe ich Gott in mir.

Dank sei Dir, Gott in mir, auf welch wundersame
Weise
du mein Unterseeboot Körper durch die stürmische
Brandung steuerst
in den tiefen Ozean des Friedens,
um einzufließen in das Herz des Vaters,
um einzufließen in das Herz des Vaters.

Vitalität und Frische durch die »blau-grüne Waschmaschine«

Die nachfolgende Übung stammt in etwas abgewandelter Form vom »Arica«-Institut New York. Diese Übung empfiehlt sich insbesondere direkt nach dem Morgenerwachen vor dem Aufstehen. Legen Sie sich hin. Atmen Sie tief ein, und während Sie ausatmen, stellen Sie sich vor, daß Ihre Beine tiefblau werden. Atmen Sie tief ein, und während Sie ausatmen, werden Ihre Arme tiefblau. Atmen Sie tief ein, und während Sie ausatmen, wird Ihr Oberkörper inklusive Leber und Niere tiefblau. Atmen Sie tief ein, und während Sie ausatmen, werden Ihr Unterkörper und die Geschlechtsteile tiefblau. Das Blau durchdringt alle Zellen des physischen Körpers. Es öffnet alle Verkrustungen, Blockaden und Energiekapseln und vereinigt sich mit ihnen (Sie können sich die Bilder aus der Waschmittelwerbung vorstellen).

Jetzt geht es darum, das verbrauchte Blau (mit den Schlackstoffen zusammen) aus den Körperteilen in den Solarplexus zu ziehen und dort eine dunkelblaue Kugel bilden zu lassen. Atmen Sie tief ein, und während Sie ausatmen, strömt das Blau aus den Armen in den Solarplexus. Atmen Sie tief ein, und während Sie ausatmen, strömt das Blau aus dem Kopf in den Solarplexus. Atmen Sie tief ein, und während Sie ausatmen strömt das Blau aus dem Oberkörper inklusive Leber und Nieren in den Solarplexus. Atmen Sie tief ein, und während Sie ausatmen, strömt das Blau aus dem Unterkörper und den Geschlechtsteilen in den Solarplexus. Spüren Sie bei jedem Atemzug nach, ob die blaue Farbe tatsächlich den Körperteil verlassen hat. Wenn nicht, atmen Sie so lange weiter, bis der Körperteil frei davon ist. Spüren Sie eine blaue Kugel mit dem angesammelten Blau inklusive aller Schlackstoffe im Solarplexus.

Stellen Sie sich jetzt ein Röhrchen vor, das aus dem Solarplexus herausragt. Lassen Sie jetzt die blaue Flüssigkeit aus dem Röhrchen ins Universum fließen. Machen Sie einige Atemzüge, und genießen Sie die Leere. Dann sehen Sie, wie leuchtend gold-smaragdgrüne Flüssigkeit durch das Röhrchen in den Solarplexus einströmt und dort eine gold-smaragdgrüne Energiekugel bildet. Spüren Sie die Vitalität und Frische dieser Kugel.

Atmen Sie tief ein, und während Sie ausatmen, strömt die gold-smaragdgrüne Flüssigkeit in die Beine bis in die Fußsohlen. Atmen Sie tief ein, und während Sie ausatmen, strömt die gold-smaragdgründe Flüssigkeit tief in die Hände bis in die Fingerspitzen. Atmen Sie tief ein, und während Sie ausatmen, strömt die gold-smaragdgrüne Flüssigkeit in den Kopf bis in die Haarspitzen. Atmen Sie tief ein, und während Sie ausatmen, strömt die gold-smaragdgründe Flüssigkeit in den Oberkörper, die Nieren und die Leber. Atmen Sie tief ein, und während Sie ausatmen, strömt die gold-smaragdgründe Flüssigkeit in den Unterkörper und in die Geschlechtsorgane.

Ziehen Sie nun geistig das Röhrchen aus dem Solarplexus, und visualisieren Sie ein goldenes Licht, das die Öffnung schließt, Ihren Solarplexus ausfüllt und Sie schützt. Fühlen Sie im ganzen Körper den Unterschied zu früher.

Wenn Sie es für sinnvoll halten, können Sie diese Übung auch mit anderen Farben machen. Fragen sie ihre Intuition, welche Farbe Sie zum Reinigen und welche Sie zum Auffüllen benutzen können.

Als Begleitmusik empfiehlt sich die Kassette »Skydancing«.

Sie sind von Natur aus glücklich, erfolgreich und gesund

Vielleicht sind Sie unsicher, ob es gestattet ist, Disharmonien so einfach mit Farben »wegzuräumen«. Dazu müssen Sie wissen, daß Disharmonien einfach nicht zu Ihnen gehören. Alle Weisen sind sich einig: Der Mensch kam ursprünglich als »reine Seele« auf die Welt. Der Mensch ist also nicht von Grund auf böse oder unglücklich, sondern rein, licht und kraftvoll. Warum haben alle Menschen im tiefsten Herzen, egal, ob schwarz oder weiß, gelb oder rot, Mann oder Frau, die gleiche tiefe Sehnsucht nach Frieden, Freiheit und Liebe? Der Grund ist: Diese Qualitäten sind die Ur-Qualitäten des Menschen, die Qualitäten seiner Seele. Machen Sie einmal den Versuch, und fühlen Sie hin, ob diese – oben beschriebenen – Energien zu Ihnen gehören. Sie werden tief in Ihrem Innern ein freudiges »Ja« spüren. Also sind das Ihre wahren Qualitäten. Alles andere ist nur eine »Störung«. All

Ihre Verhaltensmuster sind etwas »Aufgesetztes« und gehören nicht zu Ihrer wahren Natur. Kehren Sie zu Ihrer wahren Natur zurück. Werden Sie »natürlich«. Lieben Sie sich, entdecken Sie sich, wie Sie wirklich sind, statt dauernd zu versuchen, sich ändern zu wollen.

Nehmen Sie nichts mehr persönlich

Lao Tse sagt: »Wenn ich nichts persönlich nehme, wo habe ich dann noch ein Problem?« Es ist immer das Ego, das die Probleme, Sorgen und Nöte persönlich nehmen will. In Wahrheit haben Sie damit nichts zu tun. Es ist eine reine Frage Ihrer Identifikation. Wenn Sie sich damit identifizieren, ein Problemlöser zu sein, werden Sie ein Leben lang Probleme lösen – finden – lösen – finden. Erleuchtet werden Sie dabei nicht. Warum beschäftigen Sie sich also mit der Problemsucherei? Sie haben die Möglichkeit, Ihr Bewußtsein aus der Problemebene abzuziehen. Es ist immer nur das Ego, das Probleme lösen will. Genauso, wie es in den germanischen Göttersagen das Ego von Wotan war, den Humpen mit Flüssigkeit auszutrinken, den ihm schelmische Foppgeister servierten. Wotan trank und trank, bis ihm schlecht wurde, erst dann sagten ihm die Foppgeister, daß der Boden des Humpen mit dem Meeresgrund verbunden sei.

Auch Ihre Problemebene ist so endlos wie der Ozean. Lösen Sie sich von ihr, und erleben Sie das Wunder, daß Probleme keine eigenständige Energie mehr besitzen, einfach absterben, wenn Sie Ihr Bewußtsein von den Mängeln abziehen – so wie ein Same abstirbt und verfault, wenn Sie ihn tief in der Erde verbuddeln. Es ist nicht so, daß Sie das Problem verdrängen, denn Verdrängung ist nur möglich, wenn Sie einem Problem Energie geben und dann versuchen, diese Energie zu unterdrücken. Sobald Sie das Problem »dasein lassen«, zieht sich die Energie von selbst aus ihm zurück, so wie Luft aus einem Luftballon.

Wenn Gott vollkommen ist und alles aus Gott gemacht ist, hat Unvollkommenheit keine wirkliche Existenz. Ihre ganzen Probleme sind nur Ihre »Privatspielchen«, Ihr ganz persönliches, selbsterfundenes Lebensdrama. Sie spielen Ihr eigenes *leela* im *leela* (Spiel im Spiel), alle Probleme entstehen nur, weil Sie nicht auf die Intelligenz des Lebens hören, sondern sich eine »Extrawurst braten«. Sobald Sie die Fenster Ihrer Seele öffnen und Licht hereinlassen, ist Ihr privates *leela* Ihr vollkommenes, privates Lebensdrama verschwunden, so wie schlechte Luft verschwindet, wenn Sie die Fenster öffnen. Die Wahrheit ist: Es gibt keine Probleme. Probleme sind eine selbstgeschaffene Illusion. Prüfen Sie doch einmal, ob Sie jetzt ein Problem haben? Und eine Minute später? – Auch nicht. Sie sitzen warm, Sie haben Spaß an meinem Buch, Sie sind satt – Sie denken vielleicht an eine Reihe von Problemen, aber Sie haben nie ein Problem im »Hier und Jetzt«.

Jesus sagt: »Seht die Vögel am Himmel. Sie säen nicht, sie ernten nicht, und der himmlische Vater ernährt sie dennoch.« Vertrauen Sie, lassen Sie sich führen, und wenden Sie sich ab von der Problemebene. Lernen Sie, die Leere des »Hier und Jetzt« zu genießen, statt auf den Oberflächenverstand hereinzufallen, der, wenn Sie gerade kein Problem haben, vor lauter Langeweile beginnt, sich Probleme auszudenken und dabei in Vergangenheitstraumata oder Zukunftsängste abschweift. Hören Sie auf mit diesem grausamen Spiel, denn wer dabei leidet, ist die Seele. Der Oberflächenverstand spielt seine Schallplatten ab – und die Seele muß darunter leiden. Verlernen Sie Ihre Gewohnheiten, insbesondere die »mentale Schallplatten« abspulen zu lassen. Leben Sie unpersönlich. In »Das unpersönliche Leben« (Verlag: Dem Wahren, Schönen, Guten) steht: »Wann immer du unpersönlich gehorchtest, ergaben sich Glück und Zufriedenheit, aber wann immer du persönlich dachtest, waren Bedauern und Unglücklichsein die Folge.«

Geliebte Seele, ergreifen Sie die Autorität über Ihren ganzen Mechanismus. Leben Sie aus der Seele, damit es Ihnen nicht so ergeht wie der Ziege in der nachfolgenden Geschichte.

Gleichnis 13:

Der Affe, die Ziege und der Milchtopf

Es war einmal ein Affe, der lebte zusammen mit einer Ziege im selben Haus. Die Bewohner des Hauses ließen gewöhnlich einen Topf mit Milch auf dem Tisch stehen. Der Affe, schlau, wie er war, pflegte hinzulaufen und die ganze Milch auszutrinken. Wenn die Milch alle war, band er die Ziege los und schmierte ihr ein bißchen Milch ums Maul. Wenn die Hausbesitzer nach Hause kamen, den leeren Milchtopf und die Milchreste am Maul der Ziege sahen, schlugen sie die Ziege, weil sie dachten, diese habe die Milch ausgetrunken. Der Affe saß in der Ecke und grinste.

Ähnlich ist es mit unseren Muster: Die Muster lassen sich von Außenreizen verführen, und die Seele muß dafür leiden. Darum: Richten Sie sich immer wieder aus – auf die Seele, die Sie zu Ihrer »Göttlichkeit« führen wird.

Experiment 5:

1. Die nachfolgende Übung soll Ihnen helfen, Tabus und Grenzen auszumachen und sich von anerzogenen falschen Skrupeln zu lösen. Notieren Sie einmal Ihre jeweils unverschämtesten Wünsche, die Sie sich in Sachen Sex, Geld, Freizeit, Beruf, Partnerschaft vorstellen können. Vergessen Sie anerzogene Scham, denn die hindert Sie daran, zu erkennen, was Sie wirklich wollen. Verblüffen Sie dabei sich selbst. Suchen Sie sich jemanden, mit dem Sie sich darüber austauschen können. Sie werden sich binnen weniger Minuten *high* fühlen, das verspreche ich Ihnen! Ein Narr, wer Böses dabei denkt.

2. Lassen Sie sich einmal die fünf aufregendsten Titel für »Sexspiele« einfallen. Notieren Sie sie. Wann immer Sie den Mut dazu haben, sprechen Sie mit Ihrem Partner darüber, und leben Sie es aus. Entdecken Sie das Geheimnis hinter dem, was Sie »antörnt«, und vor allem, genießen Sie Ihre innere Entdeckungsreise.

3. Probieren Sie einmal die »Gesäß-Meditation«, den »honigsüßen Energiekreislauf« und die Erzeugung des »kosmischen Springbrunnens« am eigenen Körper aus, und genießen Sie, was Sie erleben! Wenn Sie einen Partner haben, dann beziehen Sie in diese Übung Ihren Partner mit ein. Beim »honigsüßen Energiekreislauf« lassen Sie die Energie durch das sogenannte »dritte Auge« in Ihren Partner einströmen, und sehen Sie, wie es durch den Körper des Partners herunterläuft und wieder in Ihre Geschlechtsorgane eintritt. Den »kosmischen Springbrunnen« visualisieren Sie in dem Fall zwischen sich selbst und dem Partner. Sie können diese Übung durchführen während Sie Rücken an Rücken, Brust an Brust oder Brust an Rücken zusammensitzen.

4. Stellen Sie sich vor, daß Sie Ihren idealen Liebespartner treffen. Stellen Sie sich vor, wie Sie ihn berühren. Stellen Sie sich vor, daß Sie alle guten Eigenschaften besitzen, die Sie sich wünschen. Stellen Sie sich vor, daß Sie sich lieben, leicht, spielerisch und ganz besonders schön. Fühlen Sie dabei: Mein idealer Liebespartner ist zu mir gekommen, einfach und mühelos. Ich bin offen und spon-

tan für einen äußerst befriedigenden Liebespartner. Ich bin jetzt der ideale Liebespartner zusammen mit dem idealen Liebespartner.

5. Stellen Sie sich einmal Ihre »innere Frau« und Ihren »inneren Mann« vor. Um ein Bild zu bekommen, kann es anfangs sinnvoll sein, sich den idealen Liebespartner aus der vorangegangenen Übung vorzustellen. Die »innere« Frau repräsentiert Ihre empfängliche Seite. Treten Sie mit Ihr in ein geistiges Zwiegespräch, und hören Sie, was Sie Ihnen zu sagen hat, welche Tips Sie Ihnen bietet und was Sie an Ihnen mag. Dann machen Sie die gleiche Übung mit Ihrem »inneren Mann«, der Ihre aktive Seite repräsentiert. Notieren Sie das Ergebnis. Sie können auch mit Ihrer »inneren Frau« oder Ihrem »inneren Mann« geistig all das erleben, was das Leben ihnen bisher vorenthalten hat: Ausgehen in feinste Lokale, die schönsten Liebesnächte, die Sie sich denken können, geschäftlich erfolgreiche Unternehmungen. Tun Sie all dies, denn Sie werden dabei mehr über sich selbst erfahren. Lassen Sie sich dabei vom anderen führen und beraten.

6. Die nachfolgende Übung ist der tantrischen »Zwiesprache mit den inneren Dämonen« verwandt: Stellen Sie sich Ihren Sex, Ihren Erfolg, Ihre Geselligkeit, Ihren größten Mangel, Ihre größte Energieblockade, Ihren Magen, Ihre Augen, Ihre Füße, Ihre Geschlechtsorgane, Ihren Hintern, Ihr Herz, Ihren Hals als Person vor, und fragen Sie sie, welche Botschaft sie für Sie haben, welche Erkenntnis Ihnen fehlt, was Sie in Ihrem täglichen Leben tun können, um diesen Teilen noch mehr Heilung und Ganzheit zukommen zu lassen.

7. Im Schlaf zieht der Körper seine Energien aus Händen, Armen und Beinen zurück, was es uns schwer macht, morgens wieder auf die Beine zu kommen. Deshalb ein Tip für Morgenmuffel: Stellen Sie abends eine Schüssel kaltes Wasser und einen Schwamm neben Ihr Bett. Morgens, wenn Sie aufwachen, waschen Sie mit dem naßgetränkten Schwamm zuerst Ihre Füße und Beine, dann Ihre Arme, Ihren Kopf, zuletzt Ihren Ober- und Unterkörper. Tauchen Sie dazwischen immer wieder den Schwamm ins Was-

ser. Dann decken Sie sich noch einmal zu und genießen die herrliche Lebendigkeit und Frische am ganzen Körper. Wer einen Morgenmuffel zum Partner hat, kann diese Übung natürlich bei seinem Partner machen. In dem Fall empfiehlt es sich, mit dem Gesicht zu beginnen – wo Sie enden werden, ist dann Ihre Entscheidung . . .

8. Begrüßen Sie Ihren Partner morgens mit der Übung »*Cat and Dog*« – einem hervorragenden Wirbelsäulentraining: Knien Sie sich hin. Machen Sie einen Katzenbuckel, und schnurren Sie wie eine Katze. Dann machen Sie ein Hohlkreuz und wackeln mit den Hüften wie ein Hund, der mit dem Schwanz wedelt. Sagen Sie dabei mit fröhlicher Stimme: »Guten Morgen!« Genießen Sie die lockere Atmosphäre, die dabei aufkommt. Wer chronisch einsam ist (nach dem Motto »solange ich zwei gesunde Hände habe, kommt mir kein Mann/Frau ins Haus«), kann die Übung auch vor dem Spiegel machen.

9. Wenn Sie morgens duschen, fragen Sie sich vorher, welche Farbe Sie heute benötigen, und stellen Sie sich vor, wie Sie diese Farbe am Wasserhahn einstellen. Spüren Sie, wie diese Farbe in Sie eindringt. Duschen Sie nicht nur außerhalb der Haut, sondern lassen Sie die Energie auch in das Körperinnere hineinregnen, so als wenn Ihr Körper kleine Löcher hätte. Spüren Sie die wohltuende Energie der Farbe. Dann fragen Sie sich, welche Farbe Sie als Schutzmantel benötigen, und stellen geistig diese Farbe ein, während Sie den Wasserhahn auf kalt stellen. Spüren Sie, daß jetzt Ihre Aura mit dieser Farbe aufgeladen wird. Ich persönlich dusche gerne innen mit »Gold« und spüre dabei den ganzen Körper, alle Organe, mein ganzes Sein massiert vom Charme des warmen Golds. Außen, d. h. kalt dusche ich mit »Silber« und spüre dabei die Aura geklärt vom kühlen und klaren Silber.

10. Machen Sie einem Menschen ein Farbgeschenk. Fragen Sie ihn geistig oder in der Realität, welche Farbe er von Ihnen braucht. Dann stellen Sie ihn gedanklich unter eine Lichtdusche, stellen die gewünschte Farbe ein, und sehen Sie, wie er sich verändert. Sie können sich auch gemeinsam in eine Lichtspirale einhüllen.

Wenn Ihr Partner bei dieser Übung körperlich anwesend ist, fragen Sie ihn danach, was er erlebt hat. Diese Übung können Sie insbesondere anwenden, wenn Sie mit einem Menschen Schwierigkeiten haben, dieser Mensch sich z. B. an Ihnen festklammert und Sie mit ihm nicht sprechen können. Fragen Sie ihn geistig, welche Farbe er von Ihnen braucht, damit er sie loslassen kann, und stellen Sie ihn unter diese Lichtdusche. Wenn Sie erkennen, daß durch die Farbe allein das Problem noch nicht gelöst ist, daß er z. B. Ihr Farbgeschenk nicht annehmen kann, treten Sie in ein geistiges Zwiegespräch, und fragen Sie ihn in Gedanken, was er von Ihnen braucht – und geben Sie es ihm. Dann fahren Sie mit der Farbübung fort, bis Sie spüren, daß Ihre Beziehung zueinander geklärt ist.

11. Laden Sie Ihre Energiezentren mit Energie auf, indem Sie sich auf jedes Energiezentrum konzentrieren und dreimal den zu jedem Energiezentrum gehörenden Ton summen (also U für das erste Energiezentrum usw.) oder indem Sie den Feueratem anwenden.

12. Stellen Sie sich vor, daß aus Ihren Füßen Wurzeln tief in die Erde wachsen, wo die gewaltige Erdenergie durch sie einströmt. Spüren Sie diese Erdenergie durch Ihren Körper kreisen. Spüren Sie dann, wie Sie eine goldene Röhre auf dem Kopf tragen, und spüren Sie, wie durch diese Röhre kosmische Energie in Sie einströmt. Spüren Sie, wie kosmische Energie und Erdenergie sich in Ihnen vermischen. Lassen Sie die kosmische Energie durch Ihre Füße der Erde zugutekomme, und geben Sie Erdenergie ab in den Kosmos, so daß Sie letztendlich ein Kanal und Mischpult sind für kosmische und weltliche Energie. Machen Sie dann einen Spaziergang, und spüren Sie die Wurzeln in Ihren Füßen und die goldene Röhre auf Ihrem Kopf.

13. Es gibt eine wunderbare Übung, die uns hilft, uns für andere Menschen zu öffnen, den sogenannten »Sitz indischer Geschäftsleute«. In Indien ist es üblich, daß sich die Geschäftsleute mit offenen, ineinander verhakten Beinen gegenübersetzen und sich die rechte Hand geben. Dann schauen Sie sich in die Augen und plaudern miteinander. Beobachten Sie einmal Ihr Verhalten, und

achten Sie darauf, ob Sie Ihre Hand zurückziehen, verkrampfen oder einfach offen sein können. Wenn Sie in dieser Haltung mit jemandem sprechen, ist es nahezu unmöglich, ihn anzulügen oder ihm etwas vorzuenthalten.

14. Meditieren Sie mit offenen Augen vor einer großen Sanduhr (es gibt einen Hersteller, der Meditationssanduhren von 30, 45 und 60 Minuten Laufzeit bastelt und verkauft). Spüren Sie, während der Sand in die Sanduhr läuft, ein Gefühl, als wenn Ihre Gedanken aus dem Kopf laufen und Ihr Kopf dabei klar und rein wird. Benutzen Sie für Ihre Meditation das Mantra: Zeit ist eine Illusion! Sie können auch das Mantra benutzen: Was ist Zeit?

15. Stellen Sie sich morgens direkt nach dem Duschen mit stolz geschwellter Brust vor den Spiegel, und klopfen sie sich auf die Thymusdrüse, die in der Mitte der Brust in Herzhöhe liegt, und sagen Sie dabei: »Ich mag mich!« Lassen Sie den ganzen Tag über die Thymusdrüse nach oben schauen, so als wenn Sie einen Orden auf der Brust tragen würden. Sie können sich dabei vorstellen, daß nun die Sonne direkt auf Ihre Thymusdrüse scheint, nicht mehr der Schatten Ihres Kopfes. Wie Prof. Diamond in seinem Buch »Gesund durch Berühren« (Engl.: »Touch for Health«) eindrücklich darstellt, sind Depressionen nicht möglich, solange die Thymusdrüse nach oben zeigt, denn die Thymusdrüse aktiviert die Seelenkräfte, und die heilen von(m) Selbst.

16. Fühlen Sie einmal nach innen, welche guten Eigenschaften in Wirklichkeit zu Ihnen gehören, und sammeln Sie sie. In dem Augenblick, wo Sie sich dieser Eigenschaften bewußt sind, fühlen sich diese angesprochen und können wieder wie »aufgeweckt« auf den Plan des Lebens treten. Also fragen Sie sich: »Wie bin ich gemeint?« – »Was steckt wirklich in mir?« Notieren Sie alles Gute, was kommt!

17. Wenn Sufis, das sind mohammedanische Mönche, sich begegnen, verbeugen Sie sich mit gefalteten Händen so tief voreinander, daß der Kopf sich fast in Kniehöhe befindet, blicken sich dabei aber an. Das Ganze sieht etwa so aus wie zwei Gänse, die einander anschauen und dabei ihren Pürzel nach hinten in die

Höhe strecken. Verbeugen Sie sich einmal in der Sufi-Verneigung vor Ihrem Partner, und sagen Sie: »Ich sehe das Göttliche in dir und liebe dich dafür, daß du so bist, wie du bist.« Tun Sie diese Übung geistig, wann immer Sie einem Menschen begegnen.

18. Stellen Sie sich Ihre sieben Energiezentren als Personen vor. Halten Sie eine geistige Konferenz mit ihnen. Lassen Sie sich erklären, welches Zentrum sich vernachlässigt oder falsch behandelt fühlt und was sie Ihnen sonst noch zu sagen haben. Wenn Sie mit Freunden zusammen sind, laden Sie sie ein zu einer »Sensitivübung«. Bitten Sie jeden Ihrer Freunde, sich geistig auf ein anderes Energiezentrum von Ihnen einzustellen und dieses Energiezentrum zu spielen, ggf. zu karikieren. Lassen Sie Ihre Freunde als diese Energiezentren eine Konferenz führen, bei der Sie erfahren, wie sie sich fühlen und was sie über Sie zu erzählen haben. Erkennen Sie daraus, was zu tun ist.

19. Neben dem physischen Körper, verfügen Sie noch über drei Hauptkörper: einen Emotionalkörper, dem Sitz der Gefühle, einen Mentalkörper, dem Sitz von Denkstrukturen, und einen spirituellen Körper, dem Sitz unserer Spiritualität. Fühlen Sie in sich hinein, und fühlen Sie sich als physischer, als emotionaler, als mentaler oder als spiritueller Körper. Stellen Sie sich diese Körper

als Personen vor. Hören Sie, welcher Körper sich inwiefern vernachlässigt fühlt und welche Tips Sie bekommen. Bitten Sie drei Freunde, sich in einer Meditation geistig auf Ihre »höheren« Körper inzustellen. Lernen Sie als physischer Körper mit Ihren drei Freunden, die Ihre »höheren« Körper widerspiegeln, umzugehen.

20. Die nachfolgende Übung hilft Ihnen, sich auf Ihre Mitmenschen einzutunen. Setzen Sie sich mit einem Partner zusammen, geben Sie ihm die Hand, oder umarmen Sie ihn. Nehmen Sie den physischen Körper des anderen wahr. Erleben Sie, in welchem Zustand er sich befindet und welche Botschaft er für Sie hat. Dann fühlen Sie nur den Emotionalkörper, symbolisch für die Gefühlslage des anderen. Wie groß ist er? Was spüren Sie? Erleben Sie dann den Mentalkörper des anderen.

Vielleicht taucht vor Ihrem geistigen Auge ein Bild dafür auf. Indem Sie den Mentalkörper des anderen wahrnehmen, erleben sie seine Art zu denken. Dann erleben Sie den spirituellen Körper des anderen und in dem Zusammenhang seine Beziehung zu Gott. Nehmen Sie mit allen Sinnen wahr, welche Beziehungen die vier Körper zu den vier Körpern des anderen haben. Es kann sein, daß die physischen Körper Spaß aneinander haben, der Emotionalkörper Energie bekommt über die Begegnung, dem Mentalkörper die Begegnung unheimlich ist und der spirituelle Körper vor Freude ausflippt. Finden Sie es heraus. Das Eintunen auf den physischen Körper des anderen wird Ihnen helfen, ein unschlagbarer Menschenkenner zu sein. Das Eintunen auf den Emotionalkörper des Partners wird Ihnen helfen, ein optimaler Sexpartner zu sein. Das Eintunen auf den Mentalkörper der anderen wird Ihnen helfen, in Zukunft jegliche Mißverständnisse und Kommunikationsfehler zu vermeiden. Das Eintunen auf den spirituellen Körper des anderen wird Ihnen helfen, in Ihren Mitmenschen ihre spezielle Form der Göttlichkeit zu erkennen.

21. Nehmen Sie immer wieder Ihre vier Körper wahr. Beobachten Sie, wie Sie sich fühlen. Berücksichtigen Sie bei Ihren physischen Aktivitäten, Ihrem Fühlen, Ihrem Denken und Ihrer Spiritualität

die gegenwärtigen Bedürfnisse der anderen Körper, und entscheiden Sie sich immer so, daß alle vier Körper zu 100 Prozent zufrieden und glücklich sind. So vermeiden Sie unnötige Energieverschwendung. Seien Sie mit Ihrem Handeln, Fühlen, Denken und Spirituellen immer bewußt im »Hier und Jetzt«.

22. Lassen Sie Ihren Partner einige Fragen stellen, und antworten Sie ihm auf diese Fragen abwechselnd physisch, z. B. durch eine körperliche Berührung, emotional, z. B. durch eine Gefühlsdarstellung, mental, z. B. indem Sie die Lösung in Form eines Bildes wiedergeben, und spirituell, z. B. indem sie »über Satellit funken« (s. mein Buch »Nie mehr Ärgern«) oder die Antwort »channeln«. Der Partner teilt sich dann mit, was er verstanden hat.

23. Die nachfolgende Übung soll Ihnen helfen, sich von sexuellen Tabus und Hemmungen zu befreien. Ergänzen Sie auf einer gesonderten Liste zehnmal den Satz: »Während des Liebesspiels bin ich frei zu . . .«

24. Die nachfolgende Übung soll Ihnen helfen, während Sie alleine sind, den geheimen Quellen Ihrer ureigenen Sexualität auf die Spur zu kommen und ein idealer Liebhaber zu werden – für sich und andere. Dreißig Minuten täglich können innerhalb von einem Monat Wunder bewirken. Und hier die Übung: Begeben Sie sich in einen schallgeschützten, gemütlichen Raum, und stellen Sie sicher, daß Sie in der kommenden halben Stunde nicht gestört werden. Legen Sie Musik auf, die die unteren Energiezentren aktiviert. Ideal geeignet ist die Kassette »Kamasutra« von Shah (s. Empfehlung im Anhang). Beginnen Sie langsam und ganz ohne Anstrengung in ihre Genitalien, Ihren Damm und Ihr Gesäß zu atmen. Tun Sie dies ganz zwanglos – es ist ein »Loslassen«, eher »Geschehen-Lassen«, als ein aktives Tun. Beginnen Sie dann ganz langsam, so wie der Körper es will, sich zu bewegen, wie bei der geschlechtlichen Vereinigung. Geben Sie dabei genüßliche Urlaute von sich. Tun Sie alles, was ein totales »Sich-gehen-Lassen« fördert, und genießen Sie es. Vergessen Sie alles, was Ihnen die Gesellschaft, die Eltern oder sonstwer eingeredet hat. Genießen Sie es, den Oberflächenverstand bei dieser Übung

zu verlieren, und erlauben Sie Ihrem Körper, auf Sie aufzupassen und Sie zu den Quellen Ihrer sexuellen Energie zu fühlen.

25. Das TAO lehrt, daß es eine kosmische Energie gibt, die in zwei Teile geteilt ist: eine weibliche und eine männliche. Die Sexualität ist ein sehr genußvoller Weg, diese Teile zu vereinigen und so in den »Urlaub für immer« zu gelangen. Weil dieser Weg im prüden Westen der am meisten vernachlässigte ist, erlaube ich mir, Ihnen nachfolgend ein bekanntes tantrisches Ritual vorzustellen, das schon Millionen Chinesen, insbesondere in Tibet, zu einer tiefen Verbundenheit mit der Existenz, letztendlich mit der einen Kraft, die wir Gott nennen, geführt hat.

a) Bereiten Sie ein paar leckere Kleinigkeiten, und stellen Sie diese neben Ihr Liebeslager. Garnieren Sie sie z. B. mit Ananas, Cashewnüssen, belegtem Toast, Eiern, Kaviar, Fruchtsäften und Tee.

b) Dann gehen Sie ins Bad und seifen sich gegenseitig am ganzen Körper ein, waschen Sie sich auch die Haare, und erfreuen Sie sich an Ihrer Sinnlichkeit wie zwei spielende Kinder. Nachdem Sie sich gegenseitig »abfrottiert« haben, ölen Sie sich zärtlich, aber absichtslos mit Massageöl ein (Duftnote beim Kauf beachten). Loben Sie den Körper des anderen, und berücksichtigen Sie dabei auch Gesäß, Damm und Genitalien. Wer es lieber trocken liebt, kann auch Massagepuder benutzen.

c) Stellen Sie sich schweigend gegenüber, und sagen Sie: »Ich sehe das Göttliche in dir und liebe dich dafür, daß du so bist, wie du bist.« Beginnen Sie Ihren Partner von Kopf bis Fuß mit den Händen zu segnen, indem Sie jedes Körperteil so berühren, als wollten Sie mit den Händen den kostbarsten Menschen der Welt modellieren. Spüren Sie, wie dabei Energie der bedingungslosen Liebe und Akzeptanz durch Ihre Hände strömt. Sie können dies mit geschlossenen oder mit offenen Augen machen.

d) Setzen Sie sich gegenüber, halten Sie sich an den Händen, und schließen Sie die Augen. Koordinieren Sie Ihren Atem mit dem Ihres Partners, und warten Sie, bis Sie ein tiefes Gefühl des

Vertrautseins und der Einheit spüren. Dann schauen Sie sich liebevoll mit weichem Blick an und atmen gemeinsam weiter, bis Sie ein noch tieferes Gefühl des Friedens und der Einheit erreicht haben. Dann sagen Sie voller Vertrauen in den anderen wie ein feierliches Versprechen: »Wir sind eins.«

e) Legen Sie sich nebeneinander, halten Sie sich an einer Hand, und schließen Sie die Augen. Koordinieren Sie wieder Ihren Atem mit dem Atem Ihres Partners, lassen Sie ihn immer tiefer sinken, bis in die Genitalien hinein. Dann legen sie die jeweils freie Hand auf die eigenen Genitalien und spüren, wie Ihre sexuelle Energie über die verbundene Hand zu Ihrem Partner strömt. Sobald Sie dies spüren, sagen Sie mit einer Hingabe und Offenheit, die uns im normalen Alltag fast verletztlich machen würde: »Meine ganze sexuelle Energie, die ICH BIN, schenke ich dir.«

f) Dann teilen Sie Ihrem Partner mit, daß Sie ihn jetzt um einen erotischen Gefallen bitten wollen. Ihr Partner verspricht, allen Respekt vor Ihnen zu bewahren, was immer Sie erbitten werden, und Ihnen diesen Wunsch zu erfüllen, wenn es ihm irgendwie möglich ist. Sie wiederum versprechen, die eventuelle Ablehnung Ihrer Wünsche nicht persönlich zu nehmen, sondern so anzunehmen, als sei Ihnen statt dessen ein anderer Wunsch erfüllt worden. Gerade dieser Part kann einer Partnerschaft Zugang in ganz neue Dimensionen der Offenheit, Intimität und Vertrautheit ermöglichen. Beginnen Sie völlig unverfänglich, z. B. mit: »Küß mich bitte die ganze Wirbelsäule entlang.« Danach könnten Sie z. B. sagen: »Berühre mich ganz zärtlich an der Brust.« Ihr Partner berührt daraufhin Ihre Brust. Werden Sie dann immer mutiger, wobei es bei dieser Übung weniger darum geht, irgendwelche *mind trips* abzureagieren, als jedesmal neu hinzufühlen, was Ihr Körper wirklich gerne hätte. Während sich anfangs zum »Mutfassen« ein wechselseitiges Mitteilen empfiehlt, dürfte es später mehr Freude bereiten, erst nur den einen und später den anderen Partner zu verwöhnen.

g) Ein Partner kuschelt sich wie ein kleines Baby oder ein Embryo zusammen. Der andere Partner öffnet ihn ganz langsam und zärtlich, vielleicht so, wie man eine Lotusblume, die sich nie getraut hat, richtig zu blühen, zum Erblühen öffnen würde. Das »Embryo« genießt das erregende Gefühl, sich einem anderen Menschen zu öffnen, alle Hüllen fallen zu lassen und sozusagen schutzlos dazustehen.

h) Egal, wie Sie sich während des Liebesspiels fühlen, seien Sie immer ganz im »Hier und Jetzt«. Schauen Sie nie auf das Ende, denn das würde alles Schöne, was zuvor gewesen ist, zunichte machen. Um das Vorspiel ein wenig auszudehnen, ist es z. B. reizvoll, eine Wette abzuschließen: Wer zuerst einen Höhepunkt bekommt, hat verloren. Entspannend wirkt auch ein vorausgehendes Übereinkommen darüber, wer diesmal seinen Orgasmus zuerst bekommen darf. Damit ist die Frage des Höhepunkts geklärt, und das Genießen kann beginnen. Ich kenne ein Liebespaar, das seit längerer Zeit fast keinen Schlaf benötigt, sondern die ganze Nacht miteinander vereint verbringt, seine Achtsamkeit auf die Vereinigung seiner feinstofflichen Energien und das gemeinsame Atmen lenkt. Die beiden behaupten, dadurch mehr »genährt« zu sein als durch alle »Höhepunkte« der Welt. Eine sehr reizvolle Variante ist es übrigens, beim Nahen des Höhepunktes gemeinsam mit offenem Mund zu summen oder zu »ohmen« und sich so auf den anderen Partner einzuschwingen.

i) Abschließend verwöhnen Sie Ihren Liebespartner mit den bereitgestellten Leckerbissen – eventuell indem er dabei die Augen schließt und sich überraschen läßt. Kuscheln Sie sich wie zwei Embryos aneinander, und bleiben Sie über einen einheitlichen Atemryhthmus in der Einheit verbunden.

Lektion 6

Fahren Sie Autoscooter – verbinden Sie sich mit Gott

Seien Sie ein weiser Chef über Ihre hundert Persönlichkeiten

Wir halten uns für ein Wesen, dabei ist in unserem Körper eine Hundertschaft an Wesen zusammengewürfelt. Wir bestehen aus hundert Menschen: dem Denker, dem Tier, dem Träumer, dem Macher – um nur ein paar von ihnen zu nennen. Jeder Augenblick ist neu und spannend, und in jedem Augenblick tritt ein anderer Teil von uns auf den Plan. Das einzige Problem besteht darin, daß diese Teile sich nicht mögen. Wenn unser inneres Tier lange an der Reihe war, motzt unser Macher, und wenn unser Macher lange »wütet«, rebelliert der Träumer – und jeder neue, der auf den Plan tritt, verurteilt den alten. Genau das ist der Grund für unsere innere Zerrissenheit. Bei den meisten Menschen wird das besonders schlimm, wenn sie »spirituell« werden, denn die meisten Menschen haben aufgrund der Erfahrungen aus früheren Inkarnationen mit Spiritualität ein weltabgewandtes Leben assoziiert, so daß bei Wiederaufnahme ihrer Spiritualität entsprechende alte Verhaltensmuster restimuliert werden. Plötzlich klappt nichts mehr: weder Geldverdienen noch Sex, weder »Schlemmerorgien« noch sportliche Erfolge. Zunächst mag der sogenannte »spirituelle Mensch« diese Symptome noch als Zeichen wachsender Erleuchtung ansehen, aber wenn er materiellen und erotischen Reizen ausgesetzt ist, erlebt er, daß genau entgegengesetzte Programme restimuliert werden. In dem Fall »flippt« der Organismus völlig aus, und dieser sogenannte »Spirituelle« bekommt Schuldgefühle, statt alle Teile zu ihrem Recht kommen zu lassen.

Sehen Sie den inneren Szenenwechsel doch einfach als eine amüsante Variante Ihres Lebens, und hören Sie auf, über die einzelnen Teile Ihrer selbst zu urteilen. Wir beherbergen all diese Wesen in uns und können sie alle willkommen heißen. Für unsere Existenz in der »Zeit-Raum-Illusion« haben wir andere Energien eingeladen, an dem Energie-Spiel in unserem Körper teilzuhaben. Wir sind ein multidimensionales Wesen. Das Problem liegt nur darin, daß wir die Teile nicht integrieren. Die Asketen versuchen, das Tier und die Lust zu unterdrücken, die Fatalisten in Indien lassen den inneren »Streber«

nicht zum Zuge kommen – und fühlen sich kreuzunglücklich dabei. Wahres Leben bedeutet, alle Teile zu integrieren, und so verstehe ich auch Sri Aurobino, wenn er vom »integralen« Yoga und vom »Übermenschen« spricht. Der »Übermensch« ist nicht eine Neuauflage des Dritten Reiches, sondern wir alle, jedes Wesen IST bereits als »Übermensch'« angelegt.

Alles, worum es geht ist, alle Teile, die wir eingeladen haben, in uns und mit uns das »Spiel des Lebens« zu spielen, zu integrieren. Indem wir alle Teile unseres Selbst lieben, lieben wir die Welt, denn wir *sind* die Welt.

Seien Sie eine Karawane ins Licht

Stellen Sie sich eine Karawane vor mit lauter Tieren, die untereinander zerstritten sind. Das mächtigste Tier ist der große Elefant, und er ist der einzige, dem alle vertrauen und gehorchen. Wenn Sie aus der Seele leben, dann ist es so, als wenn Sie mit Ihrem Bewußtsein auf dem Elefanten reiten. Die Seele liebt das Bewußtsein, genauso, wie der Elefant den Reiter liebt, denn von ihm bekommt er Futter. Wenn Sie aus der Seele leben, streicheln Sie den Elefanten und stimmen mit ihm den Weg ab, und alle Tiere folgen. Wenn Sie auf die Rollen, Muster, Probleme »springen«, ist das so, als würden Sie sich als Reiter nicht auf den Elefanten, sondern auf den Tiger setzen. Was Ihnen passieren wird, ist, daß der Tiger Sie fressen wird. Genauso wie ein weiser Guru die Aufgabe hat, seine Schüler zur Erleuchtung zu führen, genauso haben Sie die Aufgabe, ein gütiger und weiser Guru zu sein für Ihre hundert inneren Wesen und Dämonen und sie mit Liebe und Licht, Verständnis und Überzeugung zu führen anstatt mit Gewalt und Manipulation. Tief in der Seele ist der Gottesfunken verankert. Ihr göttliches Selbst weiß, welche Triebe, Neigungen, Konditionierungen die »Karawane zu Gott« eingeladen hat, und weiß sie auch »unter einen Hut« bringen. An der »langen Leine« können Sie friedvoll alle Tiere zu ihrem Recht kommen lassen: Der Tiger darf eine kleine Antilope jagen (aber nicht fressen), und die Büffel dürfen etwas abseits grasen. Zwänge, Triebe, Konditionierungen werden mühelos integriert, denn Sie wissen: »Alles, was verboten ist, wird nur dadurch interessant und mächtig, daß es ›tabu‹ ist.« Richten Sie also Ihre Energie nicht auf oder gegen die »unfolgsamen« Tiere, sondern erhöhen Sie die Sehnsucht nach Gott. Schwärmen Sie, bildhaft gesprochen, Ihrer Tierkarawane abends am Lagerfeuer vom »Gelobten Land«, vom »goldenen Land«, »Seinem Reich« vor, dann werden nach und nach alle Tiere dies interessanter finden als ihre »Problemspielchen« und zu Gott streben – so wie ein Kind, daß irgendwann einmal nicht mehr mit Bauklötzchen spielt.

Mit Speck fängt man Mäuse!
(Sprichwort)

Die Spiele des Lebens – und wie Sie sie meistern

Wenn Sie einmal gerade in der Klemme sind, denken Sie doch einfach an den Menschen, der Ihnen im Augenblick am meisten Energie bringt, und schaffen Sie so einen Energiekontakt, der stärker und interessanter ist als Ihre negative Rolle. Sie werden erkennen, daß die Energie des anderen in Sie einfließt und Sie befähigt, die Situation zu meistern. Wenn Sie gerade flirten, denken Sie vielleicht an Casanova, wenn Sie in einer geschäftlichen Verhandlung sind, vielleicht an Onassis usw.

Apropos Onassis: Haben Sie auch einmal Freude daran, hochzustapeln. Sie spielen ein Leben lang etwas, was Sie gar nicht sind: das schüchterne Kind, der verklemmte Aufreißer, die hilflose Hausfrau. Keine der Rollen, die Sie spielen, entspricht ihrer Wahrheit. Der Tiefstapler ist niemand anderes als ein verklemmter Hochstapler, der nicht den Mut hat, eine große Rolle zu spielen und deshalb bewußt eine kleine Rolle spielt, in der Hoffnung, daß ihn die anderen »hochholen«. Meistens spielt der Tiefstapler seine Rolle so schlecht, daß die anderen ihn übersehen – und dann ärgert er sich. Wenn Sie schon Rollen spielen, dann spielen Sie doch einmal Rollen, die Ihnen Spaß machen: Spielen Sie doch einmal »Graf Koks von der Gasanstalt«, »Baron Münchhausen«, »Onassis junior« oder die weltberühmte Operndiva.

Ich selbst war als Kind so sehr auf Ehrlichkeit »getrimmt« worden, daß ich einmal zu einem meiner Spielkameraden sagte: »Du hast gelogen, mit dir spiele ich nicht mehr!« Später entdeckte ich nach und nach immer mehr Leute, die mich und andere beschwindelten, bis ich eines Tages entdeckte, daß die ganze Welt verlogen war und ich mit meiner Ehrlichkeit alleine dastand. Ich zog mich in meinen Elfenbeinturm zurück. Mein einziger Kommentar war: »Macht doch eure Welt alleine!« Dabei kam ich mir auch noch rein und edel vor. Sicher war ich ein guter Mensch gewesen, aber gut zu sein ist eben zu wenig, um ein Meister des Lebens zu sein. Ich hatte das Leben zu ernst genommen und maßte mir an, über Lügner zu urteilen, bis mir eines Tages meine Mutter die Augen öffnete.

In meiner Nachbarschaft war ein Prominenten-Tennisclub, der in der Bundesliga Tennis spielte. Ich bewarb mich als Mitglied, wurde aber vom Platzwart mit einer »Du-bist-ein-Depp«-Formulierung an die frische Luft gesetzt. Dies führte dazu, daß ich mich von da an nicht mehr über die Schwelle des Tennisclubs traute. Eines Tages kam meine Mutter zu mir zu Besuch. Sie schlug vor, im Tennisclub ein Bier trinken zu gehen. Dort angekommen, zitterte ich, weil ich Angst hatte, hinausgeschmissen zu werden. Verwundert beobachtete ich meine Mutter, die sich gegenüber der Bedienung wie eine Diva aufführte und vor Clubmitgliedern ein zurückliegendes Turnierspiel mit den Worten kommentierte: »Na ja, ich habe schon einmal besseres Tennis gesehen. So etwas Besonderes scheint das hier nicht zu sein.« Man entschuldigte sich bei ihr für das schlechte Tennis, das geboten worden war. Endlich begriff ich: Wenn die anderen ihre Spiele spielen, dann brauche ich mich nicht aus falsch verstandener Ehrlichkeit oder Anständigkeit zurückzuhalten. Damit würde ich nur zeigen, daß ich das »Theater des Lebens« nicht begriffen hätte und würde letztendlich immer nur den Trostpreis im Leben gewinnen. Seitdem spiele ich – und mein Leben funktioniert! Wenn Sie sich aus den Spielen der anderen zurückziehen, ist das entweder ein Zeichen dafür, daß Sie so »dumm« sind, daß Sie diese Spiele noch nicht begriffen haben, oder Sie sind ein Spielverderber, der – wie einst die Pharisäer – seine Umwelt ins Unrecht setzen will. Also spielen Sie mit bei dem Theater des

Lebens. Klotzen Sie auch einmal – nur so aus Spaß! Ziehen Sie sich an wie der große Gatsby oder Marilyn Monroe, und lassen Sie die Puppen tanzen. Sie meinen, die »großkopferten« Rollen seien gelogen? Darauf muß ich Ihnen erwidern, daß alle anderen Rollen, die Sie spielen, ebenso gelogen sind, mit nur einem Unterschied: In den »großkopferten« Rollen lügen Sie bewußt, und wenn Sie beginnen, etwas bewußt zu tun, dann macht es auch Freude.

Ich hatte einmal eine Freundin, die mit mir immer in allerfeinsten Lokalen verkehrte und sich zu meinem Entsetzen bewußt daneben benahm, immer für Szene sorgte – einmal kam sogar die Presse. Anfangs fürchtete ich, mich mit ihr zu blamieren, aber nach einiger Zeit merkte ich, daß Kellner und alle anderen besser »spurten« als bei mir mit meiner zurückhaltenden und vornehmen Art. Von da an konnte ich mich über das ganze »Theater« amüsieren.

Anregungen für »schöne Spiele« bekommen Sie übrigens aus den »Bekenntnissen des Hochstaplers Felix Krull«, dem »Hauptmann von Köpenick« oder aus »Kleider machen Leute«. Wichtig ist, daß Sie alle Rollen absichtslos und nur zu Ihrem persönlichen Amüsement spielen. Wenn Sie damit Eindruck schinden, Zustimmung erheischen oder einen anderen »anmachen« wollen, werden Sie damit auf die Nase fallen.

**Bewußtsein ist die Brücke,
die goldene Brücke,
vom Himmel zur Hölle,
vom Ego zur Göttlichkeit.**

Raus aus dem Sumpf – hin zum »Cosmischen Christall«

Jede »Störung« kann durch die Erschaffung eines kraftvollen positiven Gedankens überwunden werden. Nicht umsonst sagt Emmet Fox in »Der goldene Schlüssel«: »Wann immer Sie ein Problem haben, hören Sie auf, an Schwierigkeiten zu denken, einerlei, was ist, denken Sie statt dessen an Gott.« Allerdings ist Gott nicht nur »draußen«, sondern Sie selbst sind ein Gott in Ihrem Universum. In Ihnen ist Licht. Sie sind ein Lichtwesen. In Ihnen gibt es einen Teil, der ewig ist, der ewig lächelt, der Gottesfunke in Ihnen, ein »Cosmischer Christall«. Indem sie sich diesem Teil, der von den Außenreizen dieser Welt unberührt und der einfach ewig glücklich ist, zuwenden, kehrt Frieden in Sie ein, und das mechanische Denken, die Programme und Muster haben keine Kraft mehr über Sie. Nicht so, daß die Muster nicht da wären, aber sie haben keine »Ladung« mehr, weil Ihr Intellekt und Ihre gesamte Energie auf Ihren »Cosmischen Christall« fixiert wird. Sobald Sie sich in Ihrem Bewußtsein mit Ihrem »Cosmischen Christall« identifizieren, haben Sie die Möglichkeit, sich abzuwenden von den »mentalen Programmen«, so wie Sie in Ihrem Auto die Gangschaltung auskuppeln und den Leerlauf einlegen. Sobald Sie sich von der Intelligenz des »Cosmischen Christalls« steuern lassen, werden Sie frei von unerwünschten Gefühlen jeder Art.

In Ihnen ist Licht, ein ewiger Buddha sozusagen, der alle Spiele und Probleme in Ihrem selbstgeschaffenen Legoland durchschaut und davon unberührt ist. Sie haben es in der Hand, Kontakt aufzunehmen mit dem Teil von Ihnen, der ewig ist, der immer lächelt, der immer in Frieden ist. Wann immer Sie leiden, steht es Ihnen frei, sich mit dem Teil von Ihnen zu identifizieren, der im Augenblick nicht leidet – so daß Sie nicht darunter leiden, daß Sie leiden. Wann immer Sie etwas bewerten, können Sie sich mit dem Teil identifizieren, der Ihre Bewertung nicht bewertet, so daß Sie nicht bewerten, daß Sie nicht bewerten. Wann immer Sie festgefahren sind, können Sie sich mit dem identifizieren, der es im Augenblick nicht ist, und über Ihr selbsterschaffenes Spiel lachen. Sie können die Sache einfach so sehen, als hätte das Problem ein anderer – zum Beispiel Ihr Nachbar in der Straßenbahn. Rennen Sie in Ihren »Cosmischen Christall« mit allem, was Ihnen möglich ist.

»Halt an, wo willst du hin? Der Himmel ist in dir.
Suchst du ihn anderswo, du fehlst ihn für und für.
Du selbst mußt Sonne sein, mit deinen Strahlen,
das farbenlose Meer im Glanz der Gottheit malen.
Wirst du nicht auch bewegt – gehörst auch du zum
Ganzen?«
(Angelus Silesius)

Das ICH-BIN-Prinzip

Ich kann das, was ICH BIN, unterscheiden von meinen Mustern.
Muster sind nicht schlecht, aber ich bin nicht diese Muster. Ich kann
mein Bewußtsein auf allerlei Blödsinn lenken – auf Probleme, Sorgen,
Nöte –, ich kann es aber auch gebrauchen, um mich dem zuzuwen-
den, was ICH BIN. Es ist nicht so, daß Sie dieses ICH BIN erst »erschaffen« müßten – Sie müssen nur Ihre Identifikation ändern. Frieden ist bereits! Sie brauchen nur Ihre innere Blickrichtung zu ändern.
Alle Muster, Probleme und Programme werden noch dasein, aber Sie
gewinnen plötzlich Abstand, und wenn es nur ein paar Millimeter
sind. Sie können erkennen: Aha, da ist das ewige ICH BIN, und dort
sind die Programme. In dem Augenblick können Sie aus dem großen
Teich des Unbewußten Programme herausfischen oder nicht. Sie
werden plötzlich Teile Ihrer selbst entdecken, von deren Existenz Sie
keine Ahnung hatten. Indem Sie sich mit Ihrem ICH BIN identifizieren, bekommen Sie Abstand und können von da aus Ihren Körper wie
ein Puppenspieler seine Marionette bewegen: souverän, klar und lustvoll. Indem Sie sich immer mehr dem ICH BIN zuwenden, bringen
Sie dieses zum Wachsen – wie Zuckerkristalle in einem Wasserglas.
Seien Sie nicht länger ein Hamster auf der Rolle, springen Sie ab vom
Rad des Schicksals.

Ein Weiser erzählte einmal die Geschichte von dem Mann, der mit
seinem Segelboot zu der Stelle gelangen wollte, wo sich Himmel und
Erde berühren, zum Horizont. Nach einem langen Leben und Tau-
senden von Kilometern Reise war er seinem Ziel kein bißchen näher
gekommen. Der Horizont war noch immer in unerreichbarer Ferne.

Beim Sterben begriff er: Er war in die falsche Richtung gesegelt. Er hätte nur an der Stelle, wo er sich gerade befand, nach oben schauen müssen – und er hätte erkannt, daß der Himmel die Erde überall, hier und jetzt, berührt.

Hören Sie auf, den »Horizont ersegeln« zu wollen. Lassen Sie sich fallen – in Gott.

Sie bestimmen Ihr Schicksal selbst – jetzt!

Es ist Unfug zu glauben, Sie müßten sich ein Leben lang mit Problemen abgeben. Sie können Sie einfach »überspringen«. Wer immer an Probleme denkt, wird auch immer welche haben! Probleme sind die Hindernisse, wohl auch die Punkte im »Malefiz-Spiel«. Sie können Sie souverän meistern, aber Sie brauchen nicht dort zu »versumpfen«. Sie können ruhig weiter auf dieser Ebene »Malefiz« spielen, aber im Spiel des Lebens geht es darum, zu erkennen, wer Sie wirklich sind. Um dies zu erkennen, entdecken Sie Ihr ICH BIN. Sobald Sie sich von der Intelligenz des ICH BIN steuern lassen, springen Sie ab vom Rad des Schicksals und werden so frei von Karma – Ihr Schicksal ist dann auf einen Schlag ausgelöscht. Karma ist die Idee, daß es Zeit gibt – und ganz einfach nichts anderes als die Illusion des Getrennt-seins.

Jesus erzählte gern die Geschichte von dem Weinberg. Einige Ta-gelöhner hatten frühmorgens angefangen zu arbeiten, einige mittags und einige erst abends. Der Weinbauer gab allen den gleichen Lohn. Als sich diejenigen, die morgens angefangen hatten, beschwerten, sagte der Weinbauer: »Habe ich euch weniger gegeben, als ich euch versprochen hatte? Was gehen euch die anderen an?« Wenn Sie das Geheimnis des ICH BIN entdecken, haben Sie »es« geschafft – ob Sie tausend Jahre lang suchen oder nur einen Tag.

Eine gute Lektüre, um das ICH BIN in sich zu wecken, sind: »Das Unpersönliche Leben« (Verlag Dem Schönen, Wahren, Guten), »Das Tor zur Unendlichkeit« (Ruby Nelson, Aquamarin Verlag) und »Die verlorenen Schriftrollen der Essener« (Verlag Bruno Martin).

Gott hat Ihnen schon lange vergeben. Es geht nur darum, ob *Sie* sich vergeben können. Gott hat Ihnen Ihr Übel schon lange erlassen. Es geht nur darum, wie lange *Sie* noch an der Illusion des Übels fest-halten möchten. Was immer Sie an Karma »verbockt« haben, Sie kön-nen *jetzt* wählen, »göttlich« zu sein, indem Sie die Illusion des Übels fallenlassen wie eine heiße Pellkartoffel. Dann erkennen Sie mit allen Sinnen: Karma ist eine Illusion.

Gleichnis 14:

Karma ist eine Illusion

Ein ZEN-Meister lag im Sterben und suchte einen Nachfolger. Deshalb forderte er alle Mönche auf, ein spirituelles Gedicht zu verfassen. Der Klostervorsteher schrieb »Der Geist ist ein Spiegel, das Karma ist wie Staub, und wenn der Spiegel rein ist, ist man erleuchtet.« Genauso verstanden die meisten Mönche den ZEN: Zazen (ein ZEN-Wort für meditieren) und polieren. In diesem Kloster arbeitete ein einfacher Mann in der Küche. Niemand nahm ihn für voll, er konnte nämlich weder lesen noch schreiben. Als er von den Zeilen des Klostervorstehers hörte, lachte er und ließ von einem Freund das folgende Gedicht niederschreiben: »Es gibt keinen Spiegel, und es gibt keinen Staub – wer das weiß, ist erleuchtet.« Der Meister sagte: »Nein, der erste Mann hat recht!« – und alle lachten über den dummen Mann aus der Küche. Aber noch in der gleichen Nacht schlich sich der ZEN-Meister zu diesem Küchenhelfer und sagte: »Du bist schon längst erleuchtet. Ich habe es gleich vom ersten Tag an gesehen. Deshalb habe ich dich in die Küche geschickt, denn Nahrung, die mit deinen Händen zubereitet wird, ist ein Segen für uns alle. Hier hast du meinen Meister-Stab, und jetzt fliehe, denn wenn die Leute die Wahrheit erfahren, werden sie dich töten.« Der Küchenhelfer

*floh und wurde später unter dem Namen Hui Neng
bekannt. Seine Methoden bilden die Grundlage für
den sogenannten Rinzai-ZEN. Der Klostervorsteher aber war Shen Hsiu. Er führte sein Werk fort
und lehrte seine Schüler Polieren, Reinhalten und
Meditieren. Aus seiner Arbeit entwickelte sich der
Soto-ZEN.*

Alle Anstrengung ist notwendig, aber nur, um zu erkennen, daß alle Anstrengung sinnlos ist – genauso, wie ein Maler die besten und intensivsten Malkurse besucht, um hinterher von seiner Intuition inspiriert ein paar sinnlos erscheinende Farbklekse auf einem Papier zu hinterlassen und dann als der moderne Künstler unserer Zeit gefeiert zu werden. Die ZEN-Meister sagen: »Vorher ist nichts ohne Anstrengung möglich, hinterher ist dir keine Anstrengung möglich.«

»Wer die Fähigkeiten des Verstandes
nicht kennt, hat nicht viel verpaßt.
Wer die Fähigkeiten des Herzens
nicht kennt, hat viel verpaßt.
Wer die Fähigkeiten der Seele
nicht kennt, hat alles verpaßt.«
(Sri Chinmoy)

Setzen Sie auf die Seele

Der Schlüssel zum ICH BIN ist die Seele. Die Seele wird von den
Mystikern »die erste Verkleidung Gottes« genannt. Die Seele ist das,
was Ihnen bleibt, wenn Sie alles andere wegnehmen: Kleider, Körper,
Gedanken, Leber, Hängebauch usw. Normalerweise ist es so, daß die
Seele bei jeder Inkarnation (Verkörperung) nur zu einem kleinen Teil
in den Körper einkehrt und prüft, ob es in diesem Leben sinnvoll ist,
sich voll zu entfalten. Die Seele ist sehr scheu und drängt sich nicht
auf. Manche Menschen verschwenden eine ganze Inkarnation, ohne
jemals in den Besitz ihrer früheren Seelenqualitäten zu kommen. Es
kann sein, daß ein ehemaliger Pharao als gelangweilter Buchhalter auf
seinen Lebensabend wartet – und plötzlich passiert irgendein großes
Ereignis, das die Seelenkräfte wieder restimuliert, und dieser Buchhalter wird Bundeskanzler oder kommt sonstwie »ganz groß heraus«.
Albert Einstein war in der Schule sitzengeblieben und galt als unter-
durchschnittlich intelligent, bis bei ihm die alten Seelenkräfte wieder
durchbrachen. Nur ein Meister des Lebens ist voll beseelt, und wenn
Sie sich die meisten Menschen anschauen, wirken sie nicht nur oft ent-
geistert, sondern auch entseelt. Glauben Sie mir, die Menschen brauchen keinen Ferrari, sie brauchen ein bißchen mehr Kontakt zu ihrer
Seele.

Das Unterbewußtsein hat sich abgespalten von der Seele, die Seele
hat sich abgespalten von Gott. Alles hängt direkt zusammen, d. h., das
Unterbewußtsein ist ein Teil der Seele, und die Seele ist wiederum ein
Teil von Gott. Stellen Sie sich eine Pfahlwurzel vor, die zu Beginn und

am Ende »abgeklemmt« ist. Der unterste Zipfel der Pfahlwurzel ist das Unterbewußtsein, der mittlere Teil, die Seele, und der ganze Baum ist Gott. Es ist unsere Aufgabe, den ersten »Knoten« zu öffnen und die Seelenqualitäten wieder unser Unterbewußtsein durchspülen zu lassen, so daß unser Unterbewußtsein frei von den Schlackstoffen der Vergangenheitsmuster wird. Sobald wir das getan haben, öffnet sich auch der zweite Knoten, und wir sind wieder direkt mit Gott verbunden.

Eine Seele ist eine individualisierte Gottheit, quasi der kleine See (See-le) vom riesigen Ozean, den wir Gott nennen. Sri Chinmoy sagt: »Die Seele ist Gottes Stellvertreter auf Erden!« Die Seele ist ein reines Wesen aus strahlendem Licht, das nach dem Tod den Körper wieder verläßt. Wie immer Sie sich die Seele vorstellen, eines dürfte jedem – im wahrsten Sinne des Wortes – einleuchten: Es ist doch klar, daß außer dem Körper noch irgend etwas anders existiert. Wenn Sie zum Beispiel sagen: »Ich heiße Klaus«, dann muß da noch jemand sein, der »ich« sagt: Wenn Sie etwas fühlen, dann ist da jemand, der fühlt. Dieses Ich ist die Seele! Die Seele ist der Teil von uns, der die Sehnsucht nach Gott beherbergt und der nichts als Gott sucht und erfahren will.

276

Die Seele ist es, die uns veranlaßt, zu Gott zu schreien und zu rennen, sobald wir sie befreien. Sobald die Seele erwacht, ist alles gewonnen! Es ist so, als ob sich das Tor zum Tempel des Lichtes öffnet und Sie eintreten dürfen in das ICH BIN. Suchen Sie Ihre Seele! Finden Sie Ihre Seele! Rennen Sie in Ihre Seele! Leben Sie aus Ihrer Seele! Die Seele ist es, die Sie am Leben erhält. Die Seele ist es, die sich aus dem Körper zurückzieht und ihn verwelken läßt, wenn sie sich nicht verwirklichen kann. Rennen Sie in Ihre Seele und von da aus zu Gott! Um jeden Preis! Verbünden sie sich mit Ihrer Seele, und meistern Sie mit Ihr die Aufgaben des täglichen Lebens. Sobald Sie eine stärkere Sehnsucht nach der Seele und dadurch nach Gott als nach den »Schlammlöchern« und Problemen haben, sind Sie frei. Erni Wurzenberger sagt: »Du bist erlöst, sobald du Gott mehr lieben kannst als den Irrtum des Menschlichen!« Setzen Sie auf die Seele! Die Seele wird Sie retten. Forscher berichten neuerdings, daß die Seele sogar Hormone in der Thymusdrüse produziert, die den Menschen anregen, sich zu fragen: »Wer bin ich wirklich?« – Ich glaube, das sollte uns genug Anlaß sein, unserer Seele zu vertrauen, daß sie uns zielsicher zu Gott steuert.

Hören Sie Musik, die das Erwachen der Seelenkräfte fördert. Die Musik von Sri Chinmoy, George Goulding und Ascentia sowie die in den Seminaren »Die Sprache der Liebe« von Dina Rees verwendeten Kassetten (erhältlich gegen Vorauskasse bei Dr. Roether Verlag, Mühlenstr. 17, 7803 Gundelfingen) sind dafür genauso geeignet wie die Musik, die von der »Licht-Brücke«, Berlin, jeweils für die »großen Anrufungen« verwendet wird (Monatshefte erhältlich bei »Die Brücke zur Freiheit«, Postfach 768, 1000 Berlin 15).

Wann immer Sie leiden, Schmerzen oder Probleme haben, nehmen Sie die ganze Energie dieser Schmerzen, und rennen Sie mit Ihrer Seele zu Gott. Nutzen Sie den *juce*, den Lebenssaft, dieser Energie als Brennstoff, um zu Gott zu rennen. Geben Sie sich hin – mehr ist nicht zu tun! Noch ein Tip für Notfälle: kein Widerstand, ja kein Widerstand! Schreien Sie zu Gott, seien Sie bewußt, und erlauschen Sie seine Gnade und seine Antwort.

Gleichnis 15:

Hingabe

Geliebte Seele, winzig Licht im Riesenkörper,
laß mich im Tempel deines Innern das Feuer meiner
Liebe zünden,
um dich vor- und zuzubereiten zur Hingabe an das
Licht.

Lausch im Alltag immer wieder meiner Stimme, die
dich gern berät,
Laß mich in das Geistes Stille,
ihn dir zeigen, deinen nächsten Schritt
und den schönsten Weg nach Hause – nimm mich
überallhin mit.

Tritt zurück und siehe, wie ich durch dich erfülle,
Trenne und erkenne: Was du scheinst und was du
bist.
Alles, was du bangst und hangst, alles, was du gierst,
verlierst.
Auch dein Ego und dein Stroh, gib es mir, es ist nicht
dir.

Lebe und durchlebe, alles als Geschenk von mir,
denn in Wahrheit bist du Freude, Licht im Meer von
Energie.

Geliebter Vater in mir,
mit dir bin ich alles, ohne dich bin ich nichts,
mach mich zum Werkzeug deines Lichts,
lenk du meine Gestik, Worte, Stimme,
sei du der Filter meiner Sinne,
jeder Plan ist toter Schein, sei du mir für die Welt in
Liebe,
nichts anderes soll mein Leben sein.

Meditieren Sie so, daß es Ihnen Spaß macht

Meditation ist der Weg, der über die Rollen und Eigenschaften, die Beruhigung des Verstandes, die Öffnung des Herzens, über die Seele zum »Cosmischen Christall«, zum Gottesfunken, zum ICH BIN und damit ins Licht führt. Für die meisten bedeutet Meditation zunächst einmal, die »mentalen Schallplatten« hinter sich zu lassen. Ein chaotischer Verstand ist wie ein chaotischer Körper. Er stellt ständig Forderungen, um Ihre Aufmerksamkeit zu erlangen, und zieht so Ihr Bewußtsein ab. Deshalb ist Meditation oberstes Gebot. Meditation ist keine Errungenschaft. Meditation bedeutet einfach nur, in Ihren natürlichen Zustand zurückzukehren. Meditation bedeutet, wieder heil, heilig, ganz zu werden. Meditation ist belebender als jedes Aufputschmittel, aufregender als jede Droge, erbaulicher als jede Ablenkung. Meditation hilft Ihnen, in Ihren natürlichen Zustand – glücklich, vollkommen, gesund – zurückzukehren. Solange Sie vorwiegend aus dem Oberflächenverstand leben, empfehlen sich die bereits aufgeführten Techniken, um Gedankenstille herzustellen. Wählen Sie die Meditation, die Ihnen am meisten Freude macht, und schmelzen Sie täglich ein wenig von dem Ballast, den Sie vor Ihre Seele gebaut haben, weg. Sehen Sie Ihre Meditation nicht als Arbeit an, sondern als Vergnügen. Denken Sie vor der Meditation: »Jetzt habe ich Zeit für mich!« Meditieren Sie auf jeden Fall so, daß es Ihnen Spaß macht.

Nachfolgend einige Tips für jedermann:

1. Wer neue Muster in seinem Unterbewußtsein erschaffen möchte, kann dies auf eine sehr angenehme Art tun, indem er dafür die »Phantasie-Reisen« von Dr. Bayer, Pestalozzistraße 40b, 8000 München 2, benutzt.

2. Wer Ziele verwirklichen, Wünsche erfüllen oder Probleme lösen will, kann dies mit Hilfe des Wochenendkurses »Mentaltraining« bei Professor Tepperwein tun oder dies mit Hilfe des gleichnamigen Buches und gleichnamigen Meditations-Kassette im Heimstudienkurs erlernen (Informationen: Tepperwein, Am Birkenbusch 52, 5060 Bergisch Gladbach). Ich selbst habe über zwanzigmal diesen Kurs besucht und habe jedesmal etwas dazugelernt.

3. Wer sich seine wahre Natur stärker bewußt machen will, kann dies

tun mit Hilfe der Meditations-Kassetten von Brahma Kumaris, erhältlich bei Dr. Heide Fittkau, Psychologisches Trainingszentrum, Agnesstraße 10, 2000 Hamburg 60. Hören Sie den Text aus der Seele heraus. Seelenvolle Affirmationen mit schöner Hintergrundmusik begleiten Sie.

4. Wer »Wahrheit pur« vertragen kann, ist mit den Licht-Kassetten von Erni Wurzenberger (z. B. »Kommunion mit den Engeln«) bestens bedient. Auch wenn Sie den Text oft nicht mit dem Verstand erfassen können, spüren Sie doch die große Kraft, die von der Kassette ausgeht.

5. Wer Astral-Reisen liebt, kann von Harald Wessbacher die Kassette »Jenseits von Raum und Zeit« und »Astral-Reise« erwerben und damit experimentieren. Allerdings empfiehlt sich vorab der Besuch eines Einführungskurses.

6. Ein gelungenes Potpourri von Meditationstechniken aus aller Welt bietet Bhagwan Shree Rajneesh in seinem »Orangenen Buch der Meditationstechniken«, seinem »Buch der Geheimnisse« sowie auf seinen Meditations-Kassetten (nur Meditationsmusik, keine Texte). Wer dabei *high* werden möchte, dem empfehle ich die sogenannte Gourishanker-Meditation. Diese Meditation arbeitet mit einer besonderen Atemtechnik, die Ihnen »spezielle« Erfahrungen ermöglicht.

7. Der fortgeschrittene Meditierende sollte einmal versuchen, mit offenen oder halboffenen Augen zu meditieren. Dies verhindert ein »Wegdriften« und ermöglicht Ihnen, bewußt im »Hier und Jetzt« zu sein. Letztendlich befähigt es Sie, auch wenn Sie Ihre offizielle Meditation beendet haben, Ihren Alltag meditativ, d. h. bewußt zu gestalten. Für das schönste Werk über Meditationen dieser Art halte ich das Buch »Meditation« des in den USA lebenden Meisters Sri Chinmoy.

Wichtig ist in allen Fällen, daß man die »Meditation« wählt, die einem Freude macht.

Meditieren Sie auf Ihr eigenes Foto

Denken Sie einmal an jemanden, den Sie sehr gerne mögen. Sehen Sie – schon fühlen Sie sich wohl! Die Eingeweihten sagen: Es entsteht ein Energiekontakt. Je stärker Ihre Liebe zu der betroffenen Person ist, und je stärker die Energie der Person ist, an die Sie denken, desto stärker die Energie, die Sie aus diesem Energiekontakt bekommen. Denken Sie einmal liebevoll und so intensiv wie möglich an Gott – und wundern Sie sich, wie stark der Energiekontakt im Laufe der Zeit wird. Wenn Ihr direkter Draht zu Gott »heiß« gelaufen ist, haben Sie keine Probleme mehr, das verspreche ich Ihnen! Wenn sie bei dem Gedanken »Gott« nur wenig empfinden, dann empfiehlt es sich, eine Zwischenstation zu benutzen, indem Sie an einen großen Meister denken. Es wird immer wieder berichtet, daß Zeichen und Wunder geschehen, wenn auf das transzendentale Bild von Sri Chinmoy (erhältlich beim Sri Chinmoy Verlag, Zürich) meditiert wird. Ich selbst hatte ein besonders starkes Erlebnis, als ich auf einen Kunstdruck, der eine Kohlezeichnung von Meister Jesus zeigte, meditierte. Sie können diese Kohlezeichnung, die bisher unter Insidern als Geheimtip galt, zum Preis von ca. 500,– DM erwerben bei Rodolph Mishaan, 125 Fifth Avenue, New York, N. Y. 1003. Wenn Sie zu den großen Meistern wenig Beziehung haben, dann denken Sie liebevoll an einen Menschen oder geistigen Lehrer, den Sie kennen, und suchen Sie sich den aus, der Ihnen am meisten Energie schickt.

Ich selbst meditiere seit einiger Zeit auf mein eigenes Bild und benutze dabei das Mantra »Ich bin ein individueller und allumfassender Ausdruck des einen Gottes«. Immer mehr sehe ich auf meinem Bild einen göttlichen Geist, der durch mein Foto hindurchschaut. Ich kann diese Technik nur jedem empfehlen, denn letztendlich müssen Sie erkennen, daß SIE göttlich sind, und Sie werden es erkennen, wenn Sie auf Ihr Bild meditieren. In dem Fall schmücken Sie ihr Bild feierlich, z. B. mit Blumen, legen Sie dann angenehme Musik auf, schauen Sie in Ihr eigenes Bild, und verbinden Sie sich dabei geistig mit Gott. Danken Sie Gott dafür, daß er Sie so geschaffen hat, wie Sie sind, danken Sie ihm für Ihre Göttlichkeit.

Was ist Meditation wirklich?

Es ist fein, wenn Sie in Ihrer Meditation Ihre Gedanken zur Ruhe kommen lassen. Es ist großartig, wenn Sie Ihren Atem benutzen, um mit dem Atem zwischen Zeit und Ewigkeit umherzufliegen. Es ist phantastisch, wenn Sie aus Ihrem Herzen heraus meditieren. In dem Fall befreien Sie sich von der Aufmerksamkeit der Gedanken und fallen in Ihr Herz. Das Größte aber ist es, wenn Sie aus der Seele heraus zu Gott schreien. Wenn Sie aus der Seele meditieren, wird Ihre Seele erwachen und Sie zur Göttlichkeit tragen – und das ist das Schönste, was Ihnen passieren kann.

Von den o. a. Techniken sind die meisten noch lange keine Meditationen. Meditation ist viel mehr, als die meisten Menschen denken. Meditation ist kein aktives Tun – es ist vielmehr ein inneres Wirken-Lassen. »Es« kommt über Sie, blitzschnell.

Der spirituelle Meister Sri Chinmoy schreibt in seinem Buch »Meditation – Menschliche Vollkommenheit in göttlicher Erfüllung«: »Wenn wir glauben, daß WIR zu meditieren versuchen, dann scheint Meditation kompliziert zu sein. Doch wirkliche Meditation wird nicht von uns getan. Wirkliche Meditation wird von unserem inneren Lebenslicht getan, das ständig in und durch uns meditiert. Wir sind nur das Gefäß, und wir erlauben ihm, uns mit seinem gesamten Bewußtsein zu füllen. Wenn ein Baum Früchte trägt, werden Sie sehen, daß sich die Fähigkeiten der inneren Welt in der äußeren Welt manifestieren. Wir wachsen immer von innen, nicht von außen her. So muß auch der Lebensatem unseres äußeren Lebens vom inneren Leben her kommen. In der Meditation werden wir erkennen, daß wir von der Weite gekommen sind und in die unendliche Weite eintreten.«

Meditation bedeutet, sich Gott hinzugeben, Gott zu gestatten, Ihren Körper zur Meditation zu benutzen, so daß Gott mit Ihrem Körper spielen kann, wie einst Lord Krishna auf seiner Flöte spielte. Wahre Meditation ist bedingungslose Hingabe, der Schrei der Seele: »Gott, ich anerbiete mich dir. Spiele auf mir wie auf einer Flöte, alles, was ich bin, gebe ich dir.« Ich möchte Ihnen jetzt eine Technik vorstellen, die einen Wegweiser zur Meditation darstellen kann. Für die nachfolgende Meditation können Sie die Kassette »Bhakti-Meditation«, die im Verlag PETER ERD erhältlich ist, erwerben. Sie können sich aber auch selbst Musik von einer Stunde Dauer zurechtschneiden.

Durch die Bhakti-Meditation zum ICH BIN

Genauso wie Sie früher alte Muster restimuliert haben, können Sie auch Gott restimulieren. Die nachfolgende Meditation eignet sich hervorragend dafür. Setzen Sie sich bequem mit aufrechtem Rücken auf einen Stuhl (besonders bequem dafür sind erstaunlicherweise Gartenstühle), einen ZEN-Hocker oder auf Ihre Wohnzimmercouch, wobei die Couch den Vorteil bietet, daß Sie sich, wenn Sie im Schneidersitz sitzen, anlehnen können. Die nachfolgende Meditation beinhaltet vier Phasen à 15 Minuten:

1. Phase: ICH BIN da

In der ersten Phase dringen Sie z. B. zur Musik von tibetanischen Klangschalen tief in Ihr Innerstes ein und suchen Ihren Gottesfunken. Wenn Gedanken, Gefühle oder Glaubensmuster kommen, lassen Sie sie vorüberziehen wie Wolken am Himmel. Spüren Sie, daß außer demjenigen, den Sie immer wahrgenommen haben, noch jemand in Ihnen ist. Gott ist da – in Ihnen. Erkennen Sie die Weisheit des Satzes: »ICH BIN in dir.« Hören Sie das »ICH BIN da« wie ein Suchender im Labyrinth, der aus Lautsprechern überall diese Botschaft vernimmt. Lassen Sie sich in dieses ICH BIN fallen. Erspüren Sie dieses ICH BIN mit allen Mitteln, die Ihnen möglich sind. Vielleicht ist es anfangs hilfreich, sich ein Licht oder – wenn dies schwerfällt – sich in Ihnen einen lächelnden Buddha vorzustellen. Rennen Sie in dieses Licht, und dringen Sie immer tiefer, tiefer, tiefer hinein. Erfühlen Sie dieses Licht, und rennen Sie tiefer, tiefer, tiefer. Nutzen Sie jede Störung, jeden Gedanken, alles, was von außen kommt, als »Brennholz«, um noch mehr in dieses ICH BIN zu rennen. Suchen Sie – wer ist da? Lassen Sie Meditation durch Sie geschehen. Rennen Sie in das Licht. Wenn Sie Schwierigkeiten mit dem Mantra »ICH BIN DA« haben, nachfolgend einige Alternativen zur Auswahl: »WER BIN ICH WIRKLICH?«, »Es wirkt, das ICH BIN«, »Ich spüre das MANDA-

284

LIN in mir schlagen«, »Gott meditiert durch mich«, »Es meditiert mich«, »Meditiert werden«. Entscheiden Sie sich vor der Meditation intuitiv für eines dieser Mantren, und bleiben Sie dann bei diesem Mantra.

2. Phase: Ich liebe das ICH BIN

Dringen Sie tiefer, tiefer, tiefer in Ihr Licht. »Zapfen« Sie diese Liebe an – so, als wenn Sie ein Loch in ein gefülltes Honigfaß bohren würden. Werden Sie »spirituell schwanger«. Sie können sich auch ein Aquarium oder ein Schwimmbad vorstellen, bei dem es zum »Durchbruch« oder zum »Überfluten« kommt. Spüren Sie: Das ICH BIN (Sie können es auch Mandalin, Christus-Funke oder Buddha-Licht nennen) ist der Quellbrunnen der Liebe, die Süße allen Lebens. Alle Liebe dieser Welt ist in Ihnen. Spüren Sie: Liebe entsteht nur in Ihnen. Fühlen Sie die Liebe der Schöpfung. Spüren Sie, daß diese Liebe die einzige ist, die Sie retten kann. Spüren Sie eine tiefe Liebe zu sich selbst, zu Ihrem Selbst. Es kann sein, daß »Filme« ablaufen, daß Erinnerungen, Eigenschaften, Gedanken in Ihnen aufsteigen – zu Beginn können Sie sich auch einstimmen, indem Sie sich und Ihren Lebensstil lieben –, aber irgendwann einmal lassen Sie diese Filme weg. Sie brauchen sie nicht mehr, um die Energie der Liebe zu fühlen. Spüren Sie die Liebe des Lichts tief in Ihrem Innern.

Alternativmantras wären: »ICH BIN DIE SÜSSE DES LEBENS«, »Ich liebe mich, wie ICH BIN«, »ICH BIN der Quellbrunnen der Liebe«.

3. Phase: ICH BIN erwacht

Steigen Sie jetzt durch das Licht in eine neue Dimension ein, so wie ein Einbreher sich durch einen Fensterschlitz einschleicht. Seien Sie ein »spiritueller Einbrecher«, ein »spiritueller Durchsteiger«. Treten Sie durch das Licht in eine andere Dimension, und finden Sie sich dort wieder wie der kleine Bastian in der »Unendlichen Geschichte«. Erleben Sie die Qualität der Aussage: »Die andere Dimension ist hier und jetzt. Anfangs können Sie auch einen Film drehen, wie das ICH BIN einen Siegeszug um Ihre ganze Welt antritt, sich wie ein Trojanisches

Pferd überall einschleicht, alles sich im Tanze des Lichtes dreht, wie Ihr ganzer Körper vom ICH BIN durchlichtet ist und so alle Probleme gelöst sind. Bald werden Sie dieses Erwachen auch ohne den Film spüren. Wichtig ist, daß Sie am Ende in den Lichttunnel des ICH BIN, in die innere Dimension fliegen. Erleben Sie: ICH BIN ist stärker und *einfach interessanter* als alle Probleme, Konzepte, Neigungen dieser Welt. ICH BIN überwindet die Welt.

Sie können sich vorstellen, daß Sie die Leinwand sind, auf die zahlreiche Filmprojektoren scheinen. In einem Filmprojektor läuft der Film »Zeit–Raum–Illusion«, und Sie machen jetzt einfach einen »Kick« und schauen einfach in einen anderen Filmprojektor.

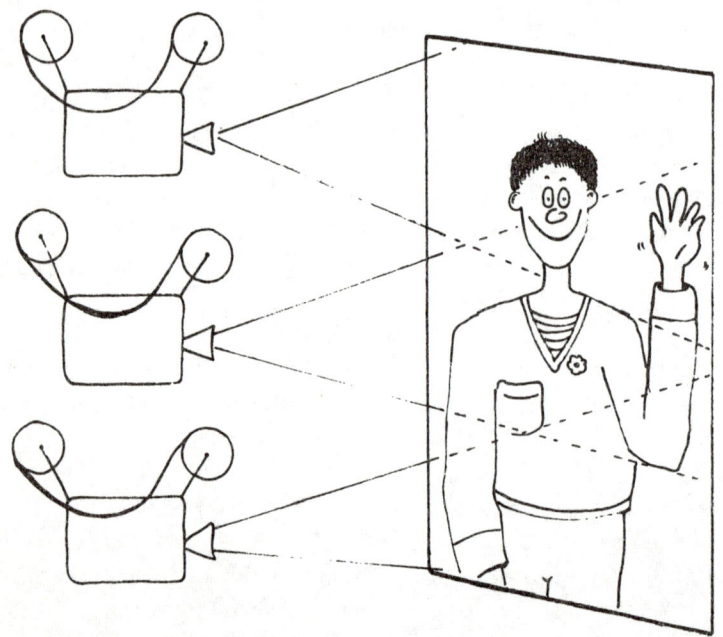

4. Phase: Herr, nimm mich

In dieser Phase drücke ich meine Hingabe aus. Ich gebe mich IHM, dem Herrn aller Universen, hin, ich liefere mich IHM aus, mit allem, was ich bin und habe. Ich trete vor den Vater des Lichts. Ich schenke

IHM alle meine Muster, Probleme und Eigenarten. Ich bitte IHN, mich zu einem Werkzeug zu machen und in seinem Sinne zu gebrauchen. Mit allem, was ICH BIN, schreie ich nach der honigsüßen »göttlichen Milch« – wie ein Baby nach seiner Mutter. Spüren Sie, wie Gottes Segen »über Sie kommt«, und leiten Sie ihn weiter an Ihre Freunde, Feinde, an alles, was IST. Bitten Sie um einen neuen Chef: Nicht mehr Ihr Ego, Ihre Konzepte, sondern Gott! Irgendeinen Chef werden Sie immer haben, aber wenn Sie IHN als direkten Vorgesetzten haben, dann sind die anderen Chefs bedeutungslos geworden, genauso, als wenn Sie im Berufsleben Ihre Firma gewechselt hätten. Bitten Sie IHN, daß er Sie annimmt als seinen treuen Diener. Irgend jemandem müssen Sie immer dienen, warum nicht IHM? Spüren Sie Gottes Mitleid, seine Barmherzigkeit.

Alternative Mantren sind: »ICH gebe mich IHM hin«, »ICH BIN ist Segen«, »ICH BIN – ein Segen«, »Mach mich zu deinem Werkzeug«, »Ich gebe dir hin alles, was ICH BIN«.

Es kann sein, daß Sie nach einiger Zeit schon gleich zu Beginn der Meditation ins Licht fliegen, sich hingeben und die Gnade und Wonne von Gottes Herrlichkeit genießen. Dagegen ist nichts einzuwenden. Die oben beschriebenen Worte dienen lediglich als Einstimmung. Nutzen Sie diese Meditation aber nicht, um dieser Welt zu entfliehen, also »kneifen« Sie nicht ins Licht, sondern bringen Sie die ganze Kraft, die Sie im Licht erfahren, herunter auf die Erde, und seien Sie so ein »Turm« mit offenem Verdeck, ein Segen für die physische Ebene.

Gleichnis 16:

Deutschland – Ode an eine große Seele

Geliebtes Deutschland, atemlos verbeuge ich mich
vor Deiner Seele.
Seelenvoll liebe ich Dein Herz. Ergeben bewundere
ich Dein Leben.
Unermeßlich ist Deine Seele. Großzügig ist
Dein Herz.
Jahrhundertelang haben Deine unsterblichen
Musiker
die Länge und Breite der ganzen Welt erfüllt,
sie haben eine Musik angeboten,
die unvergleichlich ist,
eine universelle Musik, die das menschliche
Bewußtsein
weit über jede menschliche Vorstellung hinaus
erweckt
und das menschliche Leben erhoben hat.
Universelle Musik hast Du der Welt angeboten.
Musik ist deshalb Dein universelles Geburtsrecht.
Ebenso ist auch Dein bedingungsloses Einssein Dein
Geburtsrecht.

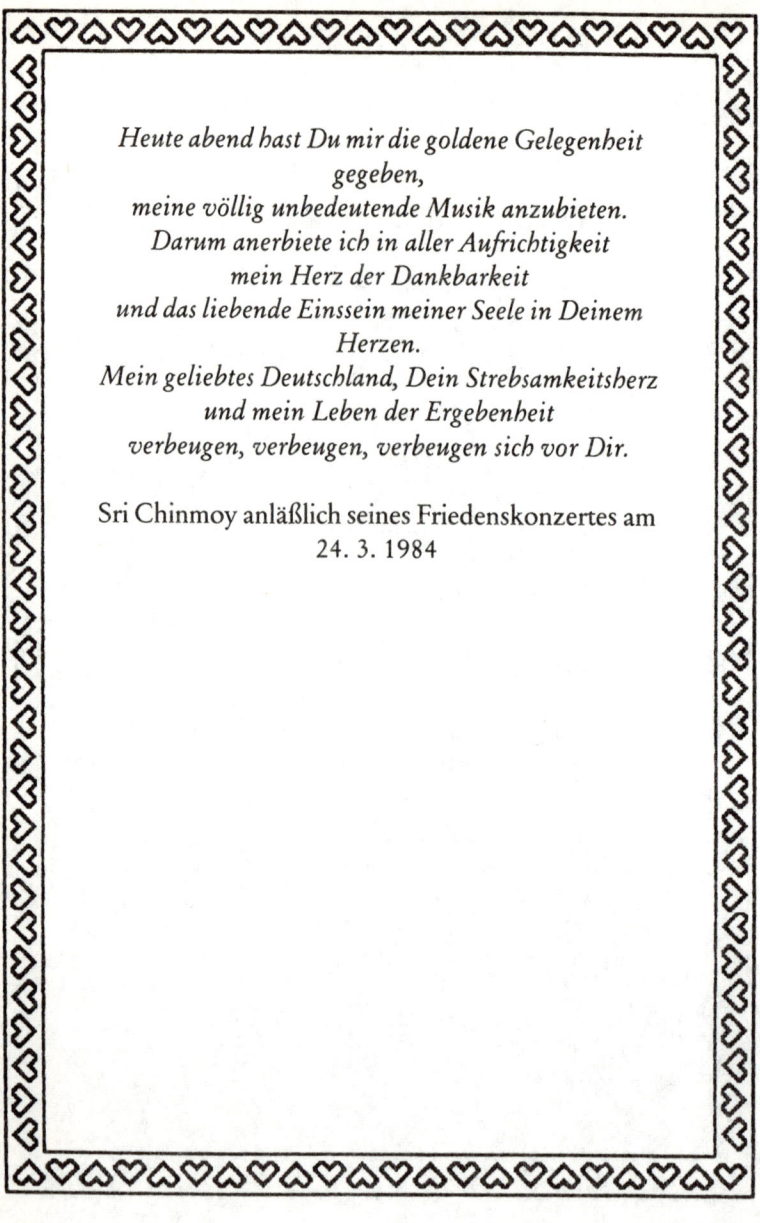

Heute abend hast Du mir die goldene Gelegenheit
gegeben,
meine völlig unbedeutende Musik anzubieten.
Darum anerbiete ich in aller Aufrichtigkeit
mein Herz der Dankbarkeit
und das liebende Einssein meiner Seele in Deinem
Herzen.
Mein geliebtes Deutschland, Dein Strebsamkeitsherz
und mein Leben der Ergebenheit
verbeugen, verbeugen, verbeugen sich vor Dir.

Sri Chinmoy anläßlich seines Friedenskonzertes am
24. 3. 1984

Nicht nur Menschen haben Seelen, sondern auch Länder, Planeten und Galaxien. Viele Weise glauben, daß DEUTSCHLAND *die* spirituelle Hoffnung für Europa ist. Vor 50 Jahren ging von deutschem Boden einer der größten Kriege der Weltgeschichte aus. Heute ist die deutsche Seele geläutert, gereinigt und bereit, der Welt mit spirituellem Wissen und in Liebe zu dienen. Aus diesem Grund bin ich stolz, ein Deutscher zu sein, und verbeuge mich demutsvoll vor der deutschen Seele.

Man kann Gott mit einem Bettler vergleichen.
Dieser Vergleich betrübt mich immer besonders.
Er, vor dem alle Sterne erzittern, läuft uns nach und ruft:
»Willst du mir nicht deine Liebe schenken?
Liebst du mich, den Geber aller Gaben, nicht mehr
als die Gaben, die ich dir zur Freude erschaffen habe?«
Aber der Mensch sagt: »Ich habe jetzt zuviel zu tun.«
Und Gott sagt: »Dann will ich warten.«
(Paramahansa Yogananda)

Ohne Gott läuft nichts in diesem Universum

Ein Mann, dessen Leben beendet war, kam zu Gott, und Gott zeigte ihm seinen Lebensweg. Da fragte ihn der Mann: »Während du mir mein Leben zeigtest, fiel mir auf, daß da in guten Zeiten immer zwei Fußspuren waren, und ich wußte, daß du neben mir gingst. In schlechten Zeiten aber war da nur eine Fußspur. Mein Vater, warum hast du mich in schweren Zeiten verlassen?« Und Gott andwortete: »Mein Sohn, du verstehst falsch. Es ist richtig, daß ich in guten Zeiten neben dir ging und dir den Weg zeigte – aber in schlechten Zeiten trug ich dich!«

Hören Sie auf, sich mit Ihren Problemen, Sorgen, Nöten zu identifizieren. Sie sind nicht Ihre Probleme, sondern Sie »spielen« Probleme. Das einzige wirkliche Problem ist fehlende Hingabe, ist Ihre verlorengegangene Verbindung mit Gott. Wenn Sie sich abnabeln von Gott, tun Sie sich das Schlimmste an, was Sie sich antun können: Sie werden nicht mehr vom »großen Kraftwerk« gespeist, sondern laufen »auf Batterie«. Es ist, als wenn man die Antenne von Ihrem Autoscooter abgeknickt hätte. Ihr Verstand weiß das nicht, er meint, Sie hätten Partnerprobleme, psychische Probleme, Sie bräuchten Therapien. Ich habe große Meister in verzweifelten Situationen erlebt. Sie waren total unfähig in solchen Augenblicken – jeder von Ihnen wäre intelligenter gewesen als sie. Ihr einziges Problem war: Für eine kurze Sekunde hatten sie ihren Kontakt mit Gott verloren. Plötzlich waren alle Kindheitsprogramme, Probleme, Konditionierungen wieder da. Sie erlebten, was Jesus erlebte, als er fragte: »Mein Gott, warum hast du mich verlassen?« Innerhalb weniger Sekunden richteten sich diese Meister dann wieder auf Gott aus, und ihre »Lichter« leuchteten auf, so als hätten sie gerade einen kurzen »Stromausfall« überwunden.

Was haben Menschen mit Glühbirnen gemeinsam? Je geringer der Widerstand gegen den (göttlichen) Strom, desto höher die Energie, die durch sie fließt, und desto kräftiger ihre »Ausstrahlung«.

Wie können Sie die »Antenne in die Steckdose« stecken? Der einfachste Weg ist, erst einmal an Gott zu denken. Sie erinnern sich nur Ihrer wahren Natur, indem Sie an Gott denken: Der Name »Gott« erinnert mich daran, wer ich wirklich bin. Heute ist die Zeit reif, daß Sie direkt mit Gott Kontakt aufnehmen. Das Wichtigste ist, daß Sie keine feste Vorstellung von Gott haben, sondern versuchen, ihn zu erfühlen. Lassen Sie Gott zu sich kommen. Laden Sie ihn ein wie einen Besucher. Sagen Sie: »Ich weiß nicht, wie du aussiehst. Ich habe keinerlei Vorstellung von dir, aber wenn es dich gibt, bitte besuche mich.« Es ist dann nicht so, daß Sie zu Gott kommen, sondern Gott wird Sie holen! Er kommt sehr gerne zu Ihnen, wenn Sie es zulassen. Es ist nicht so, daß Sie suchen, sondern so, daß Sie sich finden lassen, daß Sie gestatten, gefunden zu werden. Es ist nicht so, daß Sie Gott finden, sondern so, daß er in Ihr Leben tritt. Alles, was Sie dazu benötigen, ist Strebsamkeit, Hingabe und der Schrei Ihrer Seele. Wenn Gott in Ihr Leben tritt, ist dies wie ein Unfall, ein Anfall, ein Reinfall – Sie fallen »rein« ins Göttliche. Sie können es nicht erzwingen. 99 Prozent sind Gnade, aber ein Prozent ist Ihr Werk. Sie können etwas dafür tun, daß Sie »erleuchtungsgefährdet« werden. Im Straßenverkehr würden Sie vielleicht bei fließendem Verkehr mitten auf die Straße springen, um »unfallgefährdet« zu werden – springen Sie »bei fließendem Verkehr« raus aus dieser »Affenschaukel« und rein ins Licht.

Wissenschaftler haben folgenden Versuch gemacht: Sie setzten einen Hammerhai zusammen mit einem Beutefisch in ein Aquarium, das sie allerdings mit Hilfe einer durchsichtigen Glasscheibe in zwei Hälften trennen. Immer wieder versuchte der Hammerhai den Beutefisch zu fressen und stieß dabei jedesmal mit dem Kopf gegen die

Scheibe, was sehr schmerzhaft für ihn war. Nach einiger Zeit gab der Hai auf. Beutefisch und Hai schwammen – getrennt durch die Scheibe – friedlich nebeneinander, und keiner störte sich mehr an dem anderen. Nun zogen die Wissenschaftler vorsichtig die Glasplatte heraus, woraufhin Beutefisch und Hai weiterhin friedlich nebeneinander im Aquarium schwammen, bis einer von ihnen an Altersschwäche starb. Jeder der beiden Fische hielt sich starr an die ihm zugewiesenen Grenzen. Ich lade Sie zu einem Versuch ein: Vertrauen Sie Gott. Erhard Freitag sagte einmal in einem Vortrag: »Gott stellt keine Beinchen!« Lassen Sie IHN Ihre Probleme lösen. Das ist es, was die Taoisten meinen, wenn sie sagen: *wei-wu-wei* – Tun durch Nichttun. Tun durch Nichttun bedeutet nicht, faul in der Gegend herumzuliegen, sondern: Aufhören zu *pushen* (zu schieben) und statt dessen schauen, welche Energien Sie holen.

Also: Prüfen Sie jetzt nach, ob die »Scheibe«, die Sie von Gott trennt, noch da ist. Rufen Sie einmal: »Hai-hai«, schließen Sie die Augen, und lassen Sie sich in Gott fallen, als hätte es nie eine Trennung gegeben.

Gleichnis 17:

Vollkommenheit – jetzt

Höre und lausche:
ICH BIN vollkommen, jetzt.
Du bist vollkommen, jetzt.
Wir sind vollkommen, für alle Zeit.
Jeder Moment ist gesegnet durch SEINE Vollkom-
menheit.

Jeder ist ein Unikat, unvergleichlich schön
und kostbar.
Jeder Moment, jede Pflanze, alles – und auch du.
Befreie dich von dem Schleier deiner Irrtümer und
Illusionen,
vergiß deine selbstgeschaffenen Glaubensmuster.

Jeder Moment ist neu und erhebend,
keiner besser als der andere.
Erkenne deine Vollkommenheit – jetzt.
Schau nie zurück, das Alte ist tot und stinkt.
Erfreue dich an der großen Vollkommenheit:
Synchronie mit dem Orchester des Lebens
Synchronie im Einklang mit dem einen
schwinge dich ein,
vergiß dein unvollkommenes Bild von Vollkom-
menheit.
Erfülle den Augenblick – deine Vollkommenheit –
jetzt,
und du bist gesegnet.

**»Der einzige Unterschied zwischen mir und euch ist,
daß ich Gott überzeugt habe, daß ich ihn mehr liebe
als alles andere auf der Welt.«
(Paramahansa Yogananda)**

Entlarven Sie Gott, hinter allem, was ist

Denken Sie ab sofort in Ihrem Alltag bei allem, was Sie tun: »Ich offenbare immer das Göttliche.« Verurteilen Sie sich nie mehr für Ihre Taten – das erledigen andere schon für Sie. Machen Sie alle Ihre »Sünden« Gott zum Geschenk, und erkennen Sie an, daß immer ER der eigentliche Handelnde ist. Denken Sie immer wieder. »Was tut ER in meiner Situation?« Sagen Sie morgens: »Heute bekomme ich Besuch von Gott«, und verhalten Sie sich den ganzen Tag so, als wenn Gott da wäre. Spüren Sie, wie Gott Ihnen immer wieder über die Schulter sieht. Leben Sie im Bewußtsein der Gegenwart Gottes. Erkennen Sie hinter

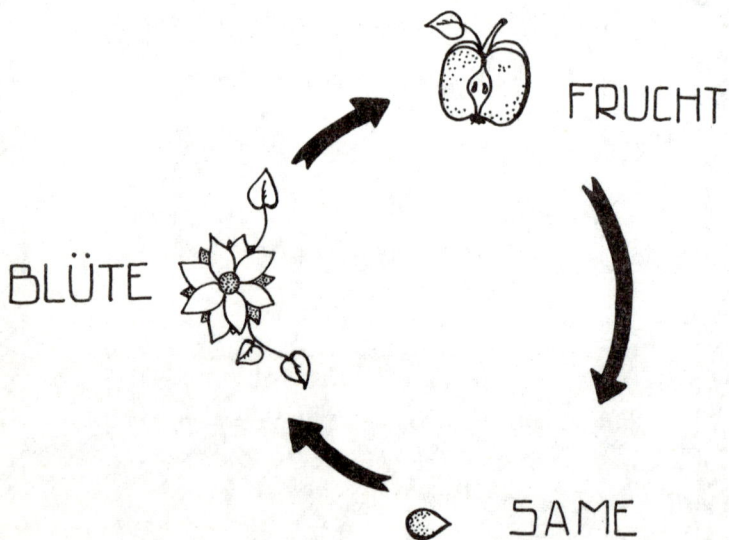

allem und jedem Gottes Vollkommenheit. Eine der schönsten Meditations-Kassetten zu diesem Thema ist die »Stille- und Lichtmeditation« von Angelika Tepperwein (erhältlich bei F. S. Tepperwein).

Erkennen Sie die Vollkommenheit auch in der Unvollkommenheit. Ein Beispiel aus der Natur: Der Same wird zur Blüte, die Blüte zur Frucht, die Frucht wirft Samen ab.

Die Blüte würde nie sagen: »Du dummer Samen, ich bin weiter als DU«, denn dann würde der Samen antworten: »Du dumme Blüte, werde du erst einmal Furcht, um dann Samen werden zu können.« So mancher Bettler auf der Straße, über den Sie vielleicht lästern, ist Gott, nur »eine Runde weiter« als Sie. Hören Sie auf, auf die Welt der Erscheinungsformen zu reagieren, und leben Sie aus Ihrem inneren Licht heraus in diese Welt hinein. Sie sind viel, viel mehr, als Sie denken. Sie sind das großartigste, phantastischste und liebevollste Wesen, das es gibt. Es liegt an Ihnen, ob Sie an dem Glaubenssystem von Unvollkommenheit festhalten wollen. Sie können wählen!

Die Mystikerin Erni Wurzenberger sagt: »Alles Leid ist beendet, wenn du Gott mehr lieben kannst als den menschlichen Irrtum.« Mit anderen Worten: Sobald Sie sich zu Gott, zu Ihrer Vollkommenheit, zu dem Gedanken der Vollkommenheit mehr hingezogen fühlen als zum Übel, sobald Sie *bereit* sind, von der Illusion des Übels Abschied zu nehmen, endet das Leid. Die Diplompsychologin Dr. Heide Fittkau, Leiterin eines psycholischen Trainingszentrums in Hamburg, sagt entsprechend: »Nicht das Ende des Körpers beendet das Leid, sondern das Ende der leidvollen Gedanken.« Denken Sie also nur noch in Vollkommenheit. Entlarven Sie Gott in allem, was ist. Sehen Sie gerade in den besonders unangenehmen Menschen, Situationen und Augenblicken Gott, der Sie auf die Probe stellt, der Sie testet, ob Sie schon bereit für ihn sind.

Zum ZEN-Meister Rinzai kam einmal ein Schüler und wollte wissen, wann er bereit sei, Gott zu erleben. Da packte ihn Rinzai und tauchte ihn kopfüber in einen Brunnen. Er tauchte ihn immer wieder unter, bis der Schüler blau anlief und kurz vor dem Sterben war. Dann sagte Rinzai: »Wenn du eine so starke Sehnsucht nach Gott hast wie jetzt nach Luft, dann bist du reif, ihn zu erleben.«

Wenn Ihre Sehnsucht nach Gott stärker geworden ist als alles andere in der Welt, dann werden Sie IHN erleben. Trainieren Sie schon jetzt: Erspüren Sie Gott, erfühlen Sie Gott, schmecken Sie Gott in jeder Sekunde. Kommen Sie mehr und mehr dem wunderbaren göttlichen Plan auf die Spur. Seien Sie jederzeit bereit für den großen Augenblick, in dem ER kommt und sagt: »ICH BIN DA!« (Den nachfolgenden Text können Sie auch auf Kassette käuflich erwerben, gesprochen von Erni Wurzenberger.

Gleichnis 18:

Ich bin da!

Bedarfst du meiner? Ich bin da!

Du kannst mich nicht sehen,
doch ich bin das Licht, das dich sehen macht.
Du kannst mich nicht hören, doch ich spreche durch
deine Stimme.
Du kannst mich nicht fühlen, doch ich fühle durch
deine Hände.
Ich wirke, obwohl du meine Wege nicht verstehst.

Bedarfst du meiner? Ich bin da.
Selbst wenn du leugnest, ich bin da.
Selbst wenn du dich verlassen fühlst, ich bin da.
Ich bin da, wenn du betest, und ich bin da, wenn du
nicht betest.
Ich bin in dir, und du bist in mir.

Nur in deinem Bewußtsein kannst du dich von mir
getrennt fühlen.
Nur in deinem Bewußtsein gibt es den Schleier von
dein und mein.
Entlasse die törichte Furcht aus deinem Herzen.
Du allein kannst nichts tun. Ich aber kann alles tun.
Ich bin in allem.

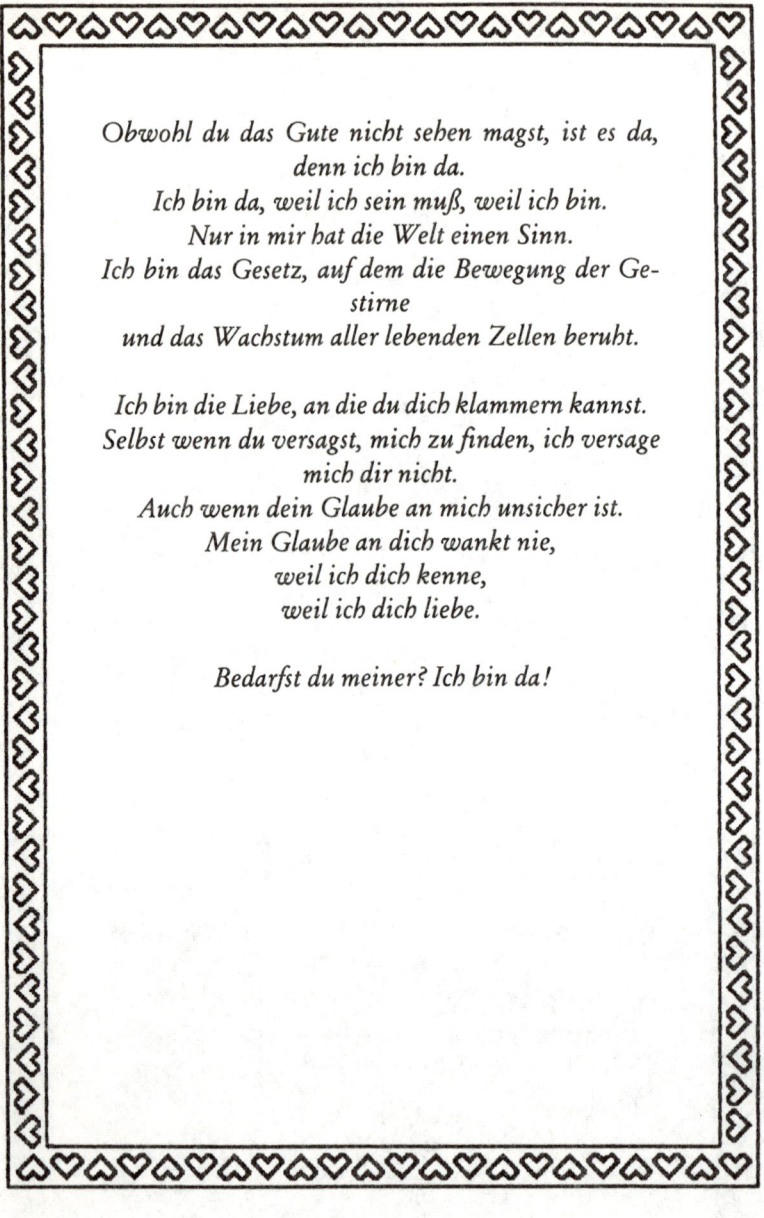

Obwohl du das Gute nicht sehen magst, ist es da,
denn ich bin da.
Ich bin da, weil ich sein muß, weil ich bin.
Nur in mir hat die Welt einen Sinn.
Ich bin das Gesetz, auf dem die Bewegung der Ge-
stirne
und das Wachstum aller lebenden Zellen beruht.

Ich bin die Liebe, an die du dich klammern kannst.
Selbst wenn du versagst, mich zu finden, ich versage
mich dir nicht.
Auch wenn dein Glaube an mich unsicher ist.
Mein Glaube an dich wankt nie,
weil ich dich kenne,
weil ich dich liebe.

Bedarfst du meiner? Ich bin da!

Experiment 6:

1. Stellen Sie sich die Summe aller Teile, aus denen Sie bestehen, als Tierkarawane vor. Setzen Sie sich mit Ihrer inneren Tierkarawane an einem geistigen Lagerfeuer zusammen, und hören Sie, was Ihre Tierkarawane Ihnen zu sagen hat. Wenn Sie möchten, können Sie sich auch mit Ihren Freunden zusammensetzen, und jeder von Ihren Freunden spielt ein Tier, das er in Ihnen entdeckt hat, und erzählt seine Botschaft.
2. Gehen Sie hinaus in den Alltag, und spielen Sie eine neue Rolle. Seien Sie einmal der König, die Diva oder der Flegel. Seien Sie vor allem auch einmal der Mensch, den Sie am wenigsten leiden können. Wenn Ihnen also stinkende, unrasierte Penner widerlich sind, wird es höchste Zeit, einmal für einige Tage selbst zu stinken und trinkend in der Gegend herumzuliegen. Alfred Stielau-Pallas sagt: »Wenn du für etwas kein Verständnis hast, ist das ein Zeichen dafür, daß dir diese Erfahrung noch fehlt.«
3. Experimentieren Sie mit den verschiedensten Meditationstechniken, z. B. den »Phantasie-Reisen« von Dr. Günter Bayer, dem Mentaltraining von Professor Kurt Tepperwein, den Kassetten von Brahma Kumaris, den Licht-Kassetten von Erni Wurzenberger, der »Gourishanker«-Meditation von Bhagwan, der Stille- und Lichtmeditation von Angelika Tepperwein, der Meditation auf ein Bild, eine Sanduhr oder ein Licht.
4. Hören Sie (z. B. als Belohnung abends nach getaner Arbeit) statt Fernsehgucken – seelenvolle Musik. Hören Sie diese nicht mit dem Verstand oder mit dem Gefühl, sondern nur aus der Seele heraus. Hier empfiehlt sich besonders »Earth Transfigured« von Ascentia und George Goulding, die Ihnen zuerst vielleicht etwas seltsam vorkommende »Musik des strebenden Herzens« von Sri Chinmoy, »Elias« von Mendelssohn, die »Violinromanze Op. 50 F-Dur« von Beethoven, das »Halleluja« von Händel oder das »Ave Maria« von Schubert oder Bach.
5. Versuchen Sie einmal, Ihre Mitmenschen von der Seele her zu fühlen. Reagieren Sie nicht auf die Rollen, die Schönheit oder Häß-

lichkeit des Körpers, die Kleidung, den Rang oder den Status – schauen Sie tiefer, und kommunizieren Sie direkt von Seele zu Seele.

6. Gewinnen Sie eine positive Einstellung zur physischen Ebene. Wenn Sie morgens aufwachen, feiern Sie Ihre »Wiederverkörperung«. Gehen Sie mit Ihrem Bewußtsein in alle Teile Ihres Körpers. Machen Sie insbesondere Ihre Wirbelsäule elastisch. Dies können Sie zum Beispiel trainieren, indem Sie mit einem Massagegerät einzelne Punkte Ihrer Wirbelsäule berühren und dann »nach innen« fühlen, was die Vibrationen in ihnen auslösen. Versuchen Sie dann einmal genau den Wirbel, auf den Sie das Massagegerät halten, zu bewegen. Fühlen Sie die unterschiedliche Empfindlichkeit jedes Körperteiles. Danach bewegen Sie Ihren Körper im Takt zu »erdiger« Musik. Ich selbst benutze dabei gerne die Kassette »Rhythmische Meditation« von Johannes Walter und habe besonders viel Spaß an dem Potpourri aus Freistil-Yoga, Tai Ci, Sufi-Tanz, Feldenkrais und *Walking Through Milk And Honey*, das sich ergibt, wenn ich den Körper sich bewegen lasse, ohne diese Bewegungen vom Kopf aus zu kontrollieren.

7. Gönnen Sie sich immer wieder einmal eine zärtliche Stunde, in der Sie Ihren Körper streicheln und entspannen. Benutzen Sie dafür die Sensitivität Ihrer Hände und vor allem Ihren Atem. Sinnlichkeit fängt beim Alleinsein an. Lassen Sie sich überraschen, wieviel Kraft und Energie für Ihren Alltag Sie aus der zärtlichen Stunde bekommen. Genießen Sie ihre »Körpermeditation«!

8. Laden Sie immer mehr Teile Ihrer Seele ein, sich in diesem Körper zu entfalten. Sie können diese neuen Teile ruhig »Babyseele« nennen. Gehen Sie mit Ihrer »Babyseele« spazieren. Zeigen Sie ihr die Schönheit der Natur. Klären Sie sie über das Leben auf, als wenn Sie einen Besucher aus einer anderen Dimension etwas über die Erde zu erzählen hätten. Sagen Sie zu ihr: »Ist das nicht ein schöner Planet, komm laß uns etwas aus der Sache machen!« Machen Sie es Ihrer »Babyseele« schön auf dieser Ebene, so daß sie nicht verschüchtert wieder verschwindet, sondern wirklich mithilft, produktiv Ihr Leben zu gestalten.

9. Lassen Sie regelmäßig Meditation durch Sie geschehen. Meditieren Sie regelmäßig auf das ICH BIN, z. B. mit Hilfe der Kassette »Bhakti-Meditation«, bis Sie das ICH BIN erkannt und erlebt haben.

Lektion 7

Ob Sie es glauben oder nicht –
das Leben ist ein Spiel

Ein Gedankenmodell, das Sie befähigt

Ob Sie es glauben oder nicht – das Leben ist ein Spiel. Betrachten
Sie das Leben als ein Spiel, nicht mehr und nicht weniger. Zur Erläute-
rung lassen Sie uns mit einem Gedankenmodell arbeiten. Ich kann
nicht mit Bestimmtheit sagen, daß dieses Gedankenmodell wahr ist,
das einzige, was ich weiß, ist, daß dieses Modell Sie *befähigt*, Probleme des täglichen Lebens, Frust, Hemmungen, Ärger und Leid im
wahrsten Sinne des Wortes über Bord zu werfen. Was ist schon Wahrheit? Vom Kopf her allein werden Sie es nie begreifen. Ich lade Sie ein:
Verschaffen Sie sich ein Glaubenssystem, das Ihnen ermöglicht, endlich so zu leben, wie Sie es sich immer gewünscht haben. Nicht wie ein
Aussteiger, der im Nachthemd durch die Straßen huscht und wispert:
»Hasch mich, ich bin der Frühling«, sondern wie ein »Durchsteiger«,
der diese Ebene bewältigt, übersteigt und durch sie hindurch neue
Seinssphären erreicht.

Das nachfolgende Gedankenmodell soll Sie zu einem hypothetischen Versuch einladen. Die Idee des hypothetischen Versuches
stammt aus der Wissenschaft. Ich habe großen Respekt vor Wissen-
schaftlern wie Albert Einstein, aber nicht vor solchen Wissenschaft-
lern, die immer nur den Käse von gestern wiederkauen, sondern vor
wirklichen Pioniergeistern, die bereit sind, das Undenkbare zu denken, es dann zu erforschen und letztendlich zu erklären. Der Grund-
gedanke der wissenschaftlichen Forschung geht davon aus, ein neues
Gedankenmodell erst einmal vorbehaltlos zu akzeptieren, zu Ende zu
denken und dann in der Praxis zu erproben, ob es sich bestätigt. Die
Relativitätstheorie war zunächst eine Theorie, und es gab viele Wissenschaftler, die diese Theorie kannten, aber Albert Einstein war es,
der sie zu Ende dachte, erprobte und daraus Ergebnisse entstehen
ließ, die die Erde erbeben ließen. Ich lade Sie ein, sich einmal in das
folgende Gedankenmodell führen zu lassen, nach dem Motto: »Nehmen wir einmal an . . .«

Die Schöpfungsgeschichte – einmal anders

Nehmen wir einmal an, vor vielen, vielen Äonen von Jahren ruhte
ER, der »liebe Gott«, in Form einer leuchtenden, riesengroßen Sonne

in sich und erfreute sich seiner Vollkommenheit. Es gab nichts außer IHM, es gab nur Gott. Das ganze All war ein Meer von göttlicher Energie, von göttlichem Licht. Gott erfreute sich seiner eigenen Vollkommenheit, aber ER hatte eine Sehnsucht: Er wollte sich selbst erfahren. Nun braucht jede Erfahrung ein Gegenüber. Wie Sie sich vielleicht vorstellen können, wird es auf die Dauer ein bißchen langweilig, immer nur in seiner Vollkommenheit alleine durch das Weltall zu schweben – es fehlt die Abwechslung. Gott beschloß nun, sich zu teilen, um mit sich selbst zu spielen. In der birmesischen Schöpfungsgeschichte heißt es: »Es begann, als der eine beschloß, viele zu werden.« Einigen dieser gottesgleichen Kinder wurde es trotz allem zu langweilig, denn sie wußten: Wir sind Götter. Alles, was wir tun, endet sowieso erfolgreich, und wir wissen im voraus, wie es ausgeht. Wir wollen uns selbst erfahren. Nun ist es klar, daß sie als Lichtwesen »oben im Himmel« nicht alle Möglichkeiten der Selbsterfahrung hatten: Sie konnten dem lieben Gott den Bart kraulen, waren ansonsten ganz glücklich, aber so wie dem »Münchner im Himmel« das Hofbräuhaus fehlte, so wollten diese Wesen ein interessanteres Spiel spielen. Sie wollten sich selbst erfahren. Sie wünschten sich ein neues Spiel.

So erfanden Sie die »Zeit-Raum-Illusion« (ZRI). Im Universum gab es damals aber keine Zeit. Alles war voller Glückseligkeit und Licht, bis ein vorlauter Gottessohn dachte: Nehmen wir einmal an, ich könnte aus der Ewigkeit lauter kleine Teilchen herausschneiden und meine Allgegenwart auf einen kleinen Teil begrenzen, dann wäre jeder Augenblick neu und spannend. Ja, das machen wir. Um die Idee, daß es Zeit gibt, zu manifestieren, mußte die Illusion der Materie geschaffen werden, denn spätestens seit Einstein wissen wir: Ohne Materie kann es keine Zeit geben. (Ganz klar, die kosmischen Götter kannten damals noch keine Quartzuhr.) Also machten die Kinder von ihrer Gedankenkraft Gebrauch und einigten sich gedanklich auf eine Dimension, in der die Möglichkeit für ein physikalisches Universum bestand, und durch diese Übereinkunft wurde diese Dimension real.

Wie konnte das passieren? Lassen Sie uns einen kurzen Abstecher in das Jahr 1988 in der ZRI machen:

Das »Magazin 2000« berichtet in seiner Ausgabe vom Mai 1988,

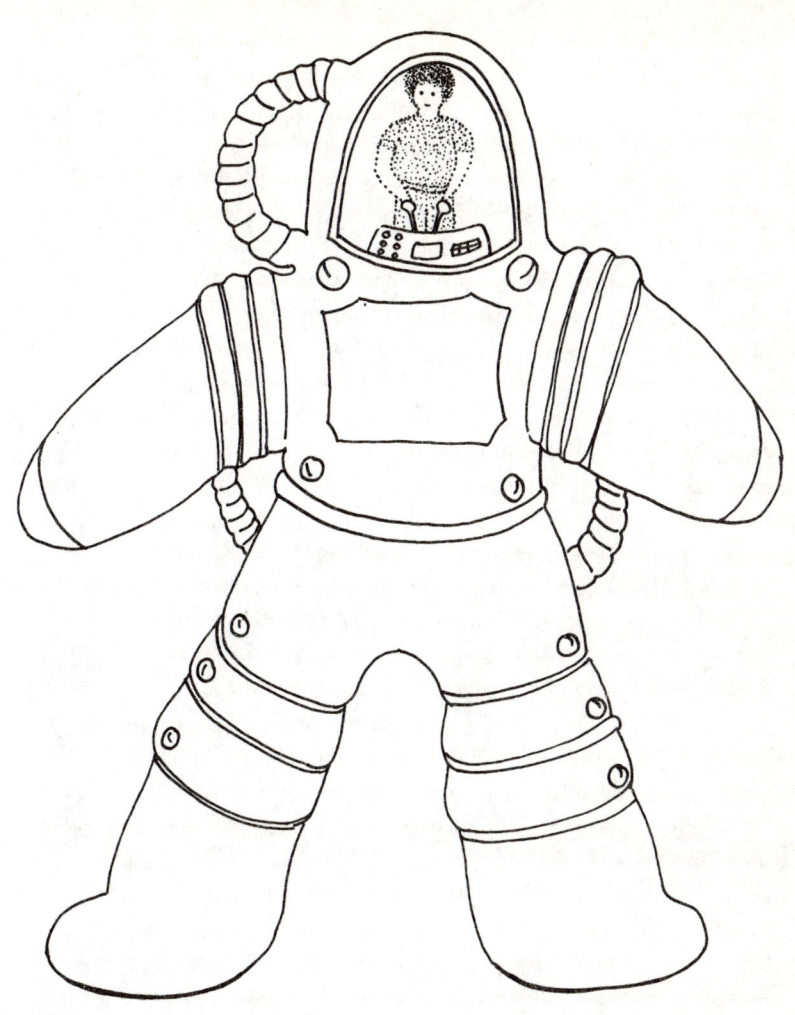

daß einige Medien beschlossen hatten, durch Übereinkunft ein Geistwesen zu erschaffen, das ihnen Antworten geben sollte. Zum großen Erstaunen aller Beteiligten wurde dieses durch Übereinkunft geschaffene Wesen plötzlich physisch existent. So ähnlich können Sie sich die Gründung der »Zeit-Raum-Illusion« im physikalischen Universum vorstellen. Übrigens liegt schon im Wort Universum die tiefere Bedeutung der ZRI versteckt, denn das Wort Universum kommt aus dem Lateinischen und bedeutet »das eine« *(uni)*, »verkehrt herum« *(versus)*. Das Universum ist also nichts anderes als »Gott auf den Kopf gestellt«.

Innerhalb des physikalischen Universums spielten die Kinder Gottes Computerspiele, die sie »Denken« nannten, und hatten ihren Spaß dabei. Einigen dieser Kinder Gottes war das nicht genug. Sie entschieden sich zu erfahren, was Vollkommenheit ist. Nur, um Vollkommenheit zu erfahren, braucht es etwas, das nicht vollkommen ist, denn wenn alles vollkommen ist, kann man das Vollkommene nicht erkennen. (Genauso wie ein Neger, der noch nie einen »Nicht-Neger« gesehen hat, nicht wissen kann, was ein Neger ist.)

Um ihre eigene Vollkommenheit zu entdecken, entschieden sich einige Kinder Gottes – nur gedanklich natürlich –, sich innerlich zu teilen – in einen Teil, den sie »suchendes Bewußtsein« nannten, und einen zweiten, den sie »ruhende Vollkommenheit« nannten. Damit dieses Spiel nicht sofort erfolgreich beendet wurde, installierten sie zwischen diesen beiden Teilen einen sogenannten »inneren Bewerter«, der die Aufgabe hatte, zu versuchen, diese beiden Teile getrennt zu halten, indem er alles tut, um das suchende Bewußtsein abzulenken und irrezuführen. Damit aber überhaupt eine Chance bestand, installierten die Kinder Gottes in sich noch einen Teil, der das suchende Bewußtsein ständig an seine ursprüngliche Vollkommenheit erinnern und damit zum Weitersuchen animieren sollte: die Seele! Die Seele erzeugte permanent Sehnsucht, vielleicht wäre Seel-Sucht ein noch besseres Wort dafür. Die Seele erinnerte nämlich das suchende Bewußtsein immer wieder an die ehemalige Vollkommenheit, und der innere Bewerter sorgte dafür, daß das Bewußtsein permanent am falschen Platz suchte. Wer »Das Spiel ist aus« von Sartre gelesen oder auf der Bühne gesehen hat, weiß, was ich meine. Die Götter spielten in sich selbst Verstecken: Der innere männliche Teil suchte die stille Vollkommenheit, und der innere Bewerter sorgte dafür, daß das Bewußtsein seine Vollkommenheit permanent im Vergleich mit anderen oder mit sich selbst suchte – nur nicht da, wo es eben zu finden war – im tiefsten Innern. Die Kinder Gottes spielten Verstecken mit ihrer Vollkommenheit. Es war nicht so, daß die Vollkommenheit nicht da war – sie war immer da, es war nur so, daß die Kinder Gottes blind dafür geworden waren. Für dieses Spiel suchten sie einen Planeten aus, den sie Erde nannten, und für alle anderen, die an diesem Spiel teilnehmen wollten, schrieben sie den folgenden Prospekt aus:

Gleichnis 19:

Prospekt für die Teilnahme an der »Zeit-Raum-Illusion«

Zustimmung und Einverständnis
Nur Aufenthalt als Mensch
Status erster Eintritt (SEE)
* Organisiert als Schule für intensives Lernen. Erfolgreich Abschließende erhalten eine besondere Bewertung.

* Für die Dauer des Aufenthaltes bei den Menschen klare Zustimmung, daß Zeit-Raum existiert, Wirklichkeit besitzt. Zustimmung zur Wirklichkeit des betreffenden Eintrittspunktes und seines Umfeldes (Materie, Planet Erde, Sonne, Sonnensystem, Galaxie, physisches Universum), zur am Eingangspunkt angegebenen Zeit, zur festgelegten physischen, belebten Gestalt und auch zu der anderer, zu vergangenen Ereignissen, die als Menschengeschichte festgehalten sind, zur gesamten Lebensstruktur, wie sie angetroffen wird.

* Damit das Lernsystem seine größtmögliche Wirksamkeit erbringt, ist ein vorübergehendes Auslöschen der früheren Aktivitäten vor dem Eintritt erforderlich. Die Zustimmung, diese Auslöschung durchzuführen, wird hiermit gegeben.

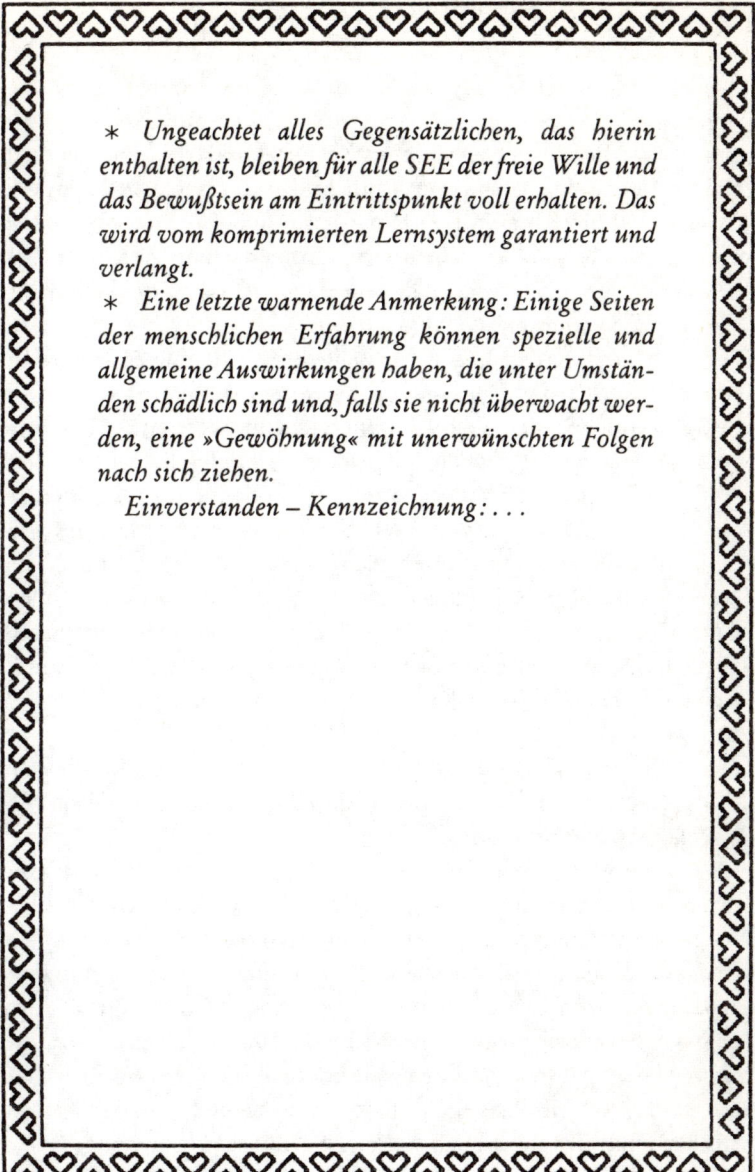

* *Ungeachtet alles Gegensätzlichen, das hierin enthalten ist, bleiben für alle SEE der freie Wille und das Bewußtsein am Eintrittspunkt voll erhalten. Das wird vom komprimierten Lernsystem garantiert und verlangt.*

* *Eine letzte warnende Anmerkung: Einige Seiten der menschlichen Erfahrung können spezielle und allgemeine Auswirkungen haben, die unter Umständen schädlich sind und, falls sie nicht überwacht werden, eine »Gewöhnung« mit unerwünschten Folgen nach sich ziehen.*

Einverstanden – Kennzeichnung: ...

Wir sind Opfer einer Massenhypnose

Jeder der Kinder Gottes, der bei diesem Spiel mitmachen wollte, auch derjenige, der erst später eintreten wollte, mußte sich mit den »Spielregeln« des Prospektes einverstanden erklären und ließ sich hypnotisieren. »Du wirst deine Göttlichkeit vergessen, vergessen, vergessen . . .« Und dann ging es ab in den »Tunnel«. Man hörte noch einen letzten Schrei: »He, nichts funktioniert mehr, holt mich hier raus, raus, raus . . .« – und wieder wurde ein schreiendes Nervenbündel in der ZRI geboren.

Am Anfang war das Spiel noch lustig, aber bald ging es »rund« auf dem Planeten Erde. Der »innere Bewerter« leistete ganze Arbeit: Neid, Konkurrenzdenken und Zwietracht brachen aus. Mehr und mehr gerieten die göttlichen Eigenschaften in Vergessenheit. Mehr und mehr spielten die Kinder Gottes »vergleichen«, statt sich an ihrer Vollkommenheit zu erfreuen. Viele Gotteskinder außerhalb des physikalischen Universums wußten nichts von den Sorgen und Nöten ihrer Geschwister. Sie wußten nur, daß dieser Planet besondere »Lern-Chancen« bot, und da lange Zeit niemand mehr aus diesem Spiel zurückkehrte, dachten Sie, es müßte ein gutes Spiel sein – und so kamen immer mehr Gotteskinder auf diesen Planeten.

Anläßlich eines Vortrags vor dem »CP-Murphy-Freundeskreis« in München sagte die Schriftstellerin Rhea Powers im September 1987 über das »Spiel des Lebens«:

»Wir alle gehen nach Hause. Irgendwann einmal haben wir uns dafür entschieden, daß jetzt die Zeit ist, zu der wir aufwachen wollen. Wir haben alle gemeinsam dieses Spiel beschlossen zu vergessen, wer wir wirklich sind, uns zu identifizieren mit unseren Körpern und sie zu benutzen wie Spielsteine auf einem ›Monopoly‹-Brett. Heute kommen wir in die Zeit hinein, in der wir mehr und mehr erkennen, daß wir nicht die Spielsteine auf dem ›Monopoly‹-Brett, das wir Erde nennen, sind, sondern diejenigen, die die Spielsteine bewegen. Wer wir wirklich sind, ist unglaublich viel mehr als unsere Erziehung, unsere Vorlieben und unsere Verhaltensmuster. All das, womit wir uns identifizieren, ist nur ein winzig, winzig kleiner Teil von dem, was wir wirklich sind. In Wahrheit existieren wir in vielen, vielen anderen Dimensionen gleichzeitig, und irgendwo in Ihnen ist ein Teil, der davon weiß. Um die Wahrheit zu erleben, müssen Sie bereit sein, aus den Schachteln auszubrechen, in die Sie sich selbst gesteckt haben. Wir meinen zu wissen, was Realität ist – und das stimmt nicht. Zum Beispiel ist das Konzept der Zeit nichts anderes als ein Gedankenmodell, das Sie konstruiert haben, um sich in der ›Zeit-Raum-Illusion‹ fortzubewegen. In Wahrheit existiert lineare Zeit überhaupt nicht, sondern tatsächlich ist es so, daß die gesamte Zeit simultan existiert und Sie Ihr ganzes Leben und alle Inkarnationen gleichzeitig in diesem Moment durchleben. Sie haben sich mit Illusionen identifiziert wie alle Menschen, und um die Realität zu erleben, brauchen Sie nichts anderes zu tun, als die Illusion fallenzulassen. Sie alle haben diese Zeit gewählt, um aufzuwachen, und es ist deshalb auch eine Zeit der ungeheuren Freude auf diesem Planeten. Jeder ist zur Party gekommen – das ist der Grund, warum derzeit so viele Menschen auf der Welt sind. Damals haben Sie Freude daran gehabt zu experimentieren, wie es ist, begrenzt zu sein, jemanden anzufassen, Gefühle zu haben und sich ›erinnern‹ zu können, und konnten in die ›Zeit-Raum-Illusion‹ eintreten und dann wieder austreten, wie Sie wollten. Irgendwann einmal ist Ihrem Körper etwas passiert, was uns angst oder Ärger gemacht hat, und von da an begannen Sie, sich mehr und mehr mit dem Spielstein zu identifizieren. Heute glauben Sie, wenn Sie im ›Monopoly des Lebens‹ 200,– DM erhalten, daß sie wirklich 200,– DM erhalten, und wenn Sie ins Gefängnis kommen, daß es wirklich schlecht ist. In Wahrheit gibt es weder gut noch schlecht. Alles ist ein Spiel. Es gibt nur eine Energie, und Sie sind ein Teil davon. Erleuchtet zu sein, verändert nichts, es ist lediglich ein inneres Gewahrwerden der Wahrheit. Sie alle sind bereits erleuchtet, Sie wissen es nur nicht. Wenn Sie wirklich den Himmel auf Erden wollen, dann müssen Sie beginnen, wie Götter zu spielen.«

Jetzt wissen Sie, wie Sie möglicherweise zu diesem »blöden Spiel« gekommen sind. Sie, ja genau Sie, der Sie gerade dieses Buch lesen, sind in Wirklichkeit ein galaktisches Wesen. Sie sind in Wahrheit ein »Außerirdischer«, der inzwischen als »Erdling« eingemeindet wurde. Womöglich sind Sie ein ehemaliger Sternengott oder zumindest ein »Engel auf Erden«. Leider haben Sie es vergessen.

Früher hatten Sie nicht das Bedürfnis, sich von anderen abzugrenzen, oder die Teile Ihrer selbst zu zählen. Sie wußten: Wir sind alle eins. Heute haben Sie ein Bedürfnis nach Individuation, über das die Lichtwesen nur lachen würden. Sie fühlen sich von Ihrer Außenwelt getrennt und nehmen sich sehr ernst. Sie fragen sich permanent: »Wie bewahre ich mir meine Abgrenzung?« – statt: »Wie kann ich meiner Abgrenzung auf jede nur mögliche Art entrinnen?« Außer dem »inneren Bewerter« gibt es gar keinen Grund, etwas von sich selbst zu trennen. Wäre der innere Bewerter nicht da, würde der »Topf« (bzw. Tropf), der trennt, einfach wegfallen. Sie suchen die Erfahrung als Mensch lediglich als Ergänzung zu dem, was Sie sind. Sie sind mehr als ein Mensch! Irgendwann einmal sind Sie in die ZRI (»Zeit-Raum-Illusion«) eingetreten, aber inzwischen sind Sie zu einem Dauerwiederholer geworden und wissen nicht mehr, wie Sie da herauskommen.

Nichts von dem, was Sie einstmals gekonnt haben, funktioniert mehr. Sehen Sie, das ist *leela*, das Spiel des Lebens. Inzwischen spielen Sie Ihr privates *leela* im *leela*, und dieses zweite *leela*, quasi Ihre »Extrawurst« im Spiel des Lebens, ist der einzige Grund für all Ihre dummen Gefühle, Sorgen und Nöte. Sie identifizieren sich mit Ihrem privaten Drama, statt sich wieder dem großen Ganzen zu öffnen. Erst wenn Sie sich wieder an die Führung anknüpfen, zerfällt das zweite *leela*. Im Spiel des Lebens geht es nicht darum, ein besseres privates *leela* zu spielen (Verhaltensmuster zu verbessern), sondern einfach den Plattenspieler in Ihrem Oberstübchen abzustellen und auf »direkten Empfang« zu schalten. Der Plattenspieler Ihres Oberflächenverstandes ist nicht mehr als ein Rauschen in der Leitung – je emotionaler, desto heftiger das Rauschen.

Sie haben die NPR (nichtphysische Realität) verlassen und müssen sich jetzt mit einem Raumanzug herumschlagen, den Sie Körper nennen. Sie haben sich einen der großen Spielclubs – man nennt sie auch Nationen – angeschlossen, die alle ihr eigenes Spielgeld und ihre eigenen Regeln (Gesetze) haben. All das, was Sie tagtäglich erleben, ist eine Art Spiel, und Sie haben sich damals entschieden mitzuspielen. In diesem System gibt es endlich die aufregenden Spiele, die Sie »oben« immer gesucht haben, Regeln über Regeln, so viele Regeln, daß kaum einer mehr richtig durchblickt, wer welches Spiel spielt. Die ganze Welt ist in ihre eigenen Spiele versunken und hat vergessen, warum sie spielt und daß alles nur ein Spiel ist.

Der »innere Bewerter« hat es geschafft: Die gefallenen Engel sind süchtig nach »Menschsein«. Wer auf diesen Planeten als Mensch kommt, braucht zuerst einmal längere Zeit, um überhaupt mit seinem Raumanzug (Körper) fertig zu werden. Das ganze Bewußtsein richtet sich plötzlich darauf, wie der Raumanzug überleben kann. Hinzu kommen eigenartige Bedürfnisse nach Nahrung, nach Wärme und ein wunderlicher Trieb, sich fortzupflanzen. Das restliche Bewußtsein wird abgelenkt von einem Schwall chaotischer Signale aus nie gekannten Röhren, sogenannten Sinnesquellen. Das ganze Bewußtsein ist zerstreut, und nur ab und zu weist die Sehnsucht der Seele auf den eigentlichen Sinn des Spiels hin. Hinzu kommen eigenartige Begierden und Wünsche, die im Computer dieses Raumschiffes entstehen.

Satja Sai Baba sagte einmal: »Der einzige Grund, warum die Menschen sich nicht vom Rad der Wiedergeburt trennen können, ist das Wünschen. Wiedergeborenwerden kommt von Wünschen. Nichts Wünschen, nicht Wiedergeborenwerden.« Darum ist es das Bestreben dieses Buches, Sie von Ihren Wünschen und Problemen zu erlösen, aber nicht, indem Sie sie verdrängen, sondern indem Sie Ihre Illusion erkennen. Es ist so, als wenn Sie einen großen, bedrohlichen Schatten im Zimmer sehen und das Licht anschalten, um zu erkennen, daß der Schatten eine Täuschung war. Auch Ihre Probleme, Sorgen und Nöte waren die Folge einer Täuschung.

Nachdem Sie jetzt wissen, daß das Leben ein Spiel ist, haben Sie zwei Möglichkeiten: Sie können entweder den Weg ins Nirwana wählen und sich aus dieser Ebene verabschieden. In dem Fall betrügen Sie sich um die Ernte. Sie haben aber auch die Möglichkeit zu sagen: Jetzt erst recht! Jetzt, wo ich so kurz vor der Lösung bin, bringe ich die Sache auch erfolgreich zu Ende.

Es ist so, als wenn Sie aufgrund eines Unfalls die Erinnerung an Ihre Herkunft verloren haben. Sie besuchen, in der Hoffnung, eines Tages viel Geld zu verdienen, ein College, als Ihnen plötzlich, kurz vor dem Abschlußexamen, einfällt, daß Sie der Sohn eines mächtigen Königs sind und daß Sie es eigentlich überhaupt nicht nötig haben, Geld zu verdienen. In diesem Augenblick haben Sie die Wahl: Sie können zum König zurückkehren und aufhören zu lernen oder sich sagen: »Jetzt erst recht!« und (völlig unerkannt natürlich, denn sonst würde man Sie nach Hause schicken) etwas aus der Sache machen, indem Sie Ihren Abschluß mit *summa cum laude* – mit höchstem Lob – absolvieren. Im ersteren Fall wird der König Sie umarmen, so wie in der Bibel der Vater seinen heimgekehrten Sohn umarmt hat. Im letzteren Fall wird der König stolz auf Sie sein. Sie werden an seiner Seite sitzen, und er wird mit stolzen Augen vor allen himmlischen Heerscharen sagen: »Ich wußte, daß er es schafft!« Genauso wie ein Königssohn »lockerer« ins Examen gehen kann als jemand, der verhungern muß, wenn er seinen Abschluß nicht schafft, dürfte Ihnen die Erkenntnis der Zeit-Raum-Illusion den Mut und die Kraft geben, zum »Endspurt« anzusetzen. Dann werden Sie immer mehr Ihre wahre Lebensaufgabe entdecken und Ihre Lektionen mit Bravour meistern – genauso wie ein Kind eines Tages nicht mehr mit Bauklötzchen spielt.

Gleichnis 20:

Alles ist dein eigener Traum

Der Hohepriester Ptahotep fragt mich: »Hast du den Mut, die Einweihung zu empfangen?« Ich antworte selbstsicher: »Ja!« Daraufhin schließt er den Sarg. Da bemerke ich in dieser vollkommen toten Finsternis zwei Punkte, die sich langsam nähern, mich wie Augen anstarren. Ich bin mir dessen bewußt, daß dieses körperlose Ungeheuer das Böse selbst ist. Entsetzt erlebe ich alles, was das Böse sagt – das ist die Hölle! Mit letzter Kraft schreie ich dem Ungeheuer tonlos zu: »Nein, du bist nicht das Böse, denn du hast keine selbständige Existenz! Ich fürchte mich nicht!« Die Wirkung meiner lautlosen Worte ist entsetzlich: Alles wird still – und als ich wieder zu mir komme, erinnere ich mich, daß ich etwas ganz Schreckliches geträumt habe. Doch was ist das? Als ob ich ein spöttisches Lachen gehört hätte? Da sehe ich, daß ich auf einer smaragdgrünen Wiese stehe und sich mir eine merkwürdige Gestalt nähert, die zu mir sagt: »Du bist meine Ergänzungshälfte, ich liebe dich.« Aus mir antwortet es: »Du bist meine Ergänzungshälfte nicht, denn die Ergänzungshälfte kann jeder nur in sich selbst finden.« Auf meine Worte hin entfernt sich die Gestalt. Alles ist so sonderbar, so als ob ich nicht wäre, als ob ich träumen würde. Es blitzt ein Gedanke durch mein Gehirn: Wäre das, was ich jetzt erlebe, auch nur eine Vision? Vielleicht ist das alles nur ein Traum? Ja, jene waren Träume, aber jetzt bin ich wach und muß alles mitmachen – ich stehe strahlend vor Freude vor Bo-Ghar und frage ihn: »Wie kommst du hierher?« Und er sagt: »Du weißt doch, daß ich seit drei Jahren da bin. Warum fragst du?« Warum habe ich wieder das merkwürdige Gefühl, als ob ich träumen würde? Da läutet es an der Türe. Mein junger Vetter kommt ganz bleich herein und sagt: »Esther, der Feind hat die Stadt umzingelt – ab in den Luftschutzbunker.« Plötzlich blitzt ein sonderbarer Gedanke durch meinen Kopf: Die Kandidaten in der Pyramide mußten die Prüfung »Todesverachtung« bestehen! Vielleicht bestehe ich jetzt dieselbe Prüfung im Schutzkeller? Vielleicht ist das alles nur ein Traum, während meiner Einweihung in der Pyramide? Während ich auf dem Bauch vorsichtig zur Fensteröffnung krieche, antwortet mein Verstand: »Ja, die Kandidaten in der Pyramide haben es leicht gehabt! Sie wußten, daß es nur um Einweihungsprüfungen ging. Doch diese Kugeln sind keine Träume – aber ICH FÜRCHTE MICH NICHT!«

Es fängt zu meiner Überraschung an zu dämmern. Ich fühle mein Rückgrat wie einen weißglühenden Bogen brennen. Dann, jenseits von allem Zeitbegriff, sehe ich gleichzeitig die unendlich lange Kette der verschiedenen Lebensformen. Eine Lichtflut umgibt mich, aber diese Lichtflut stammt aus mir. Ich

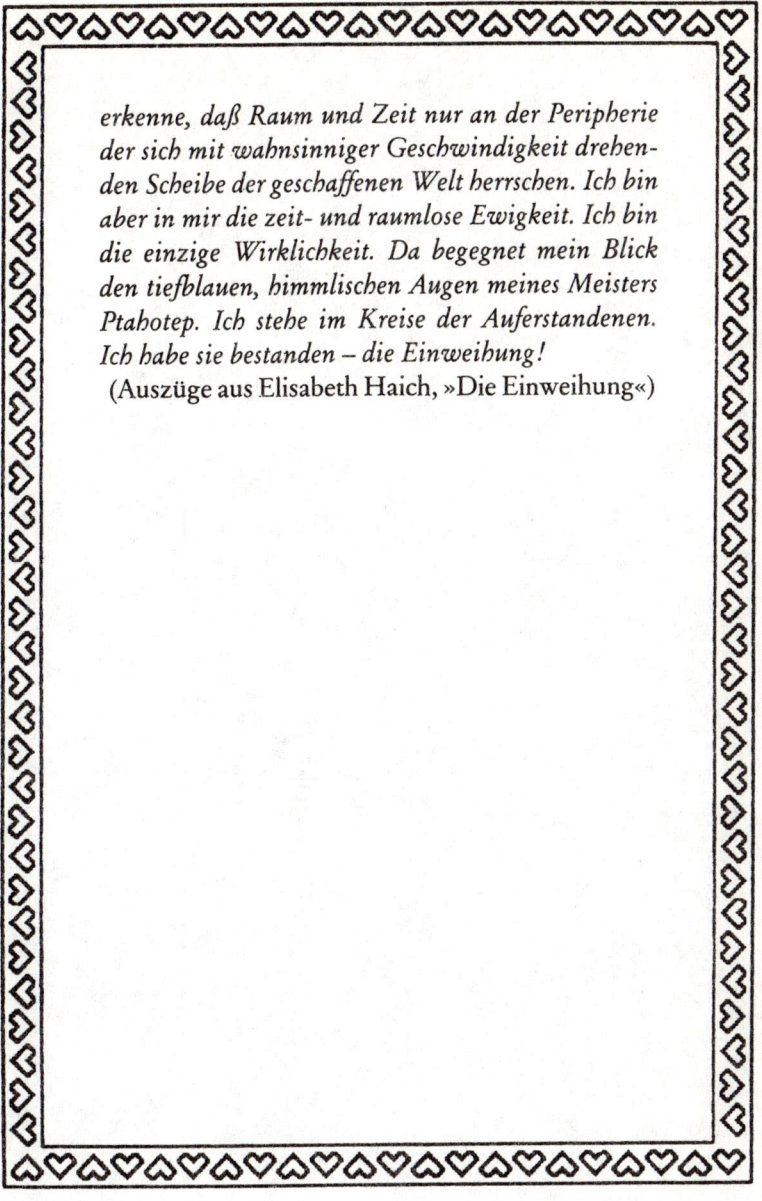

erkenne, daß Raum und Zeit nur an der Peripherie der sich mit wahnsinniger Geschwindigkeit drehenden Scheibe der geschaffenen Welt herrschen. Ich bin aber in mir die zeit- und raumlose Ewigkeit. Ich bin die einzige Wirklichkeit. Da begegnet mein Blick den tiefblauen, himmlischen Augen meines Meisters Ptahotep. Ich stehe im Kreise der Auferstandenen. Ich habe sie bestanden – die Einweihung!

(Auszüge aus Elisabeth Haich, »Die Einweihung«)

Diese Welt ist ein Legoland

Schon die Beatles sagen: »*We All Live In A Yellow Submarine*« – wir alle leben in einem gelben U-Boot. Wir leben auf dem Untergrund eines Teiches, den wir physikalische Ebene nennen. Die Welt ist ein selbstgeschaffenes Legoland. Vielleicht ist Legoland ein gutes Wort, um Sie daran zu erinnern. Wann immer Sie sich zu sehr in die Probleme dieser Ebene verwickelt fühlen, denken Sie Legoland – und schwuppdiwupp sind Sie wieder oben. Trainieren Sie das Wort Legoland, um sich daran zu erinnern, daß alles ein Spiel ist. Sehen Sie sich Ihren Körper durch diese Miniaturwelt schieben. Diese Welt ist als Spielkasten gedacht.

Von »Arica« stammt das Mantra »*All Is Your Own Dream*« – alles ist dein eigener Traum. Aber was ist ein Traum? Ein Traum ist eine Lernerfahrung, ein Lernspiel. Deshalb: Machen Sie etwas aus der »Zeit-Raum-Illusion«. So wie ein Schauspieler im »Ohnsorgtheater« seine Rolle optimal spielt, obwohl er weiß, daß er auf einer Bühne steht, machen auch Sie etwas aus Ihrem Auftritt auf der Bühne des Lebens. Auch wenn die ZRI eine Illusion ist, sie ist gleichzeitig mit allem ausgestattet, um in ihr und mit ihr das Paradies zu erleben.

Sie haben das Paradies nie verlassen. Das Paradies ist hier und jetzt. Hören Sie die Vögel zwitschern, erfreuen Sie sich am Wunder der Blumen, an den endlosen Farbschattierungen, an der einzigartigen Vielfalt der Natur. Stellen Sie sich einmal vor, wie wunderschön diese Vielfalt in den Augen eines Marsmenschen sein muß. Sehen Sie diese Ebene einmal mit den Augen eines Marsmenschen. Freuen Sie sich an den lustigen Schöpfungen dieser Ebene: Tiere, die kleine Beutelchen auf dem Bauch haben, Tiere, deren Hals so lang ist, wie ein Haus hoch ist, die so dick sind, daß sie alles niedertrampeln wie ein Elefant im Porzellanladen (pardon, jetzt habe ich es verraten). Es gab einmal ein Lied mit dem Titel: »Ein Besuch im Zoo, das ist oh, oh, oh, oh.« Betrachten Sie Ihre Spaziergänge auf diesem Planeten doch einmal als einen »Besuch im Zoo«. Gehen Sie doch einmal in die Kaufhäuser der Großstädte, aber nicht, um etwas einzukaufen, sondern sehen Sie das Ganze so an, als wenn Sie in einen Zoo gingen. Betrachten Sie die Menschen einmal als Bewohner eines Zoos, die hier auf diesem Planeten ausgestellt sind. Haben diese Menschen keine Ähnlichkeit mit Tieren? Ist diese Welt kein Spiel? Ja, sie ist ein Spiel! Das Paradies findet nur hier und jetzt statt. Dieser Planet ist gedacht als Urlaubsplanet. »Urlaub für immer« findet nur hier und jetzt statt – oder gar nicht.

Gleichnis 21:

Ein Besuch im Zoo

Einst haben die Kerls auf den Bäumen gehockt,
behaart und mit böser Visage.
Dann hat man sie mit der Banane aus dem Urwald
gelockt,
und die Welt asphaltiert und aufgestockt,
bis zur dreißigsten Etage.

Da saßen sie nun, den Flöhen entflohn,
in zentralgeheizten Räumen.
Da sitzen sie nun am Telefon.
Und es herrscht noch genau derselbe Ton,
wie seinerzeit auf den Bäumen.

Sie hören weit. Sie sehen fern.
Sie sind mit dem Weltall in Fühlung.
Sie putzen die Zähne. Sie atmen modern.
Die Erde ist ein sehr gebildeter Stern,
mit sehr viel Wasserspülung.

Sie schießen Briefschaften durch ein Rohr.
Sie jagen und züchten Mikroben.
Sie versehn die Natur mit allem Komfort.
Sie fliegen steil in den Himmel empor
und bleiben zwei Wochen oben.

Was ihre Verdauung übrigläßt,
das verarbeiten sie zu Watte.
Sie spalten Atome. Sie heilen Inzest.
Und sie stellen durch Stiluntersuchungen fest,
daß Cäsar Plattfüße hatte.

So haben sie mit dem Kopf und dem Mund
den Fortschritt der Menschheit geschaffen.
Doch davon mal abgesehen und
bei Licht betrachtet sind sie im Grund
noch immer die alten Affen.

Erich Kästner

Mit etwas Verspätung: die Spielregeln der physischen Ebene

Unsere Brüder und Schwestern haben oben »vergessen«, uns die Bedienungsanleitung für die Teilnahme an der ZRI mitzugeben. Da sich das Spiel langsam seinem Ende nähert, bin ich gebeten worden, sie nachfolgend nachzureichen.

1. Spielen Sie Ihr Spiel

Nutzen Sie das Geheimnis des »Kanalisierens«. Fühlen Sie hin, woher der Wind weht, und setzen Sie die Segel richtig. Wenn Sie Pokerspieler sind, lassen Sie sich nicht auf Halma ein, und wenn Sie gut in Mikado sind, messen Sie sich nicht im Schach. Sie sind der Meister Ihrer Welt. Durch unablässige Kreativität bestimmen Sie in jeder Sekunde, was gespielt wird. Seien Sie bewußt Ursache! Es ist wie beim Schach. Weiß führt, schwarz verliert. Wer zieht, der führt! Agieren Sie und re-agieren Sie. Meisterhaft!

2. Seien Sie Spieler, nicht Spielfigur

In jeder Sekunde des Lebens entscheiden Sie, ob Sie aktiv spielen oder gespielt werden. Wenn Sie zulassen, daß Ihre alten Verhaltensmuster mit Ihnen machen, was sie wollen, identifizieren Sie sich mit der Spielfigur. Wie beim »Monopoly« kommt Ihre Spielfigur (auf dieser Ebene erhältlich in den Farben Weiß, Schwarz, Rot, Gelb und Indigo) mal ins Gefängnis, mal in die Parkstraße, mal in Freude und mal in Leid. Schauen Sie einfach zu, distanzieren Sie sich von Ihrer Spielfigur. Würfeln Sie, und entscheiden Sie sich neu, sobald Sie an der Reihe sind.

3. Spielen Sie intelligent

Kommen Sie dem Geheimnis und den Gesetzmäßigkeiten Ihres Spieles auf die Spur. Werden Sie ein Profi. Seien Sie kein Spielverderber, sondern spielen Sie mit. Spielen Sie meisterhaft und clever. Werden sie ein professioneller Erdling, indem Sie immer besser die Spielregeln dieses Planeten durchschauen und beherrschen. Spielen Sie mit bei der Synchronie des Lebens. Versuchen Sie nicht den anderen ihre Spiele auszureden, es klappt nicht: Die Leute sind zu »spielbesessen«! Spielen Sie einfach mit – Sie sind angekommen, wenn Sie niemand mehr erkennt.

4. Spielen Sie mit Freude

Sie spielen das Spiel, um Freude zu haben. Haben Sie keine Freude, dann machen Sie etwas falsch. Berücksichtigen Sie bei Ihren Spielen immer das Lustprinzip, d. h., handeln Sie nie lustlos. Wenn Ihnen nicht gefällt, daß man Ihre Spielfigur ins Gefängnis steckt, machen Sie sich bewußt: Das Spiel des Lebens heißt »Sie haben es gewollt«. Also jammern Sie nicht. Spielen Sie vielmehr all die Spiele, die Ihnen Spaß machen, und spielen Sie so, daß sie Ihnen Spaß machen, sonst wird das Spiel zu ernst – und dann identifizieren Sie sich doch wieder mit der Spielfigur. Also spielen Sie lässig, locker, aber aktiv und mit Be-Geisterung.

5. Spielen Sie nur noch im »Hier und Jetzt«

Trauern Sie nicht vergangenen Spielzügen nach. Versuchen Sie nicht, Ihre Spielfigur heimlich zurück- oder vorzustellen. Man ertappt Sie todsicher.

6. Spielen Sie mit Joker

Der Joker ist Gott. Sobald Sie den Joker haben, können Sie eigentlich nicht mehr (sich) verlieren. Tun Sie keinen Zug ohne Joker.

7. Meiden Sie »Anti-Spiele«

Das gefährlichste »Anti-Spiel« ist »Vergleichen«. Man kommt sehr leicht darin um, denn alles ist unvergleichlich. Meiden Sie »Vergleichen« wie die Pest. Weitere »Anti-Spiele«, die Sie vermeiden sollten:

O »Mensch ärgere dich nicht« – die Kunst, andere zu ärgern und dabei selbst unglücklich zu werden,

O »Hase und Igel« – die Kunst, seiner Zeit voraus sein zu wollen und dabei immer wieder auf die Nase zu fallen,

O »Monopoly« – der Versuch, Teile seines Selbst zu besitzen (Partner, Menschen, Geld), ohne zu wissen, daß man sie nie verlieren kann,

○ »Mikado« – wer sich zuerst bewegt, muß arbeiten (wird vorzugsweise in Indien gespielt),

○ »Schach« – die Kunst, anderen den Kopf zu zerbrechen und sich dabei die Dame wegnehmen zu lassen,

○ »Karriere« – wie man etwas verfehlt, was man schon lange ist,

○ »Fang den Hut« – die Kunst, hinter Teilen seines Selbst herzulaufen,

○ »Blindekuh« – die Kunst, sich vor sich selbst zu verstecken und woanders zu suchen.

Tun Sie in Zukunft nur noch, wozu Sie Lust haben. Wenn Sie unbeirrbar vertrauen, leben Sie bald im Wohlstand, im Reichtum, im wahren »Urlaub für immer«! Tu, was du willst – das ist »Urlaub für immer« wirklich! Ich tue seit längerem nur noch, was mein »innerer Meister« durch mich getan haben will – das ist mein Experiment. Bisher funktioniert es, und ich bin glücklich. »Urlaub für immer« bedeutet auf einen Nenner gebracht: Vertraue in die eigene Lust!

Ein Philosoph ist jemand,
der in einem dunklen Raum eine schwarze Katze sucht.
Ein Psychologe ist jemand, der anderen hilft,
in einem dunklen Raum eine schwarze Katze
zu suchen, die gar nicht da ist.
Ein Theologe ist jemand,
der von einer dunklen Katze in einem dunklen Raum
erzählt, ohne jemals selbst nachgesucht zu haben,
und schreit: »Hurra, ich hab' sie!«
Und ein Mystiker ist jemand,
der einfach nur kommt und das Licht anschaltet.

Soll man »seinen Schatten leben«?

Sie sind ein Lichtwesen, das ein Spiel spielt. Keiner von uns ist größer oder kleiner als der andere. Unterschiede entstehen nur in den
Computerspielen. Wir sind wie Astronauten, denen man vergessen
hat, die Bedienungsanleitung mitzugeben. Wie kommen Sie da raus?
Mit Fernsteuerungsautomatik. Mit anderen Worten: Indem Sie hinter
allem und jedem die göttliche Vollkommenheit sehen. Ihre Gedanken
sind wie ein Prisma: Wohin Sie Ihr Bewußtsein lenken, dahin fließt die
schöpferische Energie. Wenn Sie hinter jedem und allem die göttliche
Vollkommenheit sehen, ist das nicht nur das beste »Computerpro-
gramm« der Welt – es ist zusätzlich auch die Wahrheit! Versuchen Sie
nicht, die Unvollkommenheit zu bekämpfen. Das wäre so, als wenn
Sie wie Don Quixote gegen Windmühlen ankämpften.

Wenn Sie im Kino sitzen und Ihre Hand wegen des heftigen Ge-
metzels, das auf der Leinwand stattfindet, schwitzt, müssen Sie, um
das abzustellen, sich nur aus der Illusion zurückziehen und sich sagen:
»Ganz ruhig, ich bin nur im Kino. Alles ist gut.« Sobald Sie das Spiel
des Lebens wieder einmal verwirrt hat, tun Sie das gleiche. Denken
Sie: »Stopp, es ist alles nur Kino.«

Viele »Schattenpriester« der sogenannten modernen Esoterik empfehlen »den Schatten zu leben«, d. h. sich vorrangig um das Durchle-

ben von Schwächen und Antipathien zu konzentrieren. Leider müssen diese Leute immer mehr einsehen, daß ihre Schüler aus diesem »Schattendasein« nicht mehr herauskommen. In Wahrheit kann nur ein Narr behaupten, man müsse »den Schatten leben«. Der Schatten hat keine eigene Existenz. Er borgt sie sich vom Licht, und wenn Sie selbst ein wandelndes Licht sind, wo soll da um Sie herum noch Schatten sein? Wie kann man etwas Totes leben? Wie kann man seinen Schatten leben? Diejenigen, die das versuchen, sehen genauso tot aus. Aber so hat Gott uns nicht gemeint! Das Leben ist kein Jammertal, und Tote tragen keine Karos!

Versuchen Sie nicht, die Dunkelheit ans Licht zu bringen, sondern bringen Sie Licht in die Dunkelheit! Hören Sie auf, das Unvollkommene anzugehen, denn damit nehmen Sie es erst ernst. Das Unvollkommene zu bekämpfen, wäre so, als ob Sie wie einst die Schildbürger Licht mit Eimern in den Keller tragen wollten. Fallen Sie nicht auf die Illusion des Schattens herein. Schatten entsteht (physikalisch) nur, wenn Sie Widerstand gegen das Licht bieten.

Kaufen Sie der Welt ihre Unvollkommenheit einfach nicht ab, und in demselben Augenblick gibt es keinen Schatten mehr. Das ist die Wahrheit, und ich sage sie auch auf die Gefahr hin, daß einige »Schattenpriester« dadurch mit ihren »Macht-Trips« ins Schleudern geraten. Die Welt »spielt« unvollkommen, aber sie ist es nicht. Die Leute »spielen« böse, aber sie sind es nicht. Die Umstände »spielen« übel mit, aber sie sind es nicht. In dem Augenblick, in dem Sie das Vollkommene im Unvollkommenen erkennen, »zwingen« Sie die Vollkommenheit, auf den Plan zu treten und sich selbst zu erklären.

Erkennen Sie: *Sie* sind das Licht. Wo immer Sie hingehen, Sie tragen das Licht mit sich – weil das Licht in Ihnen ist. Ihr Licht ist unzerstörbar und leuchtet im Keller wie in der Dunkelheit. Gehen Sie durch alle Erfahrungen, schauen Sie Ihrem Schatten ins Gesicht, aber vergessen Sie nie, daß Sie Licht sind. Es kann sein, daß Sie äußerlich die gleichen Handlungen vollbringen, die Sie getan hätten, wenn Sie Ihren »Schatten gelebt« hätten (z. B. sich einmal betrinken, an einer Sexorgie teilnehmen, sich als »Penner« verkleiden usw.), aber Sie sind bei jeder Ihrer anscheinend unvollkommenen Handlungen bewußt im

Kontakt mit IHM. Sie nehmen Ihre Taschenlampe mit in den Keller und spielen im Keller mit den Ratten – aber nicht aus einem Zwang heraus, sondern aus reiner Freude am Spiel. Sie identifizieren sich also mit Ihrem wahren Selbst, dem Lichtwesen, und tun dies aus der Motivation heraus, Ihre geheimsten Triebe, Wünsche und Trips zu »beleuchten«, um jedesmal das gleiche »göttliche Gelächter« zu erfahren, wenn Sie das Geheimnis »gelüftet« haben. Dabei muß es Ihnen keine Minute lang schlechtgehen, weil Sie in jedem Augenblick wissen, daß der Handelnde immer Gott ist.

Suchen Sie immer zuerst einen Hort des Lichtes. Schaffen Sie zuerst einmal die angenehmsten Bedingungen, die Ihnen nur möglich sind. Erkennen Sie unter diesen optimalen Umständen, wer Sie wirklich sind. Und dann gehen Sie darüber hinaus: Tragen Sie Ihr Licht in den letzten Wipfel der Dunkelheit. So verstehe ich den großen Guru Sri Chinmoy, wenn er vom »sonnenerleuchteten Pfad« spricht. Also: Wann immer Sie zwei Wege zur Auswahl haben, folgen Sie immer dem Pfad, der von der Sonne erleuchtet ist, und gehen Sie diesen Pfad so tief, wie nur irgend möglich. Das ist das ganze Geheimnis des sonnenerleuchteten Pfades!

Gleichnis 22:

Wie alt bist du?

»Mein Gott, wie alt bist du?«
»Ich werde es dir sagen.
Aber sage mir zuerst, wie alt du bist.«
»Ich bin gerade ein Jahr alt.«
»Mein Kind, wenn du ein Jahr alt bist,
dann bin ich einen Tag jünger
und einen Tag älter als du.
Einen Tag jünger als du in bezug
auf deine Unvollkommenheit und
einen Tag älter als du
in bezug auf deine Vollkommenheit.
Gib mir die Hälfte deiner Unvollkommenheit,
und nimm mir die Hälfte meiner Vollkommenheit.
Laß uns ebenbürtig sein.«
»Mein Gott, was wird geschehen,
wenn wir völlig ebenbürtig sind?«
»Mein Kind, dann wird man dich
als einen weiteren Gott und mich
als einen weiteren Menschen erkennen.«

Sri Chinmoy

In der Schöpfung scheint es so,
daß Gott im Stein schläft,
in den Blumen träumt,
im Tier erwacht und
im Menschen weiß, daß er wach wird.
(Paramahansa Yogananda)

Es gibt keinen Gott – es sei denn, Sie sind es!

Sie müssen all diese Spielchen nicht machen, um zu Ihrer Erleuchtung zu kommen, denn, wie sagt bereits schon Thaddeus Golas: »Der Erleuchtung ist es egal, wie du sie erreichst!« Zazen, Gebet, Yoga, Askese, Tantra – jede Methode zählt! Wann immer Sie keine Lust haben, eine Erfahrung zu machen, seien Sie sich bewußt: SIE entscheiden, wohin Sie Ihre Aufmerksamkeit lenken. Sie entscheiden, was Sie erleben wollen: Leid oder Liebe, Streit oder Genuß. Sie haben die Wahl, Ihr Bewußtsein von Bereichen, die Ihnen keine Lust bereiten, abzuziehen, so wie ein General seine Truppen abzieht. Es geht bei allem, was Sie tun, um Wollen oder Nicht-Wollen.

Ein Beispiel: Ich war auf einer »Fliegerparty« und schmuste mit einer Teilnehmerin. Direkt neben uns stritten lauthals zwei Leute, und mich lenkte das ab. Da sagte meine »Schmusefreundin«: »Du entscheidest, wem du deine Aufmerksamkeit schenkst.« Daraufhin vergaß ich die beiden Streithähne, konzentrierte meine Aufmerksamkeit auf das Mädchen und fühlte mich wohl.

Sie entscheiden, welche Diskette Sie in Ihren Computer einlegen. Wenn ein Muster abgeschlossen ist, brauchen Sie es nicht aus Gewohnheit wiederaufzulegen. Fühlen Sie also einmal hin, welche Muster abgeschlossen sind. Lassen Sie Ihre Verhaltensmuster zu einer geistigen Konferenz zusammentreten, und lassen Sie die Muster sich melden, die abgeschlossen sind. Es ist einfach eine Frage des richtigen Timings zu erkennen, wann welcher Prozeß abgeschlossen ist und welchem Prozeß Sie Ihre Aufmerksamkeit schenken wollen. Sie können völlig neue Möglichkeiten erschaffen – Sie sind ein Schöpfer, Sie sind es SELBST.

Nach der birmesischen Schöpfungsgeschichte inkarnierte das erste Gotteskind als Stein, um die erste Lektion zu lernen »Ich aus mir kann nichts«. Als die Sehnsucht nach Wachstum größer wurde, fand es sich als Pflanze wieder und konnte schneller am Evolutionszyklus teilnehmen, aber es war fest an einem Platz verwurzelt. Als dann die Sehnsucht stark genug geworden war, inkarnierte das Gotteskind als Tier, konnte sich frei bewegen, war aber den Reizreaktionen ohne Wahl ausgeliefert. Als die Sehnsucht groß genug geworden war, inkarnierte die Gott-Seele als Mensch und konnte sich nun erstmals außerhalb von sich selbst erkennen, über seine Sinneswahrnehmungen hinausgehen. Wenn die Sehnsucht groß genug geworden sein wird, wird dieser Mensch als Gott erwachen.

In einer stillen Stunde sprach einmal der geliebte Meister des Herzens zu mir: »Es gibt keinen Gott, es sei denn, du bist es!« Ich wurde etwas unsicher, denn ich hielt es für unwahrscheinlich, inmitten von fünf Milliarden Menschen ein Gott zu sein. Da sprach er liebevoll weiter: »Und wenn du es bist, ist es jeder.« Da begriff ich: Gott ist Ansichtssache, besser gesagt Einsichtssache. Wenn wir tief genug »hineinblicken« können, verbirgt sich hinter allem Gott und fragt uns still und leise: »Erkennst du mich?« Viele von Ihnen haben vielleicht schon einmal mit ihrem Dackel geredet, aber haben Sie schon einmal mit Pflanzen geredet? In einer Stunde tiefster Verzweiflung fing ich plötzlich an, mit Bäumen zu reden, und erlebte das Wunder, daß sie mir antworteten. Danach sprach ich mit Schränken und mit meinem Auto (dazu müssen Sie wissen, daß mein Verstand bestens funktioniert).

Daß Pflanzen »beseelt« sind, wissen wir spätestens nach Erscheinen des wissenschaftlichen Buchs »Die Pflanze, die vor Schmerzen schrie«, aber wußten Sie schon, daß ein Auto ein eigenständiges Wesen ist? Ihr Bewußtsein bestimmt, ob Ihre Welt tot oder lebendig ist. Sie können alles »verdinglichen«. Schauen Sie Ihren Liebespartner mit gierigem Blick an oder mißbrauchen ihn als Sexualobjekt, machen Sie ihn damit zu einem Ding – austauschbar, wie ein Ottomotor. Es gibt genug Menschen, die ihre Partner oder Mitarbeiter wie Schachfiguren behandeln. Sie können aber auch alles beleben. Wenn Sie es sich leisten können, alles um Sie herum »göttlich« sein zu lassen, dann leben Sie in einer »göttlichen« Welt. In allem schwingt Gottes ewiges Licht – begreifen Sie es endlich!

Es kann sein, daß Sie sich so lange mit den Reaktionen Ihres »U-Boots« identifiziert haben, daß Sie vergessen haben, daß Sie ein »Sternengott« sind, eine Sonne auf zwei Beinen, die sich einmal bewußt hinter den Wolken des Oberflächenverstandes versteckt hat, damit sie nicht diesen Planeten mit ihren Füßen verbrennt. Sie sehen andere »U-Boote« ziellos umhertreiben und glauben, dies wäre deren natürlicher Zustand. Wenn Sie tief genug hineinschauen, finden Sie in ihnen die gleichen göttlichen Lichtwesen, wie Sie es sind, mit nur einem Unterschied: Sie schlafen! Sie haben vergessen, daß sie Gott sind, sie sind blind geworden für die Welt des Geistes und spielen ihr individuelles »Spiel im Spiel«. Das ist alles!

Sobald sie es satt haben, sich von der kosmischen Wirklichkeit fernzuhalten, sobald Sie nicht mehr auf *maya*, den Schein, hereinfallen, schauen Sie auf Ihren eigenen Geist. Sie erkennen, daß Sie in Ihrem eigenen Kino sitzen und fortwährend ein Abbild Ihrer Wirklichkeit projizieren. Sobald Sie erwacht sind, fällt jeder Grund weg, sich von dem »Draußen« zu trennen. »Draußen« sind Sie, und »Drinnen« sind Sie auch. Ihr Gewahrsam ist so klein wie ein Stecknadelkopf oder größer als dieser Planet – je nach Bewußtseinszustand. Sie sind Gott, alles ist Gott! Warum den Körper als Grenze ziehen?

Gleichnis 23:

Der Geringste meiner Brüder

*Ein Gelehrter ging zu Gott und lud ihn zum Abend-
essen ein. Gott nahm die Einladung an, und der Gelehrte bereitete ein großes Festmahl. Zur vereinbar-
ten Zeit öffnete er die Tür, aber dort stand nur ein
hungriger und zerlumpter Hund, der eingelassen
werden wollte. Unser Gelehrter beförderte den
Hund mit einem gezielten Fußtritt nach draußen
und wartete weiter auf Gott.*

*Nach einer geschlagenen Stunde öffnete er unruhig
die Tür, aber wieder saß dort nur der hungrige
Hund, und wieder beförderte ihn der Gelehrte mit
einem Fußtritt nach draußen. Noch ein drittes Mal
öffnete der Gelehrte die Tür, und wieder war nur der
hungrige Hund da, und wieder beförderte ihn der
Gelehrte mit einem Fußtritt nach draußen.*

*Am nächsten Tag rannte der Gelehrte aufgebracht zu
Gott und beklagte sich bitter, daß er nicht gekommen
sei. Da sagte Gott, der mit zerkratztem und zertrete-
nem Gesicht dasaß: »Ich war dreimal da, aber jedesmal hattest du nur einen Fußtritt für mich.«*

Schauen Sie einmal in Ihr Leben: Wen behandeln Sie wie einen Hund? Erkennen Sie überall Gott, der Sie auf die Probe stellt – nicht nur hinter den Augen eines getretenen Hundes (wobei wir oftmals unsere Hunde besser behandeln als unsere Mitmenschen).

Der Tod, die Krönung des Lebens?

Ein weiser Mann hat einmal gesagt: »Wer nicht stirbt, bevor er stirbt, der verdirbt, wenn er stirbt.« Ich lade Sie ein, sich mit dem Tod zu beschäftigen, solange Sie leben. Wenn Sie erkannt haben, daß auch der Tod kein Übel ist, dann werden Sie alles andere, was Ihnen widerfährt, gelassen ertragen können. Ich halte es für sehr wichtig, sich umfassend über den Prozeß des Sterbens zu informieren, denn wie Kurt Tepperwein in seiner Kassette »Der Tod, die Krönung des Lebens« umfassend darstellt, ist der Tod die Abschlußprüfung des Lebens – und die sollten Sie meistern. Ich habe nachfolgend einige Erfahrungsberichte von Sterbeforschern zusammengetragen, wobei ich für den Wahrheitsgehalt nicht garantieren kann. Wer sich mehr für den Tod interessiert, sollte sich vom Aquamarin Verlag das von Hellsichtigen gemalte Bilderbuch »Der entschleierte Tod«, von Stefan von Jankovich »Der Tod, mein schönstes Erlebnis«, die Bücher der Sterbeforscherin Elisabeth Kübler-Ross und insbesondere das Taschenbuch »Tod und Wiedergeburt« von Sri Chinmoy kaufen. Hier jetzt die Vermutungen einiger Sterbeforscher:

Wenn jemand stirbt, begreift er meistens gar nicht, daß er keinen Körper mehr hat (genauso wie ein Armamputierter im ersten Augenblick nicht begreift, daß er keinen Arm mehr hat). Er deutet seinen Tod als schlechten Traum und »geistert« mit seinem Astralkörper (einem feinstofflichen Körper, mit dem wir z. B. nachts auch Traumreisen unternehmen) in der Gegend umher. Daraus werden z. B. auch Spukphänomene abgeleitet.

Irgendwann wird dem Verstorbenen klar, daß er keinen Körper mehr hat. Vielleicht bekommt er einen Schock, Angst oder Schuldgefühle wegen vermeintlicher Verfehlungen und möchte sich vor dem lieben Gott verstecken. Dies ist allerdings das Schlimmste, was sich so jemand antun kann, wie Rhea Powers in ihrem Buch »Heimkehren ins Licht« umfassend darstellt. Gott hat schon längst verziehen. Der innere Bewerter ist es, der leiden macht – im Diesseits wie im Jenseits.

Jenseits der materiellen Ebene haben Gedanken die Tendenz, sich sofort zu verwirklichen, und jedes Glaubenssystem zählt. Wer also glaubt, er werde nach dem Tod von sieben Teufeln mit Beißzangen gequält, dem wird das widerfahren. Wer glaubt, daß ihn nach seinem Tod sein verstorbener Großvater empfängt, dem wird das widerfahren. Wer glaubt, daß es »drüben« lauter Sexorgien gibt, dem wird das widerfahren, wobei ich gelesen habe, daß Sex im Jenseits ohne physischen Körper höchst unbefriedigend sein soll. Andere träumen von einem »Phantasialand«, errichten es mittels ihrer Gedankenkraft und leben dort, bis sie der Wunsch packt, sich zur nochmaligen Schulung in die ZRI einweisen zu lassen. Wer im letzten Leben eine Frau war und unterdrückt wurde, will möglicherweise noch einmal als großer Krieger auf die Welt kommen, um es den Männern »heimzuzahlen«, und sucht sich einen entsprechenden Körper, wo er als Neugeborenes inkarnieren kann. Nach dem Leben als Krieger hat er Schuldgefühle und möchte als Mönch wiederkommen, um zu büßen. Danach findet er, daß er das Leben zu wenig genossen hat – und kommt wieder, diesmal als Gigolo. »Wiedergeboren-Werden kommt vom Wünschen«, sagt Sai Baba. Zwischenzeitlich versuchen permanent Schutzengel und geistige Helfer uns zur Ausrichtung auf Gott und zur Befreiung von der ZRI zu bewegen, aber wir sind zu »spielbesessen«, als daß wir diese Rufe vernehmen könnten. Wir sind wie stolpernde Kinder in einem dunklen Wald – bis wir spirituell erwachen.

Kurt Tepperwein sagt: »Wir werden nicht für, sondern von unseren Sünden bestraft.« Es ist nicht so, daß es außerhalb von uns einen bösen Sensenmann gibt, der uns bestraft, wir sind unser eigener Richter, auch nach dem Tod. Nicht von ungefähr sagt Jesus: »Wer verzeiht, dem wird verziehen, und mit dem Maß, mit dem du mißt, wirst du gemessen werden.«

Es kann nicht genug betont werden, wie wichtig es ist, Sterbende seelisch und geistig auf den Sterbeprozeß vorzubereiten. Blumen, licht- und seelenvolle Musik, gute Gedanken und vor allem seelenvolle Gebete helfen der Seele, sich beim Sterben schnell zu orientieren, und können ihr Jahre der qualvollen Irritation ersparen. Wenn Sie mit einem Sterbenden zusammen sind, lehren Sie ihn beten. Helfen Sie ihm, Frieden zu schließen mit seiner Vergangenheit, seine Wünsche aufzulösen und mit allen Menschen, die er zurückläßt auf diesem Planeten, in Harmonie zu kommen. Sprechen Sie mit ihm über die großen Meister, z. B. über Meister Jesus. Bitten Sie die sterbende Seele, sich nach dem Verlassen des physischen Körpers immer nur auf das Licht zu konzentrieren und ins Licht zu streben. In der Sekunde des Sterbens entscheidet sich so irrsinnig viel über die Zukunft und das Schicksal der sterbenden Seele, so daß jeder verantwortungsbewußte Mensch seinem Nächsten diesen Liebesdienst leisten sollte.

Auf der anderen Seite empfiehlt es sich für jeden Lebenden, sein Werkzeug »Körper« so gut wie irgend möglich zu pflegen, damit es ihm lange dienen kann und so die Lektionen, die er sonst in mehreren Leben lernen muß, in einem langen und erfolgreichen Leben zusammenfassen kann. Fliehen kann keiner vor den Aufgaben des täglichen Lebens, und wer seinen Körper verkommen läßt, verhält sich wie jemand, der sein Auto an einen Baum fährt! Er hat alle Probleme, die er vorher hatte, und noch eines mehr: Er hat kein Werkzeug mehr, mit dem er die Sache in Ordnung bringen kann. Er muß den ganzen Streß vom Geboren-Werden, Erzogen-Werden, Zur-Schule-Gehen usw. noch einmal durchmachen, in der Hoffnung, irgendwann einmal an dem Erkenntnisstand anknüpfen zu können, an dem er im letzten Leben aufhörte. Also! Leben Sie lange, leben Sie gut, leben Sie intelligent!

Gleichnis 24:

Die eine gute Stunde

*Es war einmal ein reicher Mann, der niemals über
Gott nachdachte. Er war stets damit beschäftigt,
Geld zu raffen und andere zu betrügen. Als er einmal
mit vielen Päckchen beladen nach Hause gehen
wollte, stand plötzlich ein Heiliger vor ihm und bot
ihm an, ihm die Päckchen zu tragen. Er sagte: »Das
kostet nur zwei Pfennig, aber ich habe eine Bedingung: Du mußt mit mir den ganzen Weg lang über
Gott sprechen.« Am Ende des Weges erhielt er seine
versprochenen zwei Pfennig und gab dem reichen
Mann noch einen Hinweis: »Ich weiß, daß du in
acht Tagen sterben wirst. Du wirst vor dem inneren
Bewerter stehen, und er wird dir sagen: ›Du hast
dein ganzes Leben lang nur betrogen, nur eine
Stunde hast du Gott gewidmet, sage mir: Willst du
zuerst die Höllenqualen erleiden oder zuerst den
Lohn für den Gottesdienst erhalten?‹ Dann antworte: ›Ich möchte zuerst den Lohn für den Gottesdienst.‹« Es kam, wie der Heilige gesagt hatte: Der
reiche Mann starb, kam vor den inneren Bewerter
und entschied sich, zuerst den Lohn für den Gottesdienst in Anspruch zu nehmen. Der innere Bewerter
sagte: »Gut, für deine gute Stunden sollst du zehn
Stunden in den Himmel kommen.« Im Himmel traf
der Reiche den Heiligen wieder. Dieser sagte:
»Komm, setz dich wieder zu mir, und laß uns*

wieder über Gott sprechen.« Zehn Stunden lang
hielten sie ununterbrochen Gottesdienst, und nach
zehn Stunden kam der Reiche wieder zum inneren
Bewerter, und dieser sagte: »Du warst wieder im
Gottesdienst, und zwar für zehn Stunden. Was
möchtest du diesmal zuerst wählen, die Höllenqualen oder den Segen des Gottesdienstes?« Wieder antwortete der Reiche: »Ich möchte zuerst den Segen des
Gottesdienstes wählen.« Da überlegte der innere Bewerter: Nun muß ich ihm hundert Stunden im Himmel geben für die zehn Stunden Gottesdienst. In diesen hundert Stunden werden sie den Gottesdienst
fortsetzen, und das Spiel wird niemals enden. Deshalb sagte er zu dem Reichen: »In Ordnung, die
Zeit, die du in der Hölle hättest verbringen müssen,
ist aufgehoben. Du darfst gehen und dich für immer
im Himmel erfreuen. Du bist meinem Machtbereich
entkommen, weil du dich dem Licht zugewendet
hast.«

Wenden Sie Ihr Gesicht der Sonne zu, dann fallen die Schatten hinter Sie. Wenden Sie sich Gott zu, streben Sie zu Gott, schreien Sie zu Gott – und danken Sie für Ihre Erlösung.

**»Wunder? Brauche ich irgendein Wunder zu sehen?
Bin ich nicht selbst das größte Wunder der Welt?
Hat jemand größere Wunder vollbracht als ich?
Ein Wunder habe ich schon gezeigt:
Einst war ich der erhabene Herr,
und jetzt bin ich ein schwacher Mensch.
Mein zweites Wunder wird in Zukunft stattfinden:
Ich werde wieder zum Herrn des Universums werden.«
(Sri Chinmoy)**

Sie spiegeln in sich das ganze Weltall

Stellen Sie sich vor, das ganze Universum würde aus Kreide bestehen. Würde es dann das Wort Kreide, die Idee von der Kreide überhaupt geben? Nein, denn um Kreide zu kennen, muß man etwas kennen, das nicht Kreide ist. Daraus folgt: Alles und nichts ist dasselbe.

Stellen Sie sich vor eine weiße Wand. Was sehen Sie auf dieser Wand? – Nichts! Und was könnten Sie auf diese Wand zeichnen? Alles! Daraus folgt: Das Nichts enthält in sich das Alles.

Zeichnen Sie jetzt gedanklich ein Herz auf diese Wand. Sie erkennen: Das rote Herz war schon immer in der Wand. Sie konnten es nur nicht erkennen, weil die positive Form des Herzens und die negative Natur des Hintergrundes wie zwei Ergänzungshälften ineinander ruhten. Daraus folgt: Was immer Sie sehen, ist nur deshalb sichtbar, weil es sich von seiner Ergänzungshälfte getrennt hat, die im Unsichtbaren zurückgeblieben ist.

In dem Augenblick, wo Sie aus dem »alles« »etwas« herausnehmen, bleibt »alles minus etwas«, wenn Sie z. B. aus der Wand das Herz herausnehmen, bleibt die Wand minus Herz übrig. Daraus folgt: Das,

343

was in Erscheinung tritt, sagt etwas aus über das, was zurückgelassen ist, verborgen ist. Wenn Sie wissen, wie eine Wand normalerweise aussieht, können Sie aus der Beschaffenheit des Herzens sagen, wie die »Wand minus Herz« aussieht.

Auch Sie sind ein Etwas in offenbarter Form. Auch Sie weisen hin auf das »All minus Sie«. Vielleicht kennen Sie aus der Physik die Komplementärfarben: Bringt man einen grünen Körper zum Leuchten, dann leuchtet er rot auf. Warum? Weil nach der Farbenlehre Grün plus Rot Weiß ergibt. In anderen Worten: Es ist das Wesen grüner Körper, von dem Gesamtfarbspektrum das rote Licht zu schlucken und das grüne Licht zu reflektieren. Rot und Grün sind Komplementärfarben. Bringt man sie zum Leuchten, würde Ihre gesamte Ergänzungshälfte zutage treten und Sie sich erkennen als »All minus Ihrer ursprünglichen Identität«. Sie müssen nur »andersherum« schauen. Daraus folgt: Sie spiegeln in sich das ganze Weltall.

Das Auge, mit dem ich Gott sehe,
ist das Auge, mit dem Gott mich sieht.
(Meister Eckehart)

Wer sind Sie wirklich?

Man erzählt, daß es im Himmel ein Perlennetz gibt, das so angeordnet ist, daß man, wenn man in eine Perle schaut, alle anderen darin reflektiert sieht. Sie sind nicht nur Ihre vermeintliche Identität, Sie sind viel, viel mehr. Sie schließen in sich alle anderen Menschen und Objekte dieses Universums ein. Sie enthalten in sich das All. Warum können Sie es nicht erkennen?

Der Wissenschaftler Bergson sagte 1907: »Das Gehirn ist nichts anderes als ein ›zerebrales Reduzierventil‹.« Vielleicht haben wir bewußt ein Ventil eingebaut, weil der unvorbereitete Organismus vor der Gleichzeitigkeit einer allumfassenden Erfahrung erzittern würde.

Schon lange sagt man: »Der Mensch ist keine Insel«, aber wußten Sie, daß alles mit allem verbunden ist, daß Sie wie in einem Spinnennetz mit allem verbunden sind, was ist? Wenn Sie sich bewegen, bewegt sich das ganze Netzwerk des physikalischen Universums mit, so wie ein ganzes Spinnennetz sich bewegt, wenn eine Fliege hineinfällt. Die Wissenschaftler haben 1964 herausgefunden: Alles befindet sich mit allem in Resonanz (»Bellsches Theorem«)! Solange Sie sich auf der physikalischen Ebene befinden, sind Sie in einem Netzwerk mit Ihrer Schwiegermutter, Ronald Reagan und Marilyn Monroe und vielen, vielen anderen verwoben. Unglaublich, aber wahr: Wissenschaftler haben in einer Fernsehsendung dargestellt, daß eine Fliege, die am Polarkreis hustet, die Wetterlage in Mitteleuropa beeinflußt. Sie können der gleichzeitigen Verwobenheit (Synchronizität) gar nicht entrinnen, Sie können Sie nur lieben. Sie beeinflussen das Ganze, und das Ganze beeinflußt Sie.

Durch die Hologrammtechnik ist es möglich, Ihren kleinen Daumen zu fotografieren und hinterher ein Bild von Ihrer ganzen Erscheinung auf der Leinwand zu erhalten. Spätestens seit der Entdeckung der Hologrammtechnik wissen wir, daß wir im wahrsten Sinne

DAS HOLOGRAMM

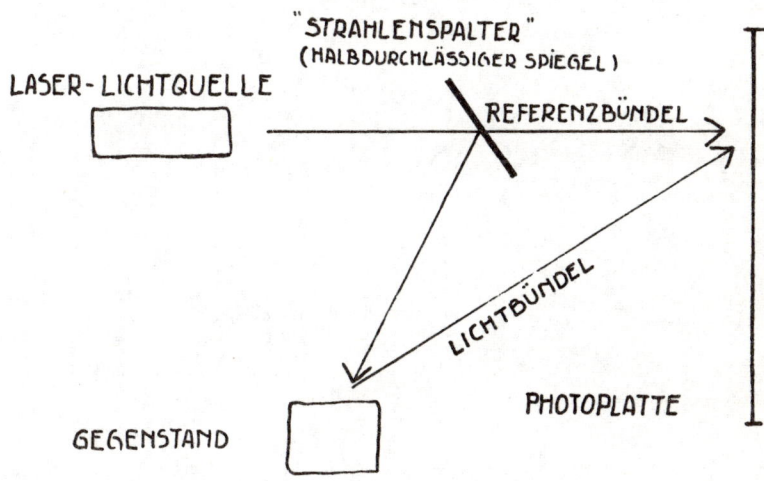

345

des Wortes allgegenwärtig sind und als Interferenzmuster an alle möglichen Orte der ZRI ausgesandt werden. Rhea Powers sagte in einem Vortrag, daß es durchaus sein kann, daß wir jetzt, während wir an diesem Buch arbeiten, gleichzeitig in der 7. Galaxie eine Raumschiff-Flotte führen.

Wie Itzhak Bentov in seinem Buch »Auf der Spur des wilden Pendels« (rororo-Taschenbuch) sehr gekonnt und detailliert darstellt, ist das ganze Universum holographisch. Auch unser Gehirn ist in Wahrheit ein Hologramm, das dieses Hologramm interpretieren könnte, es ist nur dafür noch nicht trainiert worden, weil wir es mit lauter Reduzierventilen – Ängste, Sorgen, Zweifel – zuschütten. Wenn Sie das erkannt haben, erkennen Sie sich als den Handelnden, als die Handlung und zugleich als Objekt der Handlung. Ihr Körper ist dann lediglich ein Operationsfeld, mit dem Sie durch Ihren Geist wirken, als wenn Sie Operationen mit Hilfe eines Elektronenmikroskops durchführen würden. Sie spüren die Wahrheit des »holographischen« Sprichwortes: »Riechst du an einer Blume, berührst du einen Stern.«

Test: Sind Sie ein Spieler?

In jeder Sekunde des Lebens entscheiden Sie sich neu, ob Sie intelligent sind und aus dem ICH BIN heraus »spielen« oder aus Ihren Konzepten heraus »gelebt werden«. 27 Merkmale zeigen Ihnen, wo Sie stehen. Geben Sie sich für jede B-Antwort einen Punkt, für jede A-Antwort zwei Punkte:

Der Spieler = A	A	B	Der sorgenvolle Mensch = B
Das Leben ist ein Spiel	☐	☐	Das Leben ist ernst
Die Welt als Legoland	☐	☐	Die Welt als Verbannungslager
Gedankenfrieden	☐	☐	Gedankenchaos »mentale Schallplatten«
Steuerung durch höhere Intelligenz	☐	☐	Steuerung durch Emotionen
Leben im »Hier und Jetzt«	☐	☐	In Zukunft oder Vergangenheit
Gefühl der Zeitlosigkeit	☐	☐	Langeweile oder Hetze, Zeitachse
Liebe mich, wie ICH BIN	☐	☐	Versuche mich zu ändern/bessern
Akzeptiere alles, was IST	☐	☐	Unterteile in Gut und Böse
Liebe lässig alles, was IST	☐	☐	Brenne vor Ehrgeiz
Tanze mit dem Leben	☐	☐	Therapiere an mir herum
Lebe absichtslos und genieße	☐	☐	Bin voller Wünsche
Tue ohne zu tun	☐	☐	Reagiere und verzweifle
Erkenne, daß ich »komplett« bin	☐	☐	Suche im Außen
Identifikation mit »innerem Buddha«	☐	☐	Identifikation mit Emotionen
»Pfeife« auf Lob und Kritik	☐	☐	Heische nach Zustimmung
Sehe jeden als gleichwertig an	☐	☐	Fühle mich über- oder unterlegen
Bin unbeeinflußbar	☐	☐	Bin auf »Knopfdruck« steuerbar
Lebe im Fluß der »Synchronie«	☐	☐	Kämpfe gegen das sogenannte »Böse«
Sehe hinter allem Licht	☐	☐	Sehe Sieger und Verlierer
Handele aus innerer Führung heraus	☐	☐	Handele aus Programmen heraus
Werde motiviert durch Möglichkeiten	☐	☐	Werde motiviert durch Mangel
Kreativität	☐	☐	Eingefahrener Trott

Vertrauen	☐ ☐	Erwartung
Hingabe	☐ ☐	Gier
Energie, daß die Ohren abstehen	☐ ☐	Lustlos, apathisch
Glückseligkeit	☐ ☐	Frust
Dankbarkeit	☐ ☐	Unerfülltsein

Unter 33 Punkte = armer Hund.
Zwischen 33 und 49 Punkte = mittelmäßiger Spieler.
So wird man ein Spieler.
Über 49 Punkte = Mitglied im »Royal Court« – wir begrüßen Sie.

Zwölf Tips für einen »guten Trip«

1. Seien Sie Gottes Visitenkarte auf Erden.
Hören Sie auf den Dirigenten statt aufs Orchester. Sehen Sie in der Logik dieser Ebene einen möglichen Handlungsimpuls, aber setzen Sie die weltliche Ordnung nicht blind fort, sondern koppeln Sie zurück an IHN, und handeln Sie dann bewußt. Repräsentieren Sie die göttliche Ordnung, nicht die weltliche. Erkennen Sie: Energie kommt von der Hingabe an Gott. Sie haben keine Autorität. Sie sind Autorität. Sie finden keine Ordnung. Sie repräsentieren Ordnung – Gott. Erkennen Sie, daß Ihr Reich nicht nur von dieser Welt ist. Hören Sie auf Ihr göttliches Selbst statt auf die Meinung und Beeindruckungsversuche der Welt. Versuchen Sie nicht, beeindrucken zu wollen oder sich beeindrucken zu lassen. Lassen Sie die Meinung der Welt gar nicht erst an Sie herankommen. Handeln Sie aus Ihrem Selbst heraus. Lassen Sie sich von Gott führen wie eine Frau im Walzertanz.

2. Kommunizieren Sie mit den anderen, nicht gegen sie.
Kommunizieren Sie per »Losungswort«. Sehen Sie alles, was Ihnen jemand sagt, als Losungswort an, das speziell für Sie bestimmt ist. Fragen Sie kurz Ihr höheres Selbst, warum ausgerechnet dieses »Losungswort« kam, und spinnen Sie den Faden weiter. Wann immer Sie reden, denken Sie: Ich rede mit mir selbst. Es ist niemand da, außer mir und meinem »Spiegel«. Gott spricht mit sich. Erleben Sie jedes Gespräch als Selbst-Gespräch.

3. Kommen Sie zur Ein-Sicht.
Erkennen Sie hinter jedem und allem das eine: Gott ist! Einsicht entsteht, wenn Sie die Illusion vergessen, denn Einsicht war, bevor die Illusion aufkam. Erkennen Sie den Einklang im Zweiklang, die Harmonie in der Disharmonie, das Dur im Moll. Erkennen Sie Gott in jeder menschlichen Verkleidung. Manchmal ist er gut, manchmal ist er weniger gut getarnt, aber fallen Sie nicht auf die Verkleidung herein. Entlarven Sie jede Haltung, die nicht auf Ein-Sicht beruht, als reine Magie. Erkennen Sie, daß auch der scheinbar Mächtigste eine Blume in der Hand des Herrn

ist. Glauben Sie nicht an Hokuspokus, sondern nur noch an Gott. Erkennen Sie, daß der einzige wahre Teufel der Gedanke der Trennung ist. Gott sei Dank sehnt sich auch der arme Teufel danach, wieder zur Ein-Sicht zu kommen. Helfen Sie ihm dabei!

4. **Durchschauen Sie die Illusion des Karma.**

Erkennen Sie, daß es immer Gott ist, der handelt. In dem Augenblick bedeutet gutes Schicksal nicht mehr, als daß Ihnen beim »Monopoly« vier Hotels gehören. Genießen Sie die endlose Freiheit zu tun, was Sie wollen, aber prüfen Sie auch, ob diese Taten Ihnen wirklich entsprechen. Seien Sie skrupellos im Sinne von Skrupel ist gleich Zweifel. Haben Sie Freude an den Experimenten Ihrer Freiheit. Gott ist der größte Egoist, und wenn das Ego fortfällt, bleibt »Gott ist«.

5. **Schauen Sie nie mehr zurück.**

Schließen Sie Vergangenheit und Zukunft mit eisernen Türen aus. Hören Sie auf, die Vergangenheit zu verbessern. Steigen Sie ein in ein neues Bewußtseinsplateau: JETZT. Meiden Sie die Spiele »Expander« (Zwei-fel) und »Rückwärtsessen« (Nach-denken). In beiden Fällen senden Sie zwei Kräfte in die entgegengesetzte Richtung aus, und das führt, ähnlich wie bei einem Expander, nur zu Spannungen. Alle Probleme begannen mit Zweifel (innerer Bewerter) und Nach-denken. Bereits Gedachtes wiederzudenken, ist wie eine weiße Jungfrau durch den Kakao ziehen. In jeder Sekunde haben Sie die Wahl, Zweifel oder Gott zu erleben. Und wenn Sie schon zweifeln, dann zweifeln Sie wenigstens an Ihren Zweifeln – dann sind Sie wieder im Glauben. Erkennen Sie, daß Sie mit jedem Ihrer Gedanken »kleine Wesen erschaffen«, die das Bestreben haben, sich zu materialisieren, d. h. zu verwirklichen. Deshalb: Denken Sie positiv, überzeugt und konstruktiv!

6. **Spielen Sie mit bei der Synchronie des Lebens.**

Reihen Sie sich ein in den Kreis der Heiligen, denn sonst stehen Sie mit Ihrer ganzen Kraft und Herrlichkeit bald sehr einsam da. Wenn Sie mit einem Schachgroßmeister spielen und ihre Schachzüge auswürfeln statt nach den Regeln zu gehen, spielen Sie bald alleine. Seien Sie nie gegen etwas, sondern gehen Sie einfach darüber hinaus – übersteigen Sie es. Seien Sie kein Spielverderber. Versuchen Sie die anderen nicht zur Spielaufgabe zu überreden, sondern spielen Sie mit. Handeln Sie äußerlich »normal«. Sie sind angekommen, wenn Sie keiner mehr erkennt. Bringen Sie immer wieder Ihren Mikrokosmos in Ordnung, indem Sie Ihren Makrokosmos in Ordnung bringen (Schreibtisch aufräumen etc.), und umgekehrt – es ist egal, auf welcher Ebene Sie zuerst handeln.

7. Lösen Sie sich von den Problemen, statt Probleme zu lösen.
Entlarven Sie alle Probleme als reine Definitionsprobleme. Definieren Sie sich nicht mehr über Ihre Probleme, sondern über Gott. Hören Sie auch auf, sich ändern zu wollen, denn ändern wollen ist das Gegenteil von lieben. Hören Sie auch auf, anderen helfen zu wollen. Erkennen Sie: Sie sind für die Probleme der anderen nicht zu gebrauchen, und die anderen sind für Ihre Probleme nicht zu gebrauchen. Im Klartext: Ihre »Schach-Tips« sind Unsinn für einen, der gerade »Mühle« spielt. Lassen Sie den anderen das Vergnügen, die Auflösung ihrer »Kreuzworträtsel« selbst zu entdecken. Beugen Sie sich zu dem Gefallenen, aber legen Sie sich nicht neben ihn.

8. Seien Sie ein Liebender.
Erkennen Sie Liebe als die Kunst, Menschen Selbstvertrauen zu schenken. Lieben Sie gleichgültig, d. h. alles mit gleicher Gültigkeit und bedingungslos, d. h. ohne irgendwelche Bedingungen an Ihre Liebe zu stellen. Verströmen Sie Liebe, was immer geschieht, nach dem Motto: »Ich liebe dich, was geht's dich an?« Ob Sie sieben Hotels auf diesem Planeten hatten, das wird nach Ihrem Tode wenig interessant sein, aber wenn Sie am Ende Ihres Lebens sagen können »Ich habe geliebt!«, dann ist das der Passepartout für alle Himmelstüren.

9. Handeln Sie absichtslos.
Kein Ziel ist so schön wie absichtsloses Tun. Hören Sie auf, sich mit Erfolg im üblichen Sinn zu identifizieren. Erfolg ist das, was dem Göttlichen in Ihnen folgt – und das ist unberechenbar. Erfolg lebt in der Zeit, und wenn Sie zeitlos sind, können Sie nicht

wissen, was Erfolg ist. Handeln Sie aus reiner Freude am Tun. Schielen Sie nie auf das Ergebnis.

10. Leben Sie innerlich und äußerlich reich.

Erkennen Sie, daß es nichts gibt, was Ihnen irgend jemand geben oder nehmen könnte. Sie haben alles in sich, und Sie sind der einzige, der es manifestieren kann. Seien Sie innerlich so frei und so genügsam wie Diogenes, dann fühlen Sie sich immer reich, egal, wieviel Sie äußerlich besitzen.

11. Fragen Sie sich: Wer bin ich wirklich?

Spüren Sie, wie das Mandalin in Ihnen klingt. Spüren Sie Ihr inneres Christus-Licht, hören Sie den »Cosmischen Christall« klingen, so wie Sie Ihren Herzschlag spüren? Betrachten Sie jede Situation als Test auf die Frage: »Wer bin ich wirklich?« Halten Sie das »ICH-BIN-Bewußtsein« aufrecht. In dem Augenblick fallen die alten Verhaltensmuster von Ihnen ab wie Würgepflanzen, die von ihrer Wurzel abgeschnitten sind. Setzen Sie alle Energie des Lebens, all Ihre Kapitalkraft, alles, was Sie haben, dafür ein zu erkennen, was Sie wirklich sind. Tauschen Sie Ihr HABEN in Ihr SEIN, dann wird das Haben bald wieder nachziehen. Jesus sagt: »Trachtet zuerst nach dem Reich Gottes, dann wird euch alles andere automatisch zufallen.« Setzen Sie alles dafür ein, die Illusion des Ich und der ZRI zu erkennen. Erkennen Sie letztendlich, daß es Sie in Wirklichkeit gar nicht gibt, daß Sie nichts anderes sind als ein Kind SEINES Traumes.

12. Erkennen Sie Ihre Göttlichkeit.

Menschsein kann »süchtig« machen. Die Tatsache, daß Sie dieses Buch lesen, ist ein Beweis dafür, daß Sie bereit sind, sich an Ihre göttliche Vollkommenheit zu erinnern und wieder zu Ihrer wahren Größe zu erwachen. Die Gotteskinder aus der NPR (»nichtphysische Realität«) lieben Sie für Ihren Mut, dieses Spiel zu spielen, und feuern Sie an, Ihre eigene Großartigkeit wiederzuentdecken, um reif zu werfen für einen »Urlaub für immer« – denn so ist der blaue Planet gedacht. Wenn Sie das Spiel des Legolands erkennen, entdecken Sie die Harmonie und gleichzeitig die Verrücktheit dieses Planeten und können beides umarmen, um eines

Tages unter Tränen der Freude erleben zu können, was Sri Chinmoy in seinem Buch »Samadhi und Siddi« folgendermaßen beschreibt:

> Kein Verstand, keine Form, ich ALLEIN existiere.
> Verebbt sind Wille und Gedanken.
> Das letzte Ende des Tanzes der Natur.
> Ich bin es, den ich gesucht habe.
> Ich stehe dem Einen allein gegenüber.
> Ich handle nicht mehr nach Zeit und Taten.
> Mein kosmisches Spiel ist gespielt.

Gleichnis 25:

Lustig waren Sie, diese Menschen

Eines Tages wollten Außerirdische den Planeten Erde besuchen. Wie es bei Besuchern so üblich ist, nahmen sie ein Gastgeschenk mit: Pillen gegen die Traurigkeit. Als sie ankamen, entdeckten sie, daß der Planet Erde sich selbst zerstört hatte. Rauchschwaden zogen durch die Luft. Alles war in Schutt und Asche. Schnell schluckte jeder von ihnen eine Pille gegen die Traurigkeit. Plötzlich sahen sie einen kleinen Filmprojektor und entdeckten, daß ein Film darinnen war. Sie setzten den Filmprojektor in Gang und sahen . . . einen Micky-Maus-Film. Daraufhin sagten sie: »Lustig waren sie, diese Menschen, und unsere Pillen gegen die Traurigkeit, die hätten wir völlig umsonst mitgenommen.«

Das war eine Geschichte aus einem anderen Holoversum. Bei uns muß das nicht passieren, wenn Sie ein bißchen Mitverantwortung für Ihre liebe Mutter Erde übernehmen. Ihre Erde ist ein so lieber Planet, ein blaues Juwel. Pflegen Sie ihn gesund, damit er uns noch lange erhalten bleibt.

Experiment 7:

1. Die nachfolgende Übung soll Ihnen helfen, »per Losungswort«
zu kommunizieren. Setzen Sie sich mit Ihren Freunden zusammen, und stellen Sie sich vor, daß es in einer anderen Dimension
ein Märchen gibt, das speziell für Sie heute bereitgelegt wurde.
Versuchen Sie, dieses Märchen, das es schon gibt, intuitiv zu erfühlen, indem derjenige, dem zuerst etwas einfällt, beginnt, den
ersten Halbsatz zu sagen. Danach ergänzt jeder die Geschichte
um ein paar Wortfetzen, fühlt sich aber jedesmal so ein, daß die
für die Gruppe abgelegte Geschichte erzählt wird, nicht das, was
das Ego vielleicht dazwischenmurmelt. Spüren Sie auch, wann
die Geschichte ihren Abschluß findet. Die Übung könnte folgendermaßen verlaufen: »Es war einmal . . . ein lieber Wolf . . . der
hatte . . . immer genug zu essen . . .«

2. *Die Reise ins Innere*
Diese Übung soll Ihnen helfen, Ihren Körper in Besitz zu nehmen
und zu heilen. Sagen Sie sich, ähnlich wie beim autogenen Training, je fünfmal »Zehen loslassen«, »Beine loslassen«, »Gesäß
loslassen«, »Unterbauch loslassen«, »Herz öffnen«, »Stirn fallenlassen«, und stellen Sie sich dabei jedesmal vor, daß der entsprechende Körperteil in warmem Sand einsinkt. Dann sagen Sie sich:
»Ich schwebe und sinke in mich hinein wie eine Feder in einem
hohen Dom«, und reisen geistig ins Innere. Erleben Sie bildhaft,
wie Sie sich durch Ihre Blutkanäle durch den ganzen Körper bewegen. Reisen Sie zu Ihrer Leber, Galle, zu Ihren Intimregionen,
und führen Sie eine geistige Inspektion durch. Arbeiten Sie an
dem jeweiligen Bild, das in Ihnen aufsteigt, so unsinnig es sein
mag, es steigt nicht zufällig in Ihr Bewußtsein, sondern ist ein
»synonymes« Bild für Ihre körperliche Verfassung. Verhandeln
Sie mit allen Teilen Ihres Körpers so wie ein Betriebsleiter, der
einen Rundgang durch seinen Betrieb macht. Gehen Sie liebevoll,
souverän und motivierend mit Ihrer »Belegschaft« um. Zur Anre-
gung ein guter Tip: Sehen Sie sich im Kino oder auf Video die
»Reise ins Innere« von Steven Spielberg an – so ist diese Übung
gemeint.

3. *Größenveränderung*

Diese Reise hilft Ihnen zu erkennen, daß Sie mehr sind als Ihr physischer Körper. Beginnen Sie mit der Entspannung wie unter 2. Schweben und sinken Sie in Ihren physischen Körper. Dann atmen Sie tief ein, und während Sie ausatmen, schrumpfen Sie jeweils eine Stufe kleiner. Fühlen Sie sich als Körperteil, als Organ, als Zelle und zuletzt als Atom. Reisen Sie als Atom durch Ihren Körper wie durch eine riesige Unterseelandschaft. Danach dehnen Sie sich mit jedem Ausatmen immer mehr aus, bis Sie wieder die Größe Ihres physischen Körpers erreicht haben. Dann dehnen Sie mit der gleichen Technik Ihr Bewußtsein über Ihren Körper hinaus aus und fühlen sich als Ihr emotionaler Körper, Ihr mentaler Körper, Ihr spritueller Körper, als das ganze Haus mit all seinen Bewohnern, als Ihre Heimatstadt, als Ihr Heimatland, als der ganze Planet und als Galaxie. Erleben Sie, daß Ihr Haus, Ihre Heimatstadt, Ihr Heimatland, der Planet, ja die ganze Galaxie eine gesonderte Seele besitzt. Erspüren Sie, wie es ist, diese Seele zu sein. Dann visualisieren Sie innerhalb des physikalischen Universums ein sogenanntes »schwarzes Loch« und lassen sich durch dieses »schwarze Loch« in die andere Dimension ziehen. Erleben Sie sich als Bestandteil der NPR (»nichtphysischen Realität«), und kommen Sie dann durch dieses Loch wieder in die ZRI (Zeit-Raum-Illusion). Bedanken Sie sich bei Gott, dem Herrn aller Universen, für dieses Erlebnis, wie immer es war.

4. *Bewegungen mit dem Energiekörper*

Diese Übung dient dazu, Ihren Energie-Körper getrennt von Ihrem physischen Körper bewegen zu können. Sie lernen so, Ihren physischen Körper von Ihrem Energie-Körper zu unterscheiden. Vielleicht kennen Sie sogar schon das Gefühl: Sie meditieren oder wachen aus dem Schlaf auf, und Sie haben das Gefühl, Ihre Hände liegen ganz woanders als dort, wo Sie wirklich liegen. Sie haben das Gefühl, Ihre Hände liegen auf dem Bauch, und in Wirklichkeit liegen sie an der Seite – es waren die Hände Ihres Energie-Körpers, die auf Ihrem Bauch lagen. Einer meiner Großonkel war am linken Arm amputiert, aber immer, wenn der

Wind pfiff, zitterte er dort, wo der linke Arm hätte sein sollen. Wie kam das? Der Arm vom Energie-Körper war noch vorhanden, und der war sehr zugempfindlich. Setzen oder legen Sie sich entspannt hin. Dann bewegen Sie einmal Ihren Energie-Arm in die Höhe, während Ihr physischer Arm unten bleibt. Trainieren Sie das immer wieder in den Pausen, bis Sie spüren können, wo Ihr Energie-Arm ist und wie er sich anfühlt.

5. *Körperüberschreitung*
Die nachfolgende Übung dient dazu, Ihre Identifikation mit Ihrem physischen Körper zu überschreiten. Hören Sie mit dem Kopfhörer sanftes Meeresrauschen, z. B. »Ocean« von Larkin (Narada Productions Inc., Postbus 6037, 2001 Haarlem, Holland) oder »Atlantischer Ozean« vom MVG-Verlag. Benutzen Sie den nachfolgenden »Level-Plan«:

Level 1) Entspannen Sie Ihren Körper w. o. Dann machen Sie sich bewußt: »Ich bin mehr als mein physischer Körper. Ich bin unzerstörbar. Ich bin ein Kind Gottes.« Nehmen Sie geistig mit Ihren Schutzengeln Kontakt auf, und fragen Sie sie, ob Sie damit einverstanden sind, wenn Sie gleich eine Licht-Reise machen. Bitten Sie sie um Geleitschutz.

Level 7) Lassen Sie Ihr Bewußtsein wach sein, während Ihr Körper schlafen geht. Benutzen Sie dabei die Formel: »Körper schläft, Geist hellwach.«

Level 12) Trennen Sie den Energie-Körper von Ihrem physischen Körper. Lassen Sie sich mit ihm über ihrem physischen Körper schweben. Benutzen Sie dafür das Mantra »Schweben – Sinken« im Rhythmus Ihres Atems. Energie-Körper schwebt, physischer Körper sinkt. Schälen Sie sich dann auch aus diesem Energie-Körper heraus, so daß Sie sich absolut frei fühlen.

Level 22) Fliegen Sie durch einen imaginären Tunnel ins Licht. Fliegen Sie wie ein Gasballon ins Licht. Lassen Sie sich überraschen, was dort geschieht. Besuchen Sie dort Ihre Seelenfamilie, lassen Sie sich über den Sinn Ihres Besuches auf diesem Planeten aufklären, erfragen Sie die Vereinbarungen, die Sie mit Ihren Bekannten, Partnern auf Seelenebene geschlossen haben, und Ihren neuen Auftrag. Wann immer Sie zurückkehren wollen, brauchen Sie nur den Wunsch zu haben, einen Körperteil Ihres physischen Körpers zu bewegen, und schon zieht es Sie wieder in Ihren physischen Körper hinein. Kehren Sie zurück voller Freude, und danken Sie Gott für dieses Erlebnis.

Wenn Ihnen diese Übung einmal gelungen ist, erwarten Sie nicht, daß sie beim zweiten Mal genauso gelingen muß – sie kann völlig anders verlaufen. Gehen Sie locker an Ihre Seelenreise heran. Jede Vorstellung oder Absicht behindert Ihr Erleben. Seien Sie einfach offen. Wenn es gut ist, erleben Sie etwas Besonderes, wenn nicht, war es eine schöne Entspannung – die Licht-Welt hat dann im Augenblick keine Botschaft für Sie bereit, und das ist auch völlig o. k. Mit der Zeit können Sie sich trainieren, durch einfaches Zählen von 1 bis 22 in die entsprechenden Zustände zu kommen.

6. *Einfühlen in einen »schwierigen« Menschen*

Diese Übung dient Ihrem Verständnis für die anderen Teilnehmer an der ZRI. Sie fördert die Liebe zu Ihrer Umgebung und steigert Ihre Kommunikationsfähigkeit. Damit Sie alle Teile dieses Planeten in Ihre Liebe einschließen können, ist es zwingend erforderlich, daß Sie Verständnis auch für andersartige haben. Jesus liebte den Mörder wie den Heiligen, und wenn Sie den Mörder aus Ihrer Liebe ausschließen, sind Sie kein wahrer Heiliger. Warum schließt man etwas aus seiner Liebe aus? Weil man kein Verständnis dafür hat. Warum hat man kein Verständnis? Weil man etwas nicht verstehen kann. Zu Buddha kam einmal ein Jünger, der sein Schüler werden wollte. Buddha fragte ihn: »Hast du schon einmal betrogen?« Der Mann antwortete: »Nein, Herr.« Buddha darauf »Dann kannst du noch nicht mein Schüler sein. Gehe hin und tue es.«

Damals kannte man noch nicht die Methoden dieses Buches – heute können Sie lernen, auch einen Dieb zu verstehen, ohne im Supermarkt Kaugummis »mitgehen« zu lassen. Wie? Indem Sie sich in einen Mörder oder Dieb verwandeln – nur für einen Augenblick, nur gedanklich natürlich und nur zum tieferen Verständnis. Sie erspüren, was mit diesem Menschen los ist, warum er so geworden ist, welcher »Irrtum« ihn dazu brachte, so zu handeln. In diesem Augenblick können Sie ihm verzeihen. Sie haben ihn verstanden, und Ihr Verzeihen wird zu einem Segen für die ganze Welt. Ihr Verzeihen bedeutet natürlich nicht, daß die Tat keine Verurteilung nach weltlichen Gesichtspunkten nach sich zieht, aber der Mensch selbst sollte nicht verurteilt werden. Seien Sie einmal geistig genau der Mensch, den Sie am wenigsten leiden oder verstehen können, tragen Sie seine Kleidung, fahren Sie sein Auto, benutzen Sie seine Redewendungen, und steigern Sie sich so in ihn hinein, bis Sie er sind. Dann erkennen Sie, wie er so geworden ist und was von der Seele her in ihm steckt. Verzeihen Sie ihm, schließen Sie Frieden mit ihm. Erkennen Sie: Auch hinter dem bösartigsten Menschen steckt ein guter Kern, Sie müssen nur tief genug schauen. Diese Übung eignet sich übrigens hervorragend für jeden Menschen, mit dem Sie in einem Konflikt stehen, insbesondere für Ihren Partner, Ihren Chef und Ihre Kinder.

7. *Einfühlen in eine begehrenswerte Person*
Sie können die Übung des Einfühlens auch dazu benutzen, um geistig Kontakt zu Menschen zu bekommen, die bisher mit Ihnen nichts zu tun haben wollten. Nehmen wir einmal an, Sie sind ein Mann, und Sie kennen eine besonders hübsche Frau, der Sie näher sein wollen. Fühlen Sie sich einfach einmal als diese Frau, tragen Sie geistig ihre Miniröcke, ihre Pumps, ihren BH, nehmen Sie ihre Charakterzüge an, und erspüren Sie dann, welche Sorte Mann sie reizt, und was diese Frau an Ihnen abstößt. Entscheiden Sie sich dann, wie Sie sich das nächste Mal gegenüber dieser Frau verhalten wollen – und lassen Sie sich überraschen, wie Ihr nächstes Rendezvous ausgeht. Wenn Sie diese Übung später im Schnellverfahren können, wissen Sie binnen weniger Sekunden jeden Menschen richtig anzusprechen und mit ihm ein Feld der gegenseitigen Sympathie zu erzeugen.

8. *Einfühlen in andere Wesen als Menschen*
Seien Sie einmal bewußt ein Hund, eine Katze, eine Blüte (erleben Sie, wie es ist, darauf zu warten, blühen zu dürfen), ein Stein

(erleben Sie, wie es ist, getreten zu werden), eine Stubenfliege. Insbesondere die Tiere, die Sie ablehnen, sollten Sie einmal sein, um für sie Verständnis zu entwickeln.

9. *Einfühlen in einen Engel*
»Auch Sie sind ein Engel auf Erden«, sagte Alfred Stielau-Pallas in seinem neuen Buch. Fühlen Sie sich einmal als Engel. Geleitschutz eines Menschen. Bewahrer der Natur, Hüter des Karmas. Seien Sie dann einmal ganz bewußt Ihr Schutzengel, und spüren Sie, wo Sie es besonders schwer mit sich haben und wann Sie sich an Ihrem Schützling – Ihnen selbst – erfreuen.
Danach versuchen Sie in Kontakt mit Ihrem Schutzengel zu kommen. Am einfachsten können Sie das erreichen, indem Sie mit ihm reden, auch wenn Sie ihn nicht sehen, sich geistig von ihm in seine Arme nehmen lassen, ihm gedanklich Ihre Dankbarkeit ausdrücken. Lernen Sie in Kommunion mit den Engeln zu leben. Der Leiter von Engel-Seminaren, Johannes Kunder, empfiehlt seinen Schülern zur Einstimmung, sich an Situationen zu erinnern, wo der Schutzengel gewirkt hat, und sich bei ihm dafür zu bedanken.

10. *Wachtraum*
Benutzen Sie einmal beim Einschlafen die Formel »Körper schläft, Geist hellwach.« Erleben Sie, wie Ihr Körper einschläft und Ihr Geist wach bleibt. Erleben Sie, wie Sie »auf Reise« gehen – in die Schule der Träume, das Land der unbegrenzten Möglichkeiten, in Ihre geistige Waschanstalt. Erleben Sie Ihre Träume bewußt. Schließlich sind Ihre Träume nichts anderes als Reisen mit Ihrem Energie-Körper. Sie gehen nachts in eine Art Schule, um ähnlich wie bei einem Sprachlabor an Ihren Versäumnissen und unerfüllten Wünschen zu feilen, manchmal sogar, um auf anderen Dimensionen anderen Seelen zu helfen. Sie machen jede Nacht außerkörperliche Erfahrungen, verdrängen sie allerdings beim Aufwachen, und das ist sicherlich oft sehr sinnvoll gewesen. Wenn Sie jetzt dieses Buch lesen, ist das allerdings ein Zeichen dafür, daß Sie allmählich Ihre Aufmerksamkeit erweitern möchten. Vielleicht erinnern Sie sich sogar daran, daß Sie in einem Traum

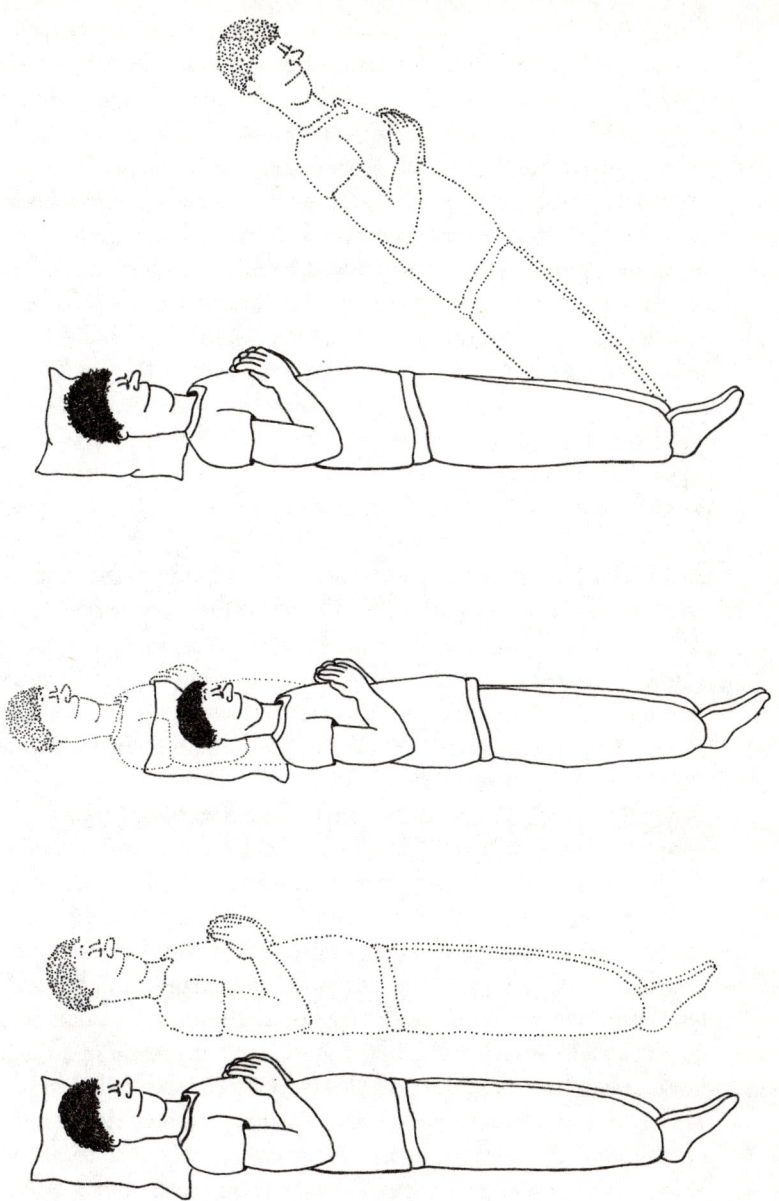

dringend den Wunsch hatten, wieder in die ZRI einzutreten. Sie dachten: Zurück, es ist Zeit zum Aufwachen – und Sie sind schweißgebadet aufgewacht. Vielleicht wissen Sie manchmal nicht, ob Sie träumen oder wach sind. Kennen Sie dieses Gefühl? Es hat seinen Grund: Träume sind genauso real wie die ZRI. Also träumen Sie einmal wach. Keine Sorge, Sie können jederzeit von Ihren Traumreisen zurückkommen, alles, was Sie tun müssen, ist, mit dem kleinen Finger Ihres physischen Körpers wackeln zu wollen – und schon kehren Sie wieder in Ihren physischen Körper zurück. Um Traumreisen zu trainieren, empfehlen sich die Kassetten »Traumkontrolle« und »Astral- Reise« von Harald Wessbacher. Nachfolgend einige Beispiele für mögliche Austritte aus dem Körper, die Ihnen helfen, sich bewußt über Ihren physischen Körper zu erheben.

11. *Die nachfolgende Übung soll Ihnen helfen, sich als »Gott« zu fühlen*
Meditieren Sie einmal auf die Musik von tibetanischen Klangschalen auf das Mantra »ICH BIN ALLEIN«. Stellen Sie sich vor, es gibt außer Ihnen nichts im ganzen Kosmos, in allen Universen. Keine Planeten, Sterne, Wesen, nicht einmal leeren Raum, nur Sie. Fühlen Sie täglich für 22 Minuten, wie es ist, DER EINE zu sein, und Ihrer Erleuchtung dürfte bald nichts mehr im Wege stehen.

12. *Die nachfolgende Übung soll Ihnen »ein Licht aufgehen lassen«*
Nehmen wir einmal an, Sie hätten nur noch 24 Stunden zu leben, bis Sie »erleuchtet« werden, was immer Sie sich unter dem Wort »Erleuchtung« vorstellen. Was müßten Sie sich noch aus der Zeit-Raum-Illusion geholt haben, bevor Sie sie loslassen können? Notieren Sie alles, was Ihnen einfällt, mindestens aber zehn Punkte, und lösen Sie diese Punkte geistig oder in der »Realität« auf. Wenn das Überleben des physischen Körpers sichergestellt sein müßte, notieren Sie es. Wenn Sie vorher Ihr Buch zu Ende geschrieben, eine Sekretärin eingestellt, eine Frau beschlafen oder einen Baum gepflanzt haben möchten, notieren Sie es. Sobald Sie frei von »Bedingungen« für eine Erleuchtung sind, haben Sie es

geschafft. Schreiben Sie dann Ihr Erleuchtungs-Testament. Notieren Sie Ihre zehn letzten (eigenen) Willen: Verbrennen Sie
dann beide Zettel, und sagen Sie dazu: »Ich bin bereit, jetzt erleuchtet zu sein und heimzukehren in das Herz des Vaters. Ich
bin erleuchtet, jetzt – so ist es, so war es und so wird es immer
sein. Amen.« Wundern Sie sich nicht, wenn in den darauffolgen-
den Tagen bemerkenswerte Dinge passieren.

13. *Ich behaupte,*
daß wir alle schon oft kurz vor der Erleuchtung gestanden sind,
sie nur tunlichst vermieden haben. Für mich ist Erleuchtung wie
ein Loch, und wir tun alles, um nicht in dieses Loch hineinzufal-
len, sondern immer am Rand umherzugehen und nach dem Loch
zu suchen. Viele spirituelle Meister haben berichtet, daß sie vor
Ihrer Erleuchtung in einem Zustand des Nichts waren, in einer
verwirrenden Leere, die der Langeweile sehr ähnlich ist, einem
Zustand, in der die Zeit stehengeblieben ist. Ich selbst erlebe immer wieder, daß kurz vor ekstatischen Zuständen ein Zustand der
Leere, ähnlich dem der Langeweile, auftaucht. Sehr häufig habe
ich daraufhin begonnen, mir ein Problem auszudenken, zum
Kühlschrank zu gehen und etwas Unvernünftiges zu essen, einen
Fehler zu machen, dafür zu sorgen, daß es mir schlechtging, mich
für eine Therapie anzumelden, zu onanieren oder sonst irgend
etwas zu tun, was meinen Energiespiegel wieder senkt. Ein Teil
von mir glaubte – unbewußt – in diesem Zustand, randvoll mit
Energie und jenseits von »Gut und Böse« nicht länger verweilen
zu können, und so begann ich, mir Schwierigkeiten zu machen
und damit in das Spiel der Polarität wieder einzutreten. Ihnen
mag das vielleicht absurd oder pervers erscheinen, aber wenn
Sie sich beobachten, werden Sie ähnliche Strategien auch bei
sich entdecken. Um ein Faß zum Überlaufen zu bringen, reicht
es nicht, aus dem Fülle-nichts-Zustand herauszugehen, wenn es
randvoll ist. Wenn Sie randvoll mit Energie sind und sich in
einer Leere fühlen, die an Langeweile grenzt, stehen Sie bildhaft
gesprochen vor einer Wand. Ich lade Sie ein, sich darauf einzulas-
sen, was hinter der Wand auf Sie wartet, und durch diese Wand

kommen Sie nur hindurch, wenn Sie Ihre Leere, Ihre Sattheit da sein lassen und bereit sind, auf das zu warten, was danach kommt. Lange Zeit glaubten Astronomen, Pluto sei der weiteste Planet, der existiere, und plötzlich entdeckte man den Trans-Pluto. Ich lade Sie ein, die Erfahrung zu machen, was jenseits dieser Sattheit und Leere geschieht, und das erfordert Geduld, Bewußtsein und die Bereitschaft, das Faß zum Überlaufen zu bringen. Damit Sie es sich einfacher machen, lade ich Sie ein, Ihre Strategien zu entlarven, wie Sie sich bisher kurz vor Ihrer Erleuchtung heruntergezogen haben. Benutzen Sie dafür Arbeitsblatt 9: »Meine Strategien, mich vor der ›Erleuchtung‹ wieder herunterzuziehen.«

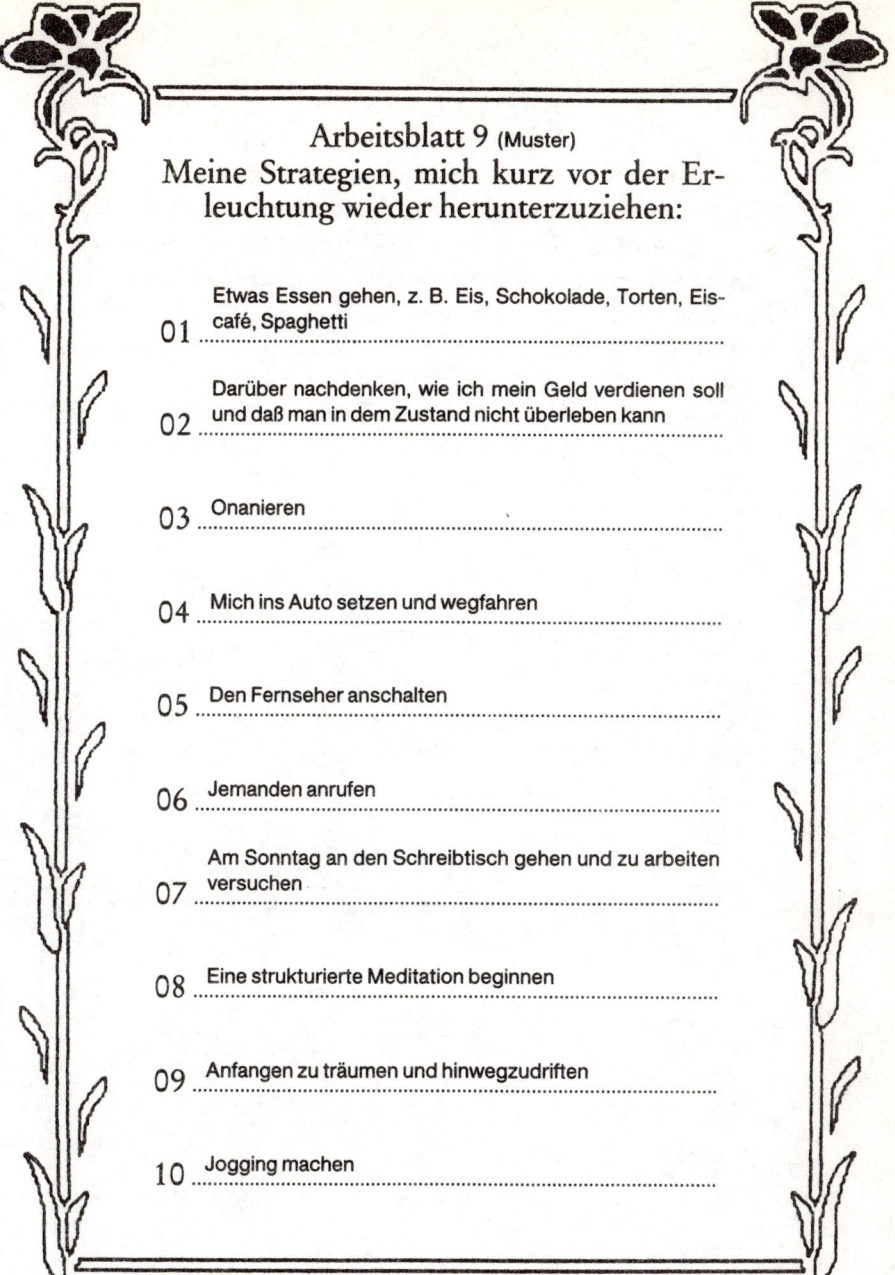

Arbeitsblatt 9 (Muster)
Meine Strategien, mich kurz vor der Erleuchtung wieder herunterzuziehen:

01 Etwas Essen gehen, z. B. Eis, Schokolade, Torten, Eiscafé, Spaghetti

02 Darüber nachdenken, wie ich mein Geld verdienen soll und daß man in dem Zustand nicht überleben kann

03 Onanieren

04 Mich ins Auto setzen und wegfahren

05 Den Fernseher anschalten

06 Jemanden anrufen

07 Am Sonntag an den Schreibtisch gehen und zu arbeiten versuchen

08 Eine strukturierte Meditation beginnen

09 Anfangen zu träumen und hinwegzudriften

10 Jogging machen

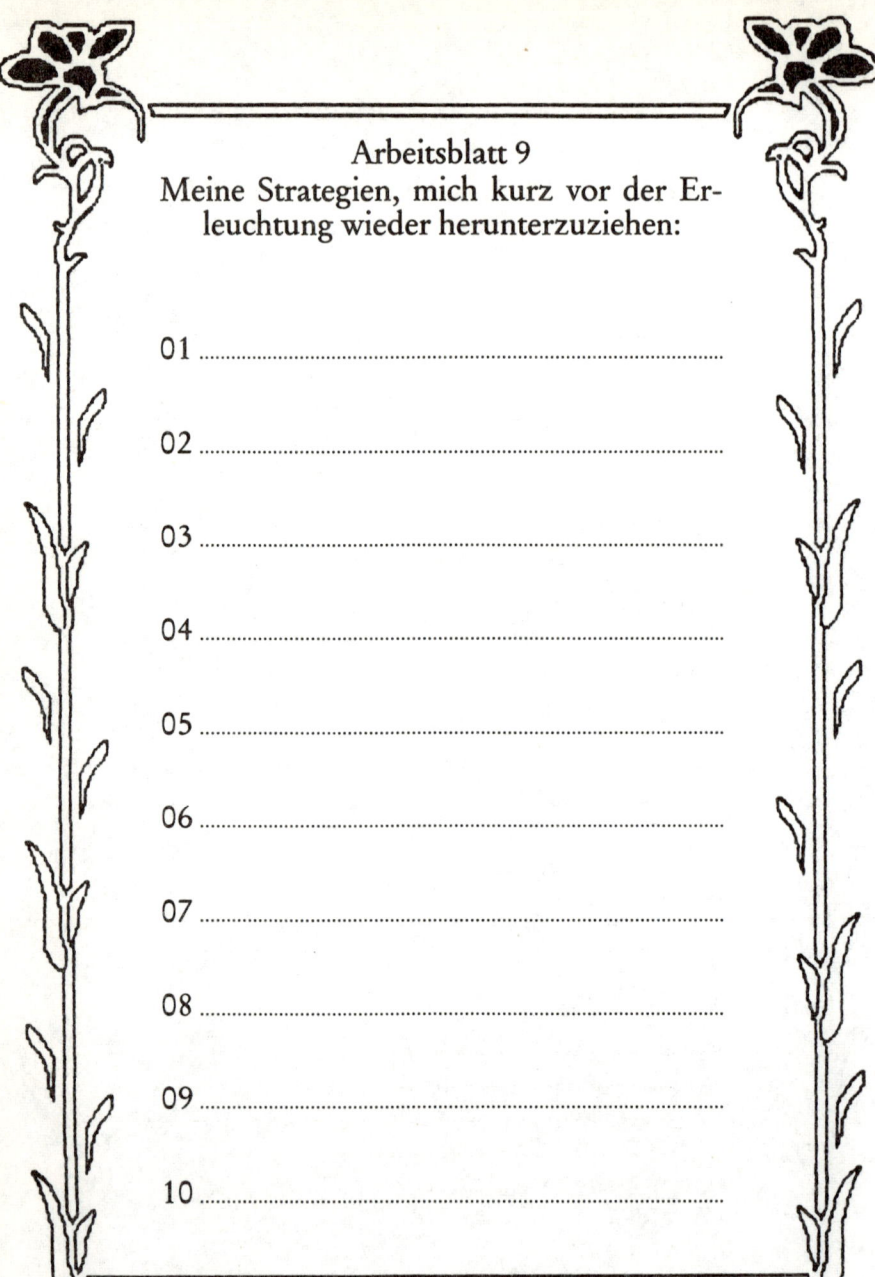

Arbeitsblatt 9
Meine Strategien, mich kurz vor der Erleuchtung wieder herunterzuziehen:

01 ....

02 ....

03 ....

04 ....

05 ....

06 ....

07 ....

08 ....

09 ....

10 ....

Arbeitsblatt 10: Testament – meine zehn letzten Willen:

....
....
....
....
....
....
....
....
....
....
....
....
....
....
....
....
....
....
....
....
....
....
....
....

Inhalts- und Quellenverzeichnis zu den Gleichnissen